国家社会科学基金教育学一般课题
"激励性教师评价行为对幼儿发展影响的实验追踪研究"
（课题批准号: BHA160091）研究成果

幼儿教师
激励性
评价丛书

叶平枝 等 著

幼儿教师激励性评价与幼儿发展的实证研究

教育科学出版社
·北京·

出 版 人　郑豪杰
责任编辑　李秀勋
版式设计　沈晓萌
责任校对　马明辉
责任印制　李孟晓

图书在版编目（CIP）数据

幼儿教师激励性评价与幼儿发展的实证研究／叶平
枝等著. --北京：教育科学出版社，2024.10
　（幼儿教师激励性评价丛书）
　ISBN 978-7-5191-3805-9

　Ⅰ.①幼…　Ⅱ.①叶…　Ⅲ.①幼教人员—师资培养—
研究　Ⅳ.①G615

　中国国家版本馆 CIP 数据核字（2024）第 026330 号

幼儿教师激励性评价与幼儿发展的实证研究
YOU'ER JIAOSHI JILIXING PINGJIA YU YOU'ER FAZHAN DE SHIZHENG YANJIU

出 版 发 行	教育科学出版社				
社　　　址	北京·朝阳区安慧北里安园甲 9 号		邮　　　编	100101	
总编室电话	010-64981290		编辑部电话	010-64989424	
出版部电话	010-64989487		市场部电话	010-64989009	
传　　　真	010-64891796		网　　　址	http://www.esph.com.cn	
经　　　销	各地新华书店				
制　　　作	北京金奥都图文制作中心				
印　　　刷	河北鹏远艺兴科技有限公司				
开　　　本	720 毫米×1020 毫米　1/16		版　　　次	2024 年 10 月第 1 版	
印　　　张	16.25		印　　　次	2024 年 10 月第 1 次印刷	
字　　　数	226 千		定　　　价	50.00 元	

高质量教育就是追求科学认识与教育艺术的融合

正当奥密克戎施虐于华夏大地的特殊时期，我收到了叶平枝教授从南国寄来的两本书稿《幼儿教师激励性评价与幼儿发展的实证研究》和《幼儿教师激励性评价的运用：案例分析》。这是叶平枝教授领衔的研究团队多年来对激励性评价的理论、实证和践行研究的系统总结。读完书稿，我脑海里又一次响起了皮亚杰关于"严肃对待心理学"的教诲。皮亚杰说："严肃对待心理学的意思就是说，当发生一个心理事实的问题时，我们应该向心理学的科学研究请教，而不应试图通过自己的思辨去发明一个答案。"① 对于幼儿教育中的激励性评价这么一个"心理事实的问题"，叶平枝教授和她团队的同人不是用一句简单的口号或个别人的感受去发明一个答案，而是运用科学研究的方法开展长期的实证研究和实际践行，用数据和事实说明了激励性评价的科学依据和实践效果。这种严肃的科学态度是值得肯定和学习的。

幼儿是具有主动性和创造性的行动者，而他们在道德判断的发展方面又处于他律阶段。因此，重要他人对他们的评价，直接影响到儿童自我认知的形成和发展。陈鹤琴先生早就给我们指出"小孩子是喜欢称赞的"，父母和教师教育儿童时，应当"利用这种赞许心"。② 我们个体社会化研究团队早期研究的结论也认为：影响个体社会适应性行为的因素很多，如环境、任务性

---

① 李其维，赵国祥. 皮亚杰文集：第一卷（上）[M]. 郑州：河南大学出版社，2020：205.
② 陈鹤琴. 陈鹤琴全集：第二卷 [M]. 南京：江苏教育出版社，2008：526.

质、社会心理、主体的动机和能力等，而自我认知也是一个十分重要的因素。教师对幼儿的评价直接影响到幼儿的自我认知。"自我认知的准确程度与表现出来的社会交往行为的适应程度是一致的。"① 这个理念在叶平枝教授的研究团队里得到深化和发展，我自然是非常认同的。

我尤其赞许的是，叶教授的研究团队充分认识到"激励性评价特别能够反映教育的目标和本质"，并将实证性的研究和幼儿园的教育与幼儿教师的培训紧密结合起来，为学前教育界如何运用心理学知识树立了一个很好的榜样。叶教授和她的研究团队研究了激励性评价对幼儿的成就归因、自我效能感、学习品质、心理韧性和社会退缩具有的重要影响，也揭示了激励性评价对师幼互动、职业承诺和职业倦怠的影响，从而证实了他们的研究假设：不同的评价所带来的结果是迥然不同的，理想的日常评价会塑造积极、灵动、自信、幸福的幼儿，不良的日常评价则会带来消极、呆滞甚至自我否定的幼儿。我们知道，在幼儿园的教育中，教师在与幼儿交往时，除了行动的示范和表情的流露外，语言的使用主要表现为两大类：一类是指导性的，另一类是评价性的。"融于日常生活和教育的激励性评价反映着评价者的儿童观、教育观、发展观和评价观，影响着幼儿的自我评价、自我感觉、自我调控、归因、成就体验、思维模式、学习品质和师幼关系。"根据研究成果对一线教师进行培训时，目的也十分明确。"激励性评价培训方案重视唤醒教师的主体意识，充分调动教师自我发展的积极性，激发教师的内生学习力，这是提升教师激励性评价行为的核心。"他们强调观念先行的原则，"在理论研究方面，既要从多个学科视角研究激励性评价，又要从不同理论去揭示教师激励性评价促进幼儿发展的内在机制。观念的改变非常重要，正如怀特海所说，没有观念的改变，教师可能从一种形式主义陷入另一种形式主义"。叶平枝教授和她的研究团队对这一点具有充分的认识、积极的态度，也在实践中取得了实际的效果。这个项目为读者提供的涉及 7 大类的 61 个案例，显得尤为

① 王振宇，葛沚云，曹中平，等 . 儿童社会化与教育 [M]. 北京：人民教育出版社，1992：247.

难能可贵。这一成果的价值就在于让我们进一步认识到，高质量的教育就是不断追求科学认识与教育艺术的融合。

我之所以满怀兴趣地关注这个问题，是因为在学前教育界，确实有不少人对心理学与学前教育学之间的关系存在许多模糊不清的认识。有人认为，儿童心理发展理论所揭示的儿童发展目标，就是学前教育课程的目标；有人认为，儿童心理研究所发现的心理过程的规律，就是学前教育的规律；甚至还有人认为，心理学的研究方法，就是学前教育的方法。这些认识显然混淆了心理学和学前教育学这两个不同学科的关系。

我们知道，心理学是一门讲究实证研究的学科。心理学的学科性质决定了它的知识具有研究对象的具体性和研究结论的规范性。心理学的实证研究无论是实验法还是测验法等，都是在因子可控的条件下进行的局部的、具体的、细节性的观察和数据收集过程。因此，心理学研究结论的适用范围总是有限的。而在大量具体研究成果的基础之上归纳形成的理论也有特定的适用范围，同时又有可能被新的实证研究结果所证伪。这是科学发展的规律，也是心理学家需要孜孜不倦地寻找证据和不断地建构、解构、重构理论的专业原因。心理学与学前教育学是两个不同性质的学科，它们具有功能上的紧密联系，但不是一回事。具体地说，心理学的研究成果，只是为学前教育提供一个底层逻辑。学前教育不能违背这个底层逻辑，但学前教育所涉及的范畴绝不仅仅是底层逻辑。因为影响学前教育的理论和实践的因素，还有很多很多。基于这样的认识，当我们试图将心理学的研究成果运用到学前教育的领域中时，需要具备特有的教育机智，每一位教师都需要高度地发挥自己的主动性和创造性，而不能简单地照搬和机械地执行。

明白了这一点之后，我们也就能回过头来进一步客观地认识叶平枝教授和她的研究团队的这一研究成果的真正价值，并在学前教育实践中准确地运用激励性评价的方法。面对学前教育中出现的问题，他们不是在试图通过自己的思辨去发明一个答案，而是向心理学的科学研究请教。他们既严肃地对待了心理学，也严肃地对待了学前教育。

华东师范大学 王振宇

　　幼儿没有考试、排名和分数的压力，却时时刻刻承受着成人日常评价的审视和刺激。这些日常评价成人讲起来自然而即时，言语评价和非言语评价兼有，融于教育和教学之中，标准模糊而多变，幼儿听（看）起来不仅影响情绪也影响发展，尤其对幼儿的自我评价和个性发展影响深远。我们关注到这个问题，源于对生活的观察，也来自个人的体验。查阅文献时，我们也发现相关研究非常匮乏。人们常常关注宏大、外在的教育问题，却往往忽视这些看似细节实则走心、关键的时刻。怀特海指出，教育是一个一分钟一分钟、一小时一小时、一天一天地耐心地掌握细节的过程，不存在一条由灿烂的概括铺成的空中过道通往学问的捷径。幼儿的自我和个性就是在这些细节中塑造而成的。我们认为，"三岁看大，七岁看老"很大程度上是因为幼儿接受了不同的日常评价，因为6岁前幼儿的自我意识和个性都正处于萌芽和关键发展阶段，他们对自己的评价依赖成人特别是重要他人的评价，这些融于生活的、频繁发生的、自然而然的日常评价看似不经意，却最为真实地反映了成人对幼儿的看法，因而也增加了幼儿对成人评价的笃信。正因为如此，成人不同的评价所带来的结果是迥然不同的，理想的日常评价会塑造积极、灵动、自信、幸福的幼儿，不良的日常评价则会带来消极、呆滞甚至自我否定的幼儿。

　　基于上述思考和假设，2008年，我们团队开始了对幼儿教师日常评价的研究，2009年、2012年分别获得全国教育科学规划项目和教育部人文社科项目，分别研究"促进幼儿自我概念发展的教师评价行为研究"和"教师不良日常评价行为的转化及其机制研究"，从理论、实证和实践三个方面系统研究幼儿教师日常评价行为。在这些研究中，我们发现，幼儿教师的日常评价存在各种问题，理想的日常评价非常缺乏。受斯坦福大学德韦克（Dweck）

教授团队研究的影响，我们将这类理想的日常评价称为"激励性评价"，并于2016年申报且获批了国家社会科学基金教育学一般课题"激励性教师评价行为对幼儿发展影响的实验追踪研究"（课题批准号：BHA160091），对激励性评价进行理论和实证研究。

在研究过程中，我们深深感到，激励性评价特别能够反映教育的目标和本质。雅斯贝尔斯指出，教育的本质是一棵树摇动另一棵树，一朵云推动另一朵云，一个灵魂召唤另一个灵魂。托马斯·摩尔认为，教育应是一门引导人的潜能的艺术，在最深层次上则是一门诱使灵魂从其隐藏的洞穴中显露出来的艺术。教师在激励性评价的过程中，深切地感受到了教育的成效和幸福感。幼儿虽然并未意识到教师正在进行教育，却明显受到教师的滋养和激励，发展和行为都进入积极的轨道。卢梭曾经说过：什么是最好的教育？最好的教育虽然看似无所作为，却实实在在地影响着学生的心灵，帮助学生发挥潜能。

融于日常生活和教育的激励性评价反映着评价者的儿童观、教育观、发展观和评价观，影响着幼儿的自我评价、自我感觉、自我调控、归因、成就体验、思维模式、学习品质和师幼关系。在理论研究方面，我们既要从多个学科视角研究激励性评价，又要从不同理论去揭示教师激励性评价促进幼儿发展的内在机制。观念的改变非常重要，正如怀特海所说，没有观念的改变，教师可能从一种形式主义陷入另一种形式主义，从一团陈腐呆滞的思想陷入另一团同样没有生命的思想中。没有理论的揭示和深入的研究，激励性评价就会陷入循规蹈矩和无价值的琐碎。而要掌握激励性评价，教师对于成长的挚爱、深切的教育爱、止于至善的教育理想是非常重要的。他们要成全幼儿，一要有教育的人文关怀，关心幼儿的心理发展和生存状态，感受幼儿的喜怒哀乐，为幼儿的可持续发展努力，成全他们的未来发展；二要有教育的智慧，当幼儿有进步和创造时真诚欣赏，积极、具体地激励，当幼儿有危机的时候积极化解、转危为安，当幼儿被贴上各种标签时富有智慧地撕掉他们的各种标签，让他们重新发现自己的美好和能干。激励性评价不是家常便饭般的"你真棒""看谁最聪明"的空话、套话，而是为幼儿建立积极自我、成长型思维模式、积极的个性并实现理想成长等而点燃、滋养和促进。阿德勒说，一个人生存的时间及生存环境都不能如假设般美好，所以儿童的成长必须有成人的关注和引导。每个人的心里都充满了有活力、有目的的追求，这是每个人的发展过程中不容置疑的事实。儿童自出生开始就在不间断地寻求自身的发展，他们寻求这一幅伟大、优秀甚至是完美的画面。这一画面是一种希望，而且无时不在，是每个人在无意识的状态下追寻的。我们的使命就是要帮助儿童完成他们追寻的状态。我们不能创造儿童，我们的目的是激发和引导儿童的自我发展。

教育需要理想、浪漫和实践，也同样需要科学、证据和事实。我们假设激励性评价对幼儿发展的诸多方面产生影响，并通过实验法、问卷法、观察法等实证研究方法去验证或修改假设。本研究所获得的主要结论如下。

一、幼儿教师日常评价缺乏激励性，专家型教师的激励性评价显著高于新手型教师，日常评价是否具有激励作用是教师专业发展水平的标志之一。

二、教师职业倦怠和教师激励性评价行为存在负相关，即教师职业倦怠程度越轻，激励性评价行为越好；教师职业倦怠程度越重，激励性评价行为越差。

三、教师职业倦怠对当下的激励性评价有显著负向预测作用，对半年后的激励性评价同样具有显著负向预测作用，表明职业倦怠对激励性评价具有持久、稳定的负向作用。

四、教师的激励性评价可以有效促进幼儿学习品质的发展，且针对教师的激励性评价培训可以有效提升教师的评价水平。

五、教师激励性评价行为对幼儿心理韧性有显著影响。教师激励性评价行为在实验前后存在显著的差异。教师激励性评价行为对幼儿心理韧性的影响存在性别差异。教师激励性评价行为与幼儿心理韧性存在显著相关。结果显示：化解、具体肯定越多，保护性因素越多，幼儿的心理韧性越强；化解、具体肯定越多，行为问题越少，幼儿的心理韧性越强。

六、教师激励性评价对幼儿社会退缩具有明显的改善作用。激励性评价培训方案能够有效提升教师的激励性评价行为，被试教师接受的激励性评价培训时长不同，干预效果存在差异。教师激励性评价能够有效减少幼儿的社会退缩行为，被试幼儿社会退缩总分和各分量表得分均有不同程度的减少，其接受的教师激励性评价干预时长不同，干预效果存在差异。

七、激励性评价对师幼互动质量提升具有长期效应。首先，激励性评价干预培训能显著提升教师的师幼互动质量，主要体现在师幼互动中情感支持、教学支持两大领域及积极氛围、教师敏感性、尊重儿童、反馈质量、语言示范五个维度的质量提升，而对班级管理领域及其他五个维度（消极氛围、概念发展、行为管理、课堂效率、教学安排）的质量提升没有显著作用。其次，师幼互动质量在幼儿园年级间存在差异，小班的师幼互动质量最低，大班的师幼互动质量最高。

八、激励性评价行为与幼儿自我效能感存在正相关；激励性评价行为与幼儿自我提升目标取向、自我增强目标取向、他人目标取向之间存在正相关；幼儿自我效能感与幼儿自我提升目标取向、自我增强目标取向、他人目标取向之间存在正相关；幼儿自我效能感在激励性评价行为和幼儿自我提升目标取向之间起部分中介作用；幼儿自我效能感在激励性评价行为和幼儿自我增强目标取向之间起部分中介作用；幼儿自我效能感在激励性评价行为和幼儿他人目标取向之间起完全中介作用。

这些研究成果部分发表在杂志上，部分系统地呈现在本书之中。本书是集体研究的成果。全书由广州大学叶平枝教授、华东师范大学韩春红副教授、河南大学朱细文副教授设计，叶平枝教授统稿，各章分工如下：第一章，广州大学叶平枝、广州番禺北城幼儿园夏雨璇；第二章，广州大学叶平枝；第三章，华中师范大学林朝湃、江西师范大学王茜、广州大学叶平枝；第四章，江西师范大学王茜；第五章，深圳市龙华职业技术学校娄钏玥；第六章，华中师范大学林朝湃；第七章，广州科学城第一幼儿园何宇惠；第八章，汕头经济特区中心幼儿园赵洁纯。幼儿教师激励性评价是一个新的研究领域，我们的研究肯定有诸多的问题和稚嫩之处，但相信它一定能够抛砖引玉，吸引更多的学者、实践工作者关注和研究，这对于那些饱受重要他人日常评价摧残和困扰的幼儿将善莫大焉。通过教师的激励性评价，让我们实现第斯多惠所说的：教学的艺术，不在于传授本领，而在于激励、唤醒、鼓舞。

广州大学　叶平枝

目 录

第一章　幼儿教师激励性评价行为概述

德国教育家第斯多惠说：教学的艺术，不在于传授本领，而在于激励、唤醒、鼓舞。与中小学不同，幼儿园里对幼儿鲜有考试，也几乎没有正式的评估；但是，幼儿园里绝不缺少评价，幼儿教师对幼儿的日常评价时时刻刻都在进行着。一句"你真棒!"、一个微笑的眼神都传递着教师对幼儿的评价，也深深地影响着幼儿的发展。这些大量、主观、模糊、随时随处发生的评价，更加关注个体生命，是教师在与幼儿互动过程中产生的即时评价，教师通过言语、语音语调、表情和肢体语言来传达对幼儿的判断与期待。幼儿教师的这些日常评价不仅是幼儿自我概念形成和个性发展的重要影响因素，如学业自我概念[①]、社会接纳[②]等，也不同程度地影响着幼儿的认知、情绪和情感的发展。然而，由于相关研究的匮乏，幼儿教师的日常评价行为尚处于自然、随意、凭经验评价的原生态，研究者尚不能提供丰富的研究成果帮助幼儿教师改善自己的日常评价行为，从而自觉、主动地发挥高质量评价行为促进发展的作用。因此，有必要开展此方面的研究，探讨幼儿教师的日常评价行为，研究什么样的日常评价可以激励幼儿，使幼儿能幸福成长，并为幼儿一生的可持续发展打下坚实的基础。

[①]　HERBERT J, STIPEK D. The emergence of gender differences in children's perceptions of their academic competence [J]. Journal of applied developmental psychology, 2005, 26（3）: 276-295.

[②]　NURRA C, PANSU P. The impact of significant others' actual appraisals on children's self-perceptions: what about Cooley's assumption for children? [J]. European journal of psychology of education, 2009, 24（2）: 247-262.

一、幼儿教师激励性评价的内涵与特征

（一）幼儿教师激励性评价的内涵

"激励"一词中的"激"本义指水因受到阻碍或震荡而向上涌，"励"的本义指劝勉、振奋，由此将激励定义为"激发鼓励"①。激励的英文为 motivate，有三种含义：一是指被激励（motivated）的过程；二是指一种驱动力、诱因或外部的奖励（incentive）；三是指受激励的状态。②

通过梳理发现，激励性评价的概念主要有以下几种：首先，激励性评价是教师的一种评价手段。激励性评价是教师针对儿童的具体行为或事件，从语言激励、情感激励、物质激励、环境激励着手，激发儿童探究的兴趣，培养儿童的主动性，发展儿童探究能力的一种评价手段。③ 其次，激励性评价是促使儿童进步的一种有效动力，包含赏识、激发、鼓励等。④ 最后，激励性评价还是一种策略。教师要改变传统的教学观念，树立激励性评价的理念，对学生的表现进行肯定性的评价，坚持正面导向和成功激励，多发现学生的长处和闪光点，并予以鼓励，扬其长、励其志，强调教育使学生获得成功。⑤

激励性评价的概念界定见仁见智，从其侧重点来看可分为如下几类。

注重肯定和激发。郭玉荣认为，激励性评价又叫肯定性评价，它是指发挥其内在的激励机制与外在的激励功能，激发被评价者自我完善、自我发展的行为动机，鼓励被评价者不断前进的积极性和创造性。⑥ 不少学者认为，

① 中国社会科学院语言研究所词典编辑室. 现代汉语词典 [M]. 7 版. 北京：商务印书馆，2016：606.
② 潘永兴. 激励教育的理论诠释与实践模式研究 [D]. 长春：东北师范大学，2011.
③ 秦旭芳，谢果凤. 激励性评价的内涵及其实践探寻：兼谈在幼儿科学探究活动中的运用 [C] //沈阳市科学技术协会. 第八届沈阳科学学术年会论文集. [出版地不详]：[出版者不详]，2011：895-897.
④ 葛文婷. 运用激励评价 促进学生发展 [J]. 科学教育，2007（1）：74-75.
⑤ 刘洪玉. 激励性评价在幼师专业理论课教学中的运用 [J]. 科学大众，2008（8）：11+16+19.
⑥ 郭玉荣. 高中英语课堂教学激励性评价探析 [J]. 江南大学学报（教育科学版），2007（2）：80-82+95.

激励性评价是教师着眼于评价对象的长处与优点，挖掘其闪光点，给予他们肯定、赞赏与鼓励，激发其主动学习的积极性。①②③④⑤

强调内在动机的激发。赵学勤、李重英均认为，激励性评价是以激发学生内在的需要和动机，以鼓励学生自觉、主动提高自身全面素质为目的的一种价值判断活动。⑥⑦

强调教学评价。王淑丽认为，激励性评价就是指在教学过程中，以教学目标为轴心，从学生实际出发实施评价，从而促进学生发展、激发学生学习的积极性、提高教学质量的一种评价方法。⑧ 还有研究聚焦于教师的口头言语评价，并将之限定在课堂教学情境的特定语境之中，指出激励性言语评价是教师基于学生的行为，为激发学生动机和兴趣、促使他们积极主动发展而采取的价值判断活动。⑨ 有学者将激励性评价看作一种教学评价的手段，目的是教师根据评价对象的特点和具体情况，激发其内在需要、动机和学习欲望，调动评价对象的积极性。⑩⑪ 言出于心，教师的赞赏性或鼓励性的语言就像兴奋剂，使学生精神振奋，学习信心高涨；如同一股暖流，让他们感受到教师的温情，满足他们的成就感，使课堂气氛热烈。⑫ 在课堂上，英语教师对学生表现的正确评价，能让学生对教师产生信赖，能激发学生的学习动力，

---

① 鲁家宝.刍议"激励性评价"[J].中小学教师培训，2004（2）：58-59.

② 魏琦.巧用激励性评价 优化美术课教学[J].教育评论，2001（6）：74-75.

③ 王美娟.教师激励性口语评价的现状和反思[J].小学教学研究，2007（11）：44-45.

④ 张根应.激励性评价的内涵及其策略[J].基础教育研究，2012（20）：33-34.

⑤ 钟伟军.奖励糖与教师激励性评价[J].江西教育，2014（12）：13-14.

⑥ 赵学勤.激励性评价的标准与策略[J].中小学管理，2002（11）：53-54.

⑦ 李重英.如何运用激励性评价手段来激活英语教学过程[J].三峡大学学报（人文社会科学版），2007（S1）：275-276.

⑧ 王淑丽.运用激励性评价与及时反馈对提高初三化学教学效果的研究[D].天津：天津师范大学，2009.

⑨ 王伶俐，黄金联.教师课堂激励性言语评价运用的反思[J].现代教育科学，2009（2）：12-14.

⑩ 白文飞.应用激励性评价方法 促进中小学生学习习惯的养成[J].教育理论与实践，2004（14）：45-46.

⑪ 牛宝勤.浅谈小学语文课堂激励性评价的运用[J].吉林省教育学院学报（中旬），2013，29（2）：106-107.

⑫ 洪云玲.中学英语教学中的鼓励性评价[J].新课程（教师版），2007（5）：126-127.

使他们乐于发言，从而使课堂更加生动、更有魅力。① 激励性评价能发挥激励功能，使学生自始至终以饱满的热情、昂扬的斗志、积极的心态参与学习。②

强调评价的个性化和情感性。激励性评价是在充分把握学生心理、维护学生自尊的基础上，重视发掘学生个性特点，以信任、鼓励、期待的语言或者行动对学生进行评价的过程。③ 研究者还认为，恰当的评价机制要把握好几个原则，比如要实事求是，要真诚，要有针对性等。只有把握这些原则，才能让激励性评价发挥真正的作用。这样，激励性评价可以看作"是拨动学生心弦的琴弦，是推动学生远行的帆，是张扬学生个性的催化剂，是连接师生心灵的桥梁"④。

学前教育领域关于激励性评价的研究相对薄弱，主要有两种观点。一是强调学习动机的激发和闪光点的挖掘。冯靖认为，幼儿教师在游戏化教学中的激励性评价是指教师在幼儿游戏过程中，针对幼儿的游戏表现，给予信任、鼓励和期待，促使幼儿发现彼此身上的闪光点，提高幼儿的学习兴趣、激发幼儿的学习动机，促进其积极主动学习的评价过程。⑤ 二是强调所有激励的手段。秦旭芳认为，激励性评价是指幼儿教师基于实际的具体情况，采用语言、情感、物质、环境等不同方式的激励，激发幼儿探究的兴趣，发展幼儿探究能力的所有激励手段。⑥ 韩春红提出，激励性评价是高质量师幼互动的一种特殊形式，能努力消解并去除"标签效应"，卓有成效地帮助处境不利的幼儿走出困境，健康、全面地发展，通过"去标签"的方式，促使其进行

---

① 关翠琼. 英语课堂中激励语的使用 [J]. 武汉工程职业技术学院学报, 2005 (1): 65-67.

② 刘光霞. 中小学学生评价技巧集粹 [M]. 杭州: 浙江教育出版社, 2005.

③ 刘智敏. 浅谈激励性评价在教学中的运用 [J]. 考试 (教研版), 2009 (6): 34.

④ 同③。

⑤ 冯靖. 激励性评价在幼儿游戏教学中的应用 [J]. 科教导刊 (上旬刊), 2014 (17): 185-186.

⑥ 秦旭芳, 谢果凤. 激励性评价的内涵及其实践探寻: 兼谈在幼儿科学探究活动中的运用 [C] //沈阳市科学技术协会. 第八届沈阳科学学术年会论文集. [出版地不详]: [出版者不详], 2011: 895-897.

积极自我评价。[①]

综上可发现，不同学者较为一致的观点是，激励性评价的目的是激发评价对象的动机和兴趣，调动其主动学习的积极性，强调教师对评价对象行为的关注、观察、支持与鼓励，以及对他们观点和想法的重视和反馈。[②] 激励性评价有三个主要功能，第一层面的功能在于评价，第二层面的功能在于激励，第三层面的功能在于指导。[③]

基于已有研究和我们的研究，我们将幼儿教师激励性评价界定为：幼儿教师着眼于幼儿活动动机的激发和自信心的提升，关照幼儿的生命状态和心理感受，在幼儿取得进步时积极鼓励，遇到危机时及时化解，消解并去除标签效应，从促进幼儿积极自我评价的角度塑造幼儿积极的自我意识和个性，进而推动幼儿健康、全面地发展。[④]

（二）幼儿教师激励性评价的特征

幼儿教师激励性评价的特征表现为以下五个方面。

1. 积极

评价即"评定价值高低"[⑤]，衡量、评定人或事物的价值。激励性评价作为一种主动施加的教学策略，是指教师在课堂教学的过程中，着眼于发现学生的优点和长项，观察学生的细微变化，寻找闪光点[⑥]，通过肯定、激励学生，适应学生的年龄特点与心理需求，激发学生学习欲望并保护学生求知热情的一种评价方式[⑦]。

尽管有研究者认为，激励既包括对学生良好表现的积极鼓励，也包括对

---

①　韩春红.教育的魔法棒：激励性评价中的"去标签"[J].学前教育，2019（10）：19-20.

②　教育部基础教育司.幼儿园教育指导纲要（试行）解读[M].南京：江苏教育出版社，2002.

③　刘光霞.中小学学生评价技巧集粹[M].杭州：浙江教育出版社，2005.

④　叶平枝.照亮当下　照进未来[J].学前教育，2019（9）：19-21.

⑤　中国社会科学院语言研究所词典编辑室.现代汉语词典[M].7版.北京：商务印书馆，2016：1009.

⑥　魏琦.巧用激励性评价　优化美术课教学[J].教育评论，2001（6）：74-75.

⑦　牛宝勤.浅谈小学语文课堂激励性评价的运用[J].吉林省教育学院学报（中旬），2013，29（2）：106-107.

其错误思想和行为的批评①，但对于还未形成良好自我概念的幼儿，正向反馈更容易帮助他们发展效能感与社会性②③，对幼儿的激励应当以正向反馈为主。成人要主动寻找幼儿的闪光点，肯定幼儿的努力付出，帮助其构建良好的自我概念。

积极心理学认为，应关注个体的积极因素，发掘、研究个体的各种积极品质，并在实践中扩展和培养它们。④ 从积极心理学的视角而言，积极的评价有利于激发幼儿的潜力，对其身心健康带来积极影响。

2. 使人自信

激励性评价着眼于幼儿活动动机的激发和自信心的提升，关照幼儿的生命状态和心理感受，在幼儿取得进步时积极鼓励，遇到危机时及时化解，消解并去除标签效应，从促进幼儿积极自我评价的角度塑造幼儿积极的自我意识和个性，进而推动幼儿健康、全面地发展。激励性评价并不是让幼儿自满和骄傲，而是激励幼儿进步，使幼儿对自己进行积极评价并获得自信，进而建构积极的自我意识。

3. 激发内在动机

激励的本质不是我们激励他人，而是我们创造条件让他人激励自己。⑤从激励的重点而言，研究者认为，激励应当从儿童个体需要出发，通过对努力或发展层面的而非结果表现层面的积极反馈⑥来激发儿童的内在动机，培

———————

① 潘永兴. 激励教育的理论诠释与实践模式研究 [D]. 长春：东北师范大学，2011.

② LUCYSHYN J M, ALBIN R W, HORNER R H, et al. Family implementation of positive behavior support for a child with autism：longitudinal, single-case, experimental, and descriptive replication and extension [J]. Journal of positive behavior interventions, 2007, 9 (3)：131-150.

③ DECI E L, RYAN R M. The initiation and regulation of intrinsically motivated learning and achievement [M] // BOGGIANO A K, PITTMAN T S. Achievement and motivation：a social-developmental perspective. New York：Cambridge University Press, 1992：9-36.

④ 童安. 积极心理学视野下3—6岁幼儿心理健康教育的研究 [J]. 基础教育研究，2015 (5)：83-84.

⑤ 德西，弗拉斯特. 内在动机：自主掌控人生的力量 [M]. 王正林，译. 北京：机械工业出版社，2020：11.

⑥ EVANS T. The tools of encouragement [J]. Reaching today's youth：the community circle of caring journal, 1997, 1 (2)：10-14.

养儿童良好的心理素质和面对困难敢于挑战的勇气①。

研究者对不同情境下的激励做出分析，发现当幼儿处在竞争失败的情境下时，成人充分的肯定能够化解幼儿的焦虑，并让幼儿的内部动机更稳定地维持下去。② 所以，激励性评价着眼于激发幼儿的内在动机而不是外在动机。

4. 强调过程

激励性评价强调过程和具体评价。研究表明，开展激励性评价需要以客观事实为依据，在评价过程中，教师不能只是给予幼儿简单的表扬，而是要让幼儿在认可自身优点的同时，也能认识到自身需要改进的地方。教师不可一直采用"真聪明""真优秀""真棒"等缺乏实质内容和具体指向的激励性语言，幼儿对这种评价缺乏必要的辨别能力。鉴于幼儿学习的整体性和启蒙性，教师要针对幼儿具体的行为表现和特定的教育目标进行具体的评价。否则，空泛的评价不仅难以对幼儿产生实际作用，甚至可能会消解他们的学习积极性，无法使他们获得良好的内在学习体验。③

5. 指向发展

幼儿教师的日常评价经常用于幼儿的行为管理和纪律的维持。激励性评价的目的不是为了管理，而是为了幼儿的发展，通过激励性评价塑造幼儿积极的自我评价、积极的自我意识和积极的个性。激励性评价不仅关注幼儿当下的发展，还会通过化解、具体评价和去标签，为幼儿未来的发展奠定良好的基础。如果将幼儿的发展比喻成汽车，教师的日常评价就是汽车的方向盘，激励性评价就是汽车的发动机，教师就是掌控方向盘和发动机的司机。

发着光的教师才能从"照亮"到"点亮"，他们从每日的观察和教育中，感受幼儿生命的脉动和成长，反思幼儿发展的当下和未来，开启有效的师幼互动，通过看似日常、随意、微不足道的日常评价建构幼儿积极的自我评价和自我意识、健全个性、充满活力的精神世界。我们认为，好的教育不是在教师谆谆教导和教授中完成的，而是在每天频繁发生、习以为常的日常评价

---

① ADLER A. What life should mean to you [M]. New York：Capricorn Books，1958.
② 王金秋. 竞争情境下评价方式对幼儿内在动机的影响 [D]. 长春：东北师范大学，2015.
③ 吕凤清. 激励性教师评价与幼儿学习品质发展 [J]. 学前教育研究，2019（7）：89-92.

中潜移默化地实现的。日常评价能诲人不倦也能"毁"人不倦，能塑造幼儿也能泯灭幼儿。如何与幼儿互动，特别是如何评价与激励幼儿，是幼儿教师专业发展的瓶颈和关键。

（三）相关概念辨析

1. 激励性评价与日常评价行为

幼儿教师的日常评价行为是指在幼儿园日常活动中，幼儿教师对幼儿行为所做的即时性的言语和非言语的评价。激励性评价是指能够激发并鼓励幼儿发展的日常评价行为。激励性评价是幼儿教师日常评价行为的一种类型，是日常评价行为中可促进幼儿发展的理想评价行为。

2. 激励性评价与表扬

广义的表扬是人们对他人的作品、表现或品性所做的积极的评价。广义的表扬包含激励。狭义的表扬是人们对他人的作品、表现等的公开赞美，它与激励并不相同。

首先，评价的目的不同。激励的目的是自控，表扬的目的是他控。表扬是对某人的好行为、好作品进行公开赞美，表达对某人的肯定；激励的目的是激发内在动机，使幼儿自我激励。

其次，评价的重点不同。激励评价的是过程和进步，表扬评价的是结果和优秀。研究表明，表扬对学生学习动机的影响是否积极，取决于五个方面：真诚性、归因方式、自主感、胜任感和自我效能感、行为标准和期望。表扬有真诚的态度，可增强受表扬者的胜任感和自主感，促进受表扬者正确的归因，恰当地传达行为标准或期望，都会增强学生的学习动机。[①] 并不是所有的表扬都具有这些特点，激励性评价则具有这些特点。

概言之，激励性评价是广义表扬的一部分，与狭义的表扬并不相同。

---

① 任国防，张庆林. 表扬与内在动机关系的新观点 [J]. 西南师范大学学报（人文社会科学版），2003，29（6）：31-35.

二、多学科视角下的激励及激励性评价

(一) 哲学视角下的激励

亚里士多德在《形而上学》中强调实在论（意即实体本身拥有真实的存在），他认为实体是质料与形式的结合。从潜能到现实的发展是亚里士多德哲学中一项最重要的面向。他用"四因说"来解释事物从潜能到现实状态的变化。这四因分别是：①质料因，指一物被创造时所带出的成分；②动力因，指一物被创造所凭借的手段；③形式因，指一物是什么东西的表现；④目的因，指一物所为的目的。以一铜像为例，其质料因是铜本身的材质；其动力因是雕刻家，是他让铜的原料塑造成为铜像；其形式因是铜像的蓝图或概念；目的因则是促使雕刻家采取行动的理念。四因当中，形式因与目的因最为重要，而且最能真实解释一物。一物的最终目的是该物自身最圆满的实现，而非只存在于我们的观念之中。因此，目的因是内在于物自身本性的，而非某种我们主观上强加其上的东西。①

儿童教育亦如此：儿童本身是质料因；动力因是教师，在互动中塑造儿童的全面发展；形式因是对儿童全面发展、积极成长的愿景和发展目标的概念；目的因则是教师促成儿童成长所需要的采取相关行动的理念。而在众多的教育行动中，激励儿童成为重要行动，是能促成儿童自身圆满实现的动力。

什么才是对儿童真正的激励？在布伯的核心哲学概念"对话"中，他区分了三种对话：真正对话、技术性对话、独白。真正对话中，参与者真正有心于此刻且特定的对方，带着要和对方建立相互关系的心转向对方；相对地，技术性对话完全只追求客观的了解；而独白则伪装为对话，实际上各自都以扭曲迂回的方式交谈。真正的对话参与者必须有心地敞开生命走向对方，且要有能力想象地觉知对方伙伴的具体性、独特性和整体性，同时在彼此互动

---

① 林逢祺，洪仁进. 教师不可不知的哲学 [M]. 上海：华东师范大学出版社，2009.

中感受到对方靠近我且要求我的回应。[①] 在"对话"的概念中，我们得以窥见如何激励儿童。教师对儿童的激励性评价不是单方的输出，而应该是双方最为真诚的对话，教师敞开生命走向儿童，觉知儿童的需要与独特性，从而贴近儿童。

（二）管理学视角下的激励

在人本主义的管理学中，最核心的就是激励。激励作为管理学的术语，是指一种推动、维持与增强人们工作行为的力量，引导人们去实现预定的目标。在企业的管理中，激励就是运用各种手段来调动和充分发挥人的积极性、创造性，不断增强企业活力。心理学实验证明，在工作能力不变的条件下，一个人的工作绩效与个人激励水平呈正相关。激励水平的高低决定了工作绩效的优劣。所以，管理实践的重要目标就是提高员工的激励水平，调动员工的工作积极性。

管理学中的激励可分为内激励和外激励。一是内激励（intrinsic motivation），通过激励让员工获得完成任务、提升能力的满足感和获得成就的自信心。内激励效果持久，日益受到人们的重视。二是外激励（extrinsic motivation），是指管理人员利用奖金、名誉等刺激员工实现企业目标。外激励的效果持续时间较短，如果过大，还会影响内激励。当然，根据激励的形式，还可具体分为目标激励、需要激励、环境激励、期望激励等多种形式。[②]

实际上，激励的效应来源于激发人的动机。美国学者赫茨伯格提出双因素理论，他认为激发动机的因素有两类：激励因素与保健因素。激励因素包含工作的挑战意味和兴趣，以及工作上的成就感等，能让员工产生工作的满意感。而保健因素又称维持因素，能给予员工良好的工作环境以防止产生不满意的情绪。通常情况下，引起不满意的是和工作环境或条件相关的因素，如外部的奖酬，缺乏这些因素会使人不满意，甚至挫伤员工的积极性。这类保健因素如果处理得当，则能防止员工产生不满情绪，带有预防性质。同时，

---

① 林逢祺，洪仁进. 教师不可不知的哲学 [M]. 上海：华东师范大学出版社，2009.
② 时蓉华. 社会心理学词典 [M]. 成都：四川人民出版社，1988.

赫茨伯格认为工作环境只能防止不满，工作本身的成就感才具有激励作用。[①]真正激励员工的因素包括工作表现机会和工作带来的愉快、工作上的成就感、由于良好的工作成绩而得到的奖励、对未来发展的期望以及职务上的责任感等。这种因素是积极的，是影响人的工作动机并长期起主要作用的因素，是员工工作动机的源泉。据此，赫茨伯格提出，为了增加激励因素、提高生产率，需要用"工作丰富化"的管理方法来取代"流水作业线"的生产程序和管理方法，以此减少员工的不满情绪，强化工作意义和工作本身的挑战性，激发员工的积极性。[②]

（三）心理学视角下的激励

激励在心理学方面主要体现在学习动机和学生自我概念上。

学习动机水平（levels of learning motivation）指在学习的过程中个人动机的强度和方向性等。学生的学习动机水平受其父母的期待、教师的奖惩、班级的心理气氛及其学习兴趣、对成败的预期和估计等方面因素的影响。如果学生只有低水平的动机，即便具备良好的学习条件，其学习水平也会很低；但动机水平过高，将引起学生的过度焦虑，甚至使学生产生对失败的恐惧，导致对学习的畏惧和退缩。因此，在教学中既要激起高水平的学习动机，又要注意将它控制在适当的范围内。

学生自我概念（self-concept of student）即学生所具有的有关他是谁、他应该怎样表现、别人怎样看待他、他的归属以及他可能成为怎样的人等的看法，及由此而组织成的信念系统和情感。它来源于个体对他人评价的知觉。稳定的自我概念是学生学习的重要参照点。研究表明，学生对于自己能力、胜任力和价值的主观估计以及在此基础上产生的自我预期影响了他的成就动机、自信心和学习的行为模式，从而间接地影响了其学业成绩。具有较高的自我估计和预期水平的学生，往往信心十足，具有较远大的志向。他们把成功归因于个人努力的程度，因而在学习中积极主动；而自我估计和预期水平

---

① 曾仕强，刘君政. 最有效的激励艺术［M］. 北京：北京联合出版公司，2014.
② 同①。

较低的学生，则往往缺乏自信，志向水平较低，把学业成败归因于运气和困难等外部因素，因而在学习中显得消极被动。

（四）教育学视角下的激励性评价

回溯我国古代的童蒙教育，一直倡导的正是正面教育，正面引导儿童成长。明代教育家王廷相说：童蒙无先入之杂，以正导之而无不顺受。这里的"正导"，就是对儿童的正面引导。成人需要用正面的、积极的事物去影响儿童，因为教育就是先入为主的。而明代思想家王阳明在《传习录中·训蒙大意示教读刘伯颂等》中，更是结合儿童的身心发展特点论述正面教育的意义："大抵童子之情，乐嬉游而惮拘检，如草木之始萌芽，畅舒之则条达，摧挠之则衰痿。今教童子，必使其趋向鼓舞，中心喜悦，则其进自不能已。譬之时雨春风，沾被卉木，莫不萌动发越，自然日长月化；若冰霜剥落，则生意萧索，日就枯槁矣。故凡诱之歌诗者，非但发其志意而已，亦所以泄其跳号呼啸于咏歌，宣其幽抑结滞于音节也。导之习礼者，非但肃其威仪而已，亦所以周旋揖让而动荡其血脉，拜起屈伸而固束其筋骸也；讽之读书者，非但开其知觉而已，亦所以沉潜反复而存其心，抑扬讽诵以宣其志也。凡此皆所以顺导其志意，调理其性情，潜消其鄙吝，默化其粗顽，日使之渐于礼义而不苦其难，入于中和而不知其故。是盖先王立教之微意也。"

以上王阳明的论述指出，儿童的心总是朝向正面、美好的事物的，所以教师需要循循善诱，以正面、积极的事物影响儿童，就像春风吹拂、春雨浇灌花木，如果教师不尊重儿童，总是否定儿童，儿童则犹如花木遭受冰霜，难以健康成长。到了清代，张行简提出，"人生童年，得春令发生之气。善教者，总以诱掖奖劝为主，即施教刑时，亦须用诱掖奖劝语"[①]，要求在教育童蒙不得已采用惩罚手段时，也不能忘记正面教育，要采用"诱掖奖劝语"。清代王筠还论述了正面教育对于那些"笨拙执拗"儿童的教育意义。他说："孔子善诱，孟子曰'教亦多术'，故遇笨拙执拗之弟子，必多方以诱之。既得其机之所在，即从此鼓舞之，蔑不欢欣而惟命是从矣。若日以夏楚为事，

---

① 朱永新．滥觞与辉煌：中国古代教育思想史［M］．北京：人民教育出版社，2004：356.

则其弟子固苦，其师庸乐乎？"① 在他看来，那些"笨拙执拗"的儿童尤其需要正面教育。因为只有正面教育才能使他们产生愉快的心理体验，听从教师的教导；如果动辄体罚，"日以夏楚为事"，或使他们畏惧而不学，或使他们顽拗而违抗，教师也只能陷于无能为力、进退两难的窘境。以上的古代正面教育实际就是激励性评价的体现，是对儿童进行肯定与鼓励。

三、激励性评价的研究主题

（一）激励的归因方式

探究激励的归因方式，需要借鉴关于表扬的归因研究，了解何种表扬类型对儿童的内部动机能产生积极的影响。依据归因理论，有研究者将其划分为能力取向的表扬与努力取向的表扬，前者指的是将被评价者的成功归结于能力因素，如"你真聪明"，而后者指的是将被评价者的成功归结于努力因素，如"你看得真仔细"。②③ 研究发现，基于努力取向的表扬更具激励作用，包括内部动机④⑤、学业成绩⑥和自我认知⑦等，而基于能力取向的表扬则可能减弱儿童内部动机⑧。可见，激励的归因方式更符合努力取向的表扬。

① 朱永新．滥觞与辉煌：中国古代教育思想史［M］．北京：人民教育出版社，2004：357．

② MUELLER C M，DWECK C S. Praise for intelligence can undermine children's motivation and performance［J］. Journal of personality and social psychology，1998，75（1）：33-52.

③ HAIMOVITZ K，CORPUS J H. Effects of person versus process praise on student motivation：stability and change in emerging adulthood［J］. Educational psychology，2011，31（5）：595-609.

④ DECI E L，KOESTNER R，RYAN R M. A meta-analytic review of experiments examining the effects of extrinsic rewards on intrinsic motivation［J］. Psychological bulletin，1999，125（6）：627-668.

⑤ CIMPIAN A. The impact of generic language about ability on children's achievement motivation［J］. Developmental psychology，2010，46（5）：1333-1340.

⑥ HANCOCK D R. Influencing graduate students' classroom achievement，homework habits and motivation to learn with verbal praise［J］. Educational research，2002，44（1）：83-95.

⑦ SCHUNK D H. Ability versus effort attributional feedback：differential effects on self-efficacy and achievement［J］. Journal of educational psychology，1983，75（6）：848-856.

⑧ CORPUS J H，LEPPER M R. The effects of person versus performance praise on children's motivation：gender and age as moderating factors［J］. Educational psychology，2007，27（4）：487-508.

（二）激励评价的内容

关注具体评价与笼统评价的不同激励效果。研究发现，当评价者给予具体的评价时，学生的反馈更加积极；而缺乏足够信息的评价则会让学生觉得无用甚至沮丧。① 其中的原因可能是，缺乏信息的评价会让学生对如何回应教师的评价感到疑惑，从而阻碍学生的学习。②③ 但并非评价中携带的信息越多越好，过于繁杂的信息也可能会加大学习者的理解难度，从而混淆评价者的最初意图。④

（三）激励效果的影响因素

亨德隆（Henderlong）等提出五个可能影响激励的变量，包括真诚性、归因方式、自主感、胜任感和自我效能感、行为标准和期望⑤，强调不同条件下激励对内部动机有不同的影响。此外，还有研究者发现激励性评价的时机与度量也能影响激励的效果。时机方面，如果教师的评价过早，则会使幼儿错失自我发展的机会；太晚，则会贻误幼儿最佳的发展时机。度量方面，教师要把握好幼儿的发展水平与其可能达成的目标之间的关系，促进他们学习的稳定性和持续性，增强其内在的学习动力，从而使其成为自主学习者。⑥

（四）运用激励性评价的误区

教师在运用激励性评价时，若没有领悟其内涵及影响，就会在实际运用中产生一些问题，对学生的发展产生不利影响。边玉芳和许爱红从行为主义心理学、社会认知理论和教育评价学等多个视角剖析了激励性评价。他们指

---

① WILLIAMS S E. Teachers' written comments and students' responses：a socially constructed interaction [D]. Urbana-Champaign, Illinois：UIUC, 1996.

② KLUGER A N, DENISI A. The effects of feedback interventions on performance：a historical review, a meta-analysis, and a preliminary feedback intervention theory [J]. Psychological bulletin, 1996, 119 (2)：254-284.

③ CORNO L, SNOW R E. Adapting teaching to individual differences among learners [M] //WIT-TROCK M C. Handbook of research on teaching. 3rd ed. New York：Macmillan Publishing Cornpany, 1986：605-629.

④ KULHAVY R W, WHITE M T, TOPP B W, et al. Feedback complexity and corrective efficiency [J]. Contemporary educational psychology, 1985, 10 (3)：285-291.

⑤ HENDERLONG J, LEPPER M R. The effects of praise on children's intrinsic motivation：a review and synthesis [J]. Psychological bulletin, 2002, 128 (5)：774-795.

⑥ 吕凤清. 激励性教师评价与幼儿学习品质发展 [J]. 学前教育研究, 2019 (7)：89-92.

出，教师关于激励性评价存在认识与行为上的误区，如把激励式评价等同于表扬，认为表扬就是越多越好，认为激励性评价是不允许批评学生的。[①] 安琪也指出，当前激励性评价存在两个明显误区：一是认为激励性评价就是表扬；二是认为作为激励性评价的手段，"奖励"越多越好。[②] 曹建萍研究了幼儿教师的奖励行为，发现其存在不少问题，如教师为控制幼儿的行为表现而进行外部奖赏，教师滥用模糊的奖励，教师的奖励多面向群体而忽视个体针对性等。[③] 王伶俐和黄金联通过问卷调查、访谈和观察的方式，研究和分析了教师课堂激励性言语评价存在的问题，主要有：教师的激励性评价以个体为主，忽视了针对小组及全班的评价，且评价个体时未能考虑源于学生个体差异的不同需要，对评价对象的认识存在一定偏差；评价方法较为单一，以表扬、鼓励和批评的方式为主；评价语言形式化，缺乏情感投入及针对性；注重终结性评价而忽视过程性评价。[④]

概言之，教师在运用激励性评价的时候，存在的问题主要有以下几个方面：第一，将激励性评价等同于表扬，滥用表扬；第二，注重终结性评价，忽视过程性评价；第三，奖励的目的是控制；第四，激励性评价的方法、形式较为单一；第五，激励性评价的语言空泛，缺乏针对性；第六，教师在评价时情感投入不足等。教师对激励性评价的内涵、目的、方法策略等方面理解不够透彻，在实践中也未能将激励性评价的理论较好地转化为实践，是出现这些问题的主要原因。

（五）激励性评价的运用策略

赵学勤在探讨了激励性评价的标准后，提出了激励性评价的两大策略：一是关注学生的个体差异，体现在关注学生的发展目标、发展基础及发展过程三个方面；二是及时肯定学生的点滴进步，在设立激励性发展目标的基础上，对学生行为的积极转变给予及时的肯定和强化，并对其进步进行正确的

---

① 边玉芳，许爱红. 在"棒棒棒、你真棒"现象的背后：对教育实践中表扬运用的多视角透析 [J]. 上海教育科研，2006（7）：30-32.

② 安琪. 激励性评价也需要批评和惩罚 [J]. 改革与开放，2010（14）：163+165.

③ 曹建萍. 幼儿教师的奖励行为研究 [D]. 开封：河南大学，2008.

④ 王伶俐，黄金联. 教师课堂激励性言语评价运用的反思 [J]. 现代教育科学，2009（2）：12-14.

归因，特别是导向努力取向的归因。①

王伶俐和黄金联在分析了教师课堂激励性言语评价存在的问题的基础上，提出了三点策略：一是激励性评价要基于全体学生的全面发展，这与赵学勤的观点基本一致；二是教师在运用激励性评价时应注意方法之间的相辅相成，比如在激励时以正向激励为主，辅之以负向激励的方法；三是评价语言要投入情感，进行情感激励，建立融洽的师生关系。②

张根应主要探讨了初中英语课堂教师的激励性评价行为。他认为，教师在运用激励性评价的时候应当做到如下几个方面：一是教师要立足于生成，在课堂这个动态过程中敏锐观察，捕捉学生的闪光点和微小进步并及时予以肯定；二是教师要尊重客观事实，评价语言要准确贴切，不可泛泛而谈；三是教师要注重个体差异；四是运用激励性评价要科学合理，客观公正对待每个学生；五是激励性评价形式应多样化，将有声语和体态语结合起来；六是教师要进行一定的指正性评价，掌握激励与纠偏的平衡点。③

沈娟在研究教师的非正式评价时指出，教师应当奖惩结合，针对幼儿的不良行为、错误行为要适当地批评，把握分寸，促进幼儿良好行为习惯的培养与发展。④ 安琪的研究结果也支持了这一观点。⑤

（六）激励性评价对儿童发展的影响

首先，学前期的幼儿如果经历了与成人的丰富对话，将会在未来拥有更好的学业成就。⑥⑦ 激励性评价能够激发幼儿的学习动机，进而引发幼儿学习的内在动力，内在动力又能够挖掘幼儿的学习潜能，因此激励性评价能够影

---

① 赵学勤. 激励性评价的标准与策略 [J]. 中小学管理，2002 (11)：53-54.
② 王伶俐，黄金联. 教师课堂激励性言语评价运用的反思 [J]. 现代教育科学，2009 (2)：12-14.
③ 张根应. 激励性评价的内涵及其策略 [J]. 基础教育研究，2012 (20)：33-34.
④ 沈娟. 幼儿园教育活动中教师非正式评价行为的研究 [D]. 兰州：西北师范大学，2006.
⑤ 安琪. 激励性评价也需要批评和惩罚 [J]. 改革与开放，2010 (14)：163+165.
⑥ DICKINSON D K, SNOW C E. Interrelationships among prereading and oral language skills in kindergartners from two social classes [J]. Early childhood research quarterly, 1987, 2 (1)：1-25.
⑦ SCARBOROUGH H S, DOBRICH W. On the efficacy of reading to preschoolers [J]. Developmental review, 1994, 14 (3)：245-302.

响幼儿的学习潜能发展，且激励的效果越好越能促进幼儿的学习与发展。①②

其次，激励性评价也能影响幼儿的尝试错误行为，教师的激励性评价行为能够鼓励幼儿积极探索并不断尝试，幼儿通过反复的试验，最终形成正确的概念。③

最后，幼儿教师通过对幼儿的行为进行有针对性的评价，使得幼儿形成正确的自我认识，并在一定程度上影响幼儿的情绪情感，使幼儿感受到被倾听、被认可。④

不同学者对教师激励性评价行为的研究表明，教师的激励性评价行为对幼儿的学业成就、情绪情感及自我认识等都具有积极影响。

四、幼儿教师激励性评价的理论基础

（一）人本主义心理学

人本主义心理学的主要论点是：人是自由的，有意识和责任心的，人们生来就有成长、共济、互爱和发展的积极动机。如果有一个良好的心理环境，如温暖、同情和支持以及其他类似的条件，每个人都会发现真正的自我，发挥自身的全部创造性和潜在能力。⑤ 罗杰斯提倡"以人为中心"的人格理论，在教育中强调培养"全面发展的人"，促进人的"自我实现"，使其具有"完善人格"。在幼儿教育中，人本主义教育思想体现在：对儿童无条件积极关注；与儿童平等相处；注重情感教育，做儿童的"促进者"，通过真诚、接受（信任、奖赏）、移情（从儿童的角度了解儿童的态度、想法）来促进儿童的发展。⑥ 教师的激励性评价关注儿童成长的过程，目的是让儿童自我实现。在进行激励性评价时，教师珍视幼儿与生俱来的学习潜能，强调以儿童

---

① 葛文婷. 运用激励评价 促进学生发展 [J]. 科学教育，2007（1）：74-75.
② 张根应. 激励性评价的内涵及其策略 [J]. 基础教育研究，2012（20）：33-34.
③ 谢果凤. 激励性评价与幼儿尝试错误行为的关系研究 [D]. 沈阳：沈阳师范大学，2011.
④ 陈旭琪. 幼儿教师日常评价行为的激励效果研究 [D]. 广州：广州大学，2016.
⑤ 时蓉华. 社会心理学词典 [M]. 成都：四川人民出版社，1988.
⑥ 谢晶. 罗杰斯人本主义教育思想及对幼儿教育的启示 [J]. 内蒙古教育，2011（18）：16-17.

为中心，激发幼儿的潜在能力，关注儿童的知识学习，更关注其学习品质和健全人格的培养。[①] 同时，人本主义倡导的"倾听儿童""以幼儿为本"也是激励性评价的基本理念。

马斯洛的需要层次理论在激励性评价的重点方面为我们提供了启发。马斯洛认为人类的基本需要包括生理需要、安全需要、归属需要、爱的需要、尊重的需要、认知需要、审美需要和自我实现的需要，需要的满足成就动力和内因。激励性评价的过程，就是满足幼儿当下心理需要并推动它向高级心理需要发展的过程。马斯洛认为，社会上所有的人都希望自己得到别人的高度评价，为他人所尊重。教师最大限度地尊重幼儿、肯定幼儿、赏识幼儿，促进幼儿的自我实现，就能最大限度地发挥评价的激励功能。

（二）自我决定论

自我决定论是 20 世纪 80 年代由美国心理学家德西（Deci）和瑞安（Ryan）提出的动机理论。该理论认为：一方面，人是积极的个体，有先天成长和发展的潜能，可以做出自己的选择，按照自己的意愿行动；另一方面，人有自主性、成就感和归属感三种基本需求，需要得到社会环境和教育的满足。二者又是相辅相成的。动机不是非此即彼的不同类型，而是在外部调节和内在动机之间的连续体。[②] 行为动机越朝向内在动机，行为的效果和内在的感受越好，基本需求的满足度越高。内在动机与外在动机是可以相互转化的。当外在动机向内在动机转化时，人们的自主性、成就感和归属感更强；反之，当内在动机转向外在动机的时候，自主性、成就感和归属感就会降低。因此，在激励性评价中，使用小红花、小贴纸或者强调结果和个体优秀的评价，会将幼儿引向外部控制和外在动机；相反，如果能够激发幼儿的内在动机，强调对他们行为过程和进步的欣赏，则会保护和强化他们的内在动机，较好地满足他们自主性、成就感和归属感的需求。激励的本质就是强化内在动机，

---

① 向海英.罗杰斯人本主义学习论及对当前我国教育改革的启示 [J].山东教育科研，2000（Z1）：69-71.

② 刘海燕，闫荣双，郭德俊.认知动机理论的新进展：自我决定论 [J].心理科学，2003，26（6）：1115-1116.

将外在动机引向内在动机，让幼儿激励自己，而不是由他人评头论足。

（三）反映性自我评价

反映性自我评价，也称反思性自我评价、反射性评价，指个体推断他人对自己的看法。[①] 反映性自我评价是个体对他人如何看待自己的知觉，这种知觉是在社会知觉的过程中产生的。[②] 这是幼儿获得自我认识、自我评价的重要途径。库利（Cooley）指出，人的自我意识是在与他人的互动过程中通过想象他人对自己的评价而获得的。[③] 在与他人的交往中，人们首先想象自己在他人眼中的形象如何，其次想象他人对自己的形象如何评价，最后根据他人对自己的评价形成自我感。犹如人们在镜子中看到自己的形象，人们从他人对自己的判断和评价这面"镜子"中发展出自我意识。由此显示出，我们对于他人评价的知觉（而不是他人对自我的真实评价）决定着我们的自我评价。

对于儿童，教师激励性评价行为是否有效实际上取决于儿童对激励性评价知觉到或理解的程度，也就是儿童感受到的评价中的激励和期望。赵希斌提出，学生对教师评价行为的知觉具有中介作用，教师的评价行为只有被学生知觉到，其中所蕴含的肯定、鼓励、不满以及建议等才能对学生产生影响，因而该知觉是教师评价行为被内化的基础。[④] 所以，要充分了解教师激励性评价对于儿童的意义，教师的评价需要考虑儿童的体验。

（四）期望理论

期望理论认为，一个目标对人的激励程度受两个因素影响：一是目标效价，指人对实现该目标有多大价值的主观判断。如果实现该目标对人很有价值，人的积极性就高；反之，积极性就低。二是期望值，指一个人根据经验判定一定的行为能导致某种结果的概率。期望模式的公式为：$M = V \times E$。其中 M 代表激发力量，指调动一个人的积极性、激发出人的内部潜力的强度，V 代表目标

---

① 胡春梅，岳彩镇，何华敏，等．师范生对教学能力的自我评价、他人评价和反射性评价的关系研究［J］．心理发展与教育，2014，30（5）：520-526.

② 李娜．初中生自我评价、反射性评价、他人评价和主观幸福感的关系及辅导研究［D］．武汉：华中师范大学，2017.

③ 布朗．自我［M］．陈浩莺，等译．北京：人民邮电出版社，2004.

④ 赵希斌．中小学生对教师评价行为知觉构成的研究［J］．教育学报，2005，1（3）：35-40.

效价，E 代表期望值，该理论亦称"期望—效价理论"。[①] 教育领域的教师期望效应，又称"皮格马利翁效应"或"罗森塔尔效应"，教师在学年开始时给予学生期望，采取相应的行动，让学生在期末时的成绩得以发生改变。[②] 杨丽珠和张华认为，教师期望是通过学生知觉从而达到学生学业成就、行为表现等的变化。[③] 关于教师期望效应，一类是自我应验预言效应，即原先错误的期望会引起人们把这个错误期望变为现实的行为；另一类是维持性期望效应，这类效应的教师期望表现为信任学生，希望学生维持以前的表现模式。[④]

激励性评价正是需要教师充分信任幼儿，适宜地给予幼儿期望，期待他能达成某种目标，通过激励性评价行为让幼儿知觉到教师的期望和信任，从而按照教师的初始期望发生改变。

（五）归因理论

归因是指理解他人行为的原因，了解他们的稳定特质和性情的过程。[⑤] 归因理论旨在通过分析和推测行为的因果关系，以控制环境及其影响下的行为。其思想来源于德国心理学家海德（Heider），他认为人性包含着内在的冲动，力图理解我们感觉以外的世界。这种冲动试图理解行为背后的原因，这就需要归因判断。[⑥] 德韦克的主张是：当个体把失败归因于自身能力的缺乏或者某些不能控制的外部环境因素时，后续的学习就不会坚持努力；而当个体把失败归因于自己的动机不足时，后续学习中会倾向于付出更多的努力以实现目标。[⑦] 韦纳（Weiner）将归因分为内外性维度、稳定与非稳定性维度

① 杨治良，郝兴昌. 心理学辞典 [M]. 上海：上海辞书出版社，2016.
② 古德，布罗菲. 透视课堂：第 10 版 [M]. 陶志琼，译. 北京：中国轻工业出版社，2009.
③ 杨丽珠，张华. 小学教师期望对学生人格的影响：学生知觉的中介作用 [J]. 心理与行为研究，2012，10（3）：161-166.
④ 同②。
⑤ 巴隆，布兰斯科姆，伯恩. 社会心理学：原书第 12 版 [M]. 邹智敏，张玉玲，等译. 北京：机械工业出版社，2011.
⑥ 车文博. 当代西方心理学新词典 [M]. 长春：吉林人民出版社，2001.
⑦ 李抗，杨文登. 从归因疗法到内隐观念：德韦克的心理学理论体系及影响 [J]. 心理科学进展，2015，23（4）：621-631.

以及可控与不可控性维度。在教育中，总把失败归因于内部的、稳定的和不可控的因素（即能力低）的幼儿会形成习得性无助。研究也发现，当幼儿将成败归因于努力时，会比归因于能力时产生更强烈的情绪体验。因此教师评价幼儿时，应尽量少从能力上进行归因，而多从努力上归因。[①]

教师的激励性评价应引导幼儿进行努力归因，注重评价过程，激发幼儿的内部动机，让幼儿理解努力的重要性。同时，归因理论能解释幼儿对激励性评价的知觉，如"老师夸我是因为我聪明""老师夸我是因为我努力"等，进而考察幼儿对评价的归因，了解其感知激励的机制。

（六）多元智力理论

多元智力理论是由美国发展心理学家、哈佛大学教授加德纳提出的。加德纳对智力提出了新的定义，强调智力的多元化，突出个人为了解决难题或创造出有效产品等所需要的不同能力。多元智能理论让我们从不同角度去欣赏、激励幼儿。教师应从不同的视角、不同的层面去看待每一名幼儿，树立灵活多样的评价观，一视同仁，给予幼儿宽松、公平、多元文化的环境，尊重每一名幼儿，激励他表现和发展自身文化认同的智力；强调智力发展的公平性，因人而异，多元评价，促进幼儿依据个体智力成熟水平有序发展。

激励性评价对个体的发展是至关重要的。激励性评价研究虽然积累了一定的成果，但关于激励性评价对幼儿发展的影响研究还比较薄弱。本研究的思路是：首先，研究幼儿教师日常评价中存在多少激励性评价，问题及原因何在；其次，研制幼儿教师激励性评价问卷，为后续研究打基础；再次，选取与幼儿教师激励性评价行为相关的两个核心问题——教师职业倦怠和师幼互动展开研究；最后，选取幼儿发展的关键因素，围绕幼儿教师激励性评价对幼儿发展的正面影响（成就归因、心理韧性）以及负面影响（社会退缩）进行实验研究。研究思路框架见图1-1。

[①] 贾林祥，刘德月. 成就目标：理论、应用及研究趋势［J］. 心理学探新，2011，31（6）：499-502.

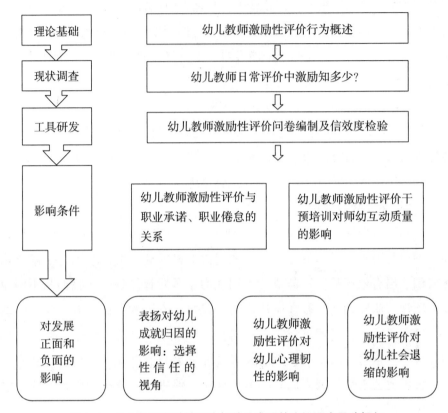

图 1-1 幼儿教师激励性评价与幼儿发展的实证研究思路框架

第二章　激励知多少?
——幼儿教师日常评价行为现状研究

评价既有教师对自己教学行为的判断、监控和调节，也有对幼儿行为的反馈，它贯穿于幼儿园教学的全过程。在以往的评价研究中，学界探讨了各种各样的评价方式，诸如过程评价、结果评价、发展性评价、档案袋评价等，这些评价的研究和实施对改进教学、促进幼儿的发展无疑是非常重要的。认真分析不难发现，这些评价的重要价值是其"服务"功能，即服务于教学、服务于幼儿的发展，所关注的焦点是收集、判断和监控，是有目的、有计划、全面系统实施的宏观评价活动。然而，除去这种专门的、正式的评价活动，教师在幼儿园日常教学中还存在着大量即时、主观、模糊的评价行为，这些评价行为对幼儿的影响不可忽视，① 因而也值得深入研究。

近年来，人们开始关注这种评价行为，将之称为教师日常教学评价行为，"非正式评价"。或即时评价、口头评价等。人们比较多地讨论了这种评价的特征，譬如非正式性、主观性、即时性、真实性、个人性、波动性，方法的去规范性、标准的多重性、结论的模糊性等。②③ 与正式评价相比，这种评价关注"人"、关注"生命"，与教学有机融合，教师的评价行为既是教学语言，也是与学生互动的方式。④ 本书根据这些特征，将这种评价称为教学评

① 韩春红. 教师评价风格及认可程度对幼儿自我概念影响的研究 [D]. 上海：华东师范大学，2005.
② 高凌飚，黄韶斌. 教学中的非正式评价 [J]. 学科教育，2004 (2)：1-6.
③ 黄韶斌. 再探教学中的非正式评价 [J]. 当代教育科学，2005 (6)：22-25.
④ 同③。

价行为或日常评价行为。

教师日常评价行为存在什么问题，是否具有激励性？相关研究多以经验性和思辨性的方式，讨论和辨析其特征、界定、存在的问题、对儿童的影响以及影响因素；少量实证性研究数据也仅限于对中小学教师或幼儿教师的个案研究。本章拟从激励性评价的视角，运用实证研究的方法，揭示幼儿教师日常评价行为的特征和现状。

一、研究设计

（一）研究对象

研究者在广东、河南两地确定 5 所不同类型的幼儿园，其中省级示范园 3 所、市级示范园 1 所、非示范园 1 所；而后，在每所幼儿园随机选取 2 个中班作为观察班，带班教师（保育员除外）作为观察对象。这样，共有 10 个观察班、22 名教师作为观察对象。

（二）研究方法和研究工具

本研究采用事件观察法，使用的研究工具是《幼儿教师日常教学评价行为观察记录表》（见附录一）。此表将教师的评价行为分为言语评价行为和非言语评价行为，再分别将两类评价行为分为肯定和否定两个维度。肯定的言语评价行为包括真棒、最××、感谢、喜欢××、具肯（即具体肯定）、化解、复述、发奖品，否定的言语评价行为包括讽刺、训斥、具否（即具体否定）、反问、打断、褒贬。肯定的非言评价行为包括微笑、点头、抚摸、拥抱、击鼓掌、惊异、OK/V（手势）、关/倾（关注或倾听），否定的非言语评价行为包括远离、皱眉、摇头、无奈、严肃、忽视、轻视、生气、盛怒。再加上言语和非言语的提醒（既有善意的，也有否定、不耐烦的），共有 33 个观察项目。这些观察项目又从评价对象、情感是否投入、近距离还是远距离、对个体还是对集体、私下还是当众五个维度进行记录。以"正"字记录频次，客观记录评价频次，超过十秒钟的评价行为记录为两次，以此类推。

二、研究程序

在正式观察前,对参与观察的研究者进行集体培训,用随机抽取的 28 分钟幼儿园日常教学录像让 11 名研究者进行独立观察记录,计算其肯德尔和谐系数,结果是 0.86,说明观察者内部一致性符合测量学的要求。

对观察班的每名教师进行累计 5 天、每天不少于 2 小时的日常教学观察。

数据用 Excel2003 和 SPSS 11.0 进行统计处理。

三、研究结果与分析

(一) 幼儿教师日常评价行为的基本状况

幼儿教师日常评价行为的观察结果见表 2-1。

表 2-1　幼儿教师不同日常评价行为频次的描述性统计 ($n=22$ 单位：次/小时)

肯定言语	平均值	标准差	否定言语	平均值	标准差	肯定非言语	平均值	标准差	否定非言语	平均值	标准差
真棒	2.41	1.80	讽刺	0.16	0.23	微笑	1.60	1.57	远离	0.04	0.11
最××	0.28	0.41	训斥	2.70	2.92	点头	0.44	0.62	皱眉	1.53	2.08
感谢	0.26	0.48	具否	1.39	1.18	抚摸	1.15	1.03	摇头	0.11	0.21
喜欢××	0.87	1.67	反问	2.13	1.99	拥抱	0.30	0.46	无奈	0.29	0.39
具肯	0.76	0.65	打断	1.20	1.22	击鼓掌	0.35	0.36	严肃	3.33	2.71
化解	0.11	0.10	褒贬①	0.15	0.26	惊异	0.18	0.30	忽视	0.39	0.43
复述	1.20	1.56	褒贬②	0.11	0.16	OK/V	0.10	0.18	轻视	0.13	0.17
发奖品	0.41	0.38	褒贬③	0.07	0.16	关/倾	0.37	0.43	生气	0.95	1.14
									盛怒	0.13	0.39

续表

肯定言语	平均值	标准差	否定言语	平均值	标准差	肯定非言语	平均值	标准差	否定非言语	平均值	标准差
肯定言语	6.35	4.40	否定言语	7.90	5.16	肯定非言语	4.34	2.91	否定非言语	6.83	5.97

注：

1. "最××"是指"××最棒""××最认真""××最能干"等评价。

2. "喜欢××"是指"我喜欢××""我表扬××"等评价。

3. "具肯"是具体肯定，"具否"是具体否定。

4. "褒贬"分三种情况：①对一名幼儿既褒又贬；②对一名幼儿褒，对其余幼儿贬；③对其余幼儿褒，对一名幼儿贬。

5. "OK/V"是指"OK"或"V"的手势。

6. "关/倾"指关注或倾听。

从表中可知，在教师肯定性言语评价行为中，评价幼儿"真棒"的次数最多，达到每小时 2.41 次，其次是"复述"（1.20 次/小时），"喜欢××""具肯""化解"等评价行为均不到每小时 1 次。但是，"真棒""喜欢××""复述"的标准差比较大，说明教师间的个体差异比较大。在教师否定性言语评价行为中，"训斥""反问"的次数最多，平均值每小时超过 2 次，标准差较大，说明教师之间的差别明显；"具否""打断"次之，"讽刺""褒贬"等评价行为较少。在肯定性非言语评价行为中，"微笑"和"抚摸"行为较多，个体差异也比较大（标准差均大于1），"点头""拥抱""惊异"等评价行为较少，每小时均未达 0.5 次。在否定性非言语评价行为中，"严肃"次数最多，达每小时 3 次以上，"皱眉"（1.53 次/小时）次之，上述两种行为的个体差异均较大（标准差均大于2）；"生气""忽视"等否定性非言语评价行为较少，但"生气"的标准差大于平均值，说明这种评价行为具有明显的个体差异。

我们可以更直观地在图 2-1 中发现上述现象。每小时超过 1.5 次的评价行为，从高到低依次为："严肃""训斥""真棒""反问""微笑""皱眉"。由此可见，幼儿园日常教学中的教师评价行为中，否定性评价行为占有优势；在肯定性评价行为中，也只有"真棒"和"微笑"占有一定的比例。

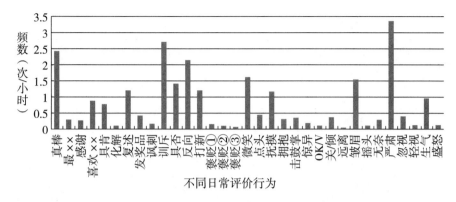

图 2-1 幼儿教师不同日常评价行为的频次分布

从四大类评价行为来看，次数从多到少的顺序是：否定性言语评价行为——否定性非言语评价行为——肯定性言语评价行为——肯定性非言语评价行为。其中，否定性言语评价行为与肯定性非言语评价行为的差异、肯定性言语评价行为与肯定性非言语评价行为的差异达到显著水平，否定性非言语评价行为与肯定性非言语评价行为的差异达到临界显著水平（差异性检验见表 2-2）。这说明，否定性言语评价行为的频次明显高于肯定性非言语评价行为；在肯定性的评价行为中，肯定性言语评价行为的频次又明显高于肯定性非言语评价行为。

表 2-2 幼儿教师不同日常评价行为频次的配对 t 检验

指标	肯定言语–否定言语	肯定言语–肯定非言语	肯定言语–否定非言语	否定言语–肯定非言语	否定言语–否定非言语	肯定非言语–否定非言语
t	-1.28	2.46	-0.33	3.42	1.70	-1.97
p	0.216	0.023	0.747	0.003	0.103	0.062

（二）幼儿教师日常评价行为的特征

为了考察幼儿教师日常评价行为的特征，本研究从情感是否投入、近距离还是远距离、对个体还是对集体、私下还是当众以及评价对象五个维度进行分析。前四个维度的统计分析见表 2-3。

表 2-3　幼儿教师日常评价行为的特征（单位：%）

维度	行为特征	积极言语	消极言语	积极非言语	消极非言语
1	情感投入	43.19	34.69	53.46	35.37
	情感不投入	56.81	65.31	46.54	64.63
2	对个体	45.14	54.51	57.26	54.10
	对集体	54.86	45.49	42.74	45.90
3	私下	9.96	9.32	12.16	7.65
	当众	90.04	90.68	87.84	92.35
4	近距离	27.50	26.75	40.34	23.68
	远距离	72.50	73.25	59.66	76.32

从表 2-2 可以发现，在情感投入的维度中，教师情感投入的积极非言语评价行为超过 50%（达到 53.46%），积极言语、消极言语和消极非言语评价行为均在 40% 左右。在第二个维度中，教师针对个体和集体的评价行为几乎各占一半。在第三个维度中，教师的评价几乎均发生在当众的场合，私下评价的现象均在 10% 左右。在第四个维度中，教师的大部分评价行为（70% 左右）是远距离的，不在幼儿的私人空间内，只有积极非言语评价行为近距离的比例达到 40.34%。图 2-2 可以直观地表现这些特征。这些结果说明，幼儿教师在评价过程中的基本状态和特征是情感投入不足，对个人和集体进行较为平均的评价，基本是当众远距离进行的。

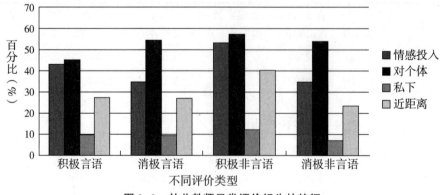

图 2-2　幼儿教师日常评价行为的特征

对于评价对象的分析得知，多数教师都有较为固定的肯定或否定的评价对象，有些幼儿基本得到的是否定的评价，有些幼儿基本得到的是肯定的评价，还有些幼儿经常受到关注，得到或肯定或否定的评价。

四、讨论和发现

教师日常评价行为中有多少激励性评价呢？通过上述研究，我们从激励性评价的概念和特点展开讨论。激励性评价是指幼儿教师着眼于幼儿活动动机的激发和自信心的提升，关照幼儿的生命状态和心理感受，在幼儿取得进步时积极鼓励，遇到危机时及时化解，消解并去除标签效应，从促进幼儿积极自我评价的角度塑造幼儿积极的自我意识和个性，进而推动幼儿健康、全面地发展。激励性评价具有五个特征：积极、使人自信、激发内在动机、强调过程和指向发展。[①]

（一）教师的日常评价比较负面消极，更重视言语评价

在教师日常评价行为中，否定性评价占优势，否定性言语评价行为>否定性非言语评价行为>肯定性言语评价行为>肯定性非言语评价行为。这说明教师习惯性的评价行为并不是积极的，而是消极负面的，并没有从成长型思维的视角激励幼儿。

儿童心理发展的规律表明，幼儿正处于自我概念建立的初级阶段，缺乏自我评价能力，对其重要他人——父母和教师的评价反馈依赖性较强。幼儿园日常生活和教学活动中的各种评价行为，尽管是随机的、即时的，不像正式评价那么具有计划性、目的性和系统性，却最真实，最贴近生活，最与幼儿情绪情感、认知、自我等的发展状态息息相关。从某种程度上说，这些评价塑造和引导了幼儿的自我和个性的发展，影响着他们的情绪情感，决定着他们的认知和创造。教师的评价常常是幼儿自我评价的镜子，幼儿的评价与教师的评价是同质的。换言之，教师积极的评价会带来幼儿对自我的积极评

---

① 叶平枝. 照亮当下　照进未来 [J]. 学前教育，2019（9）：19-21.

价，消极的评价同样也会造成幼儿对自我的消极评价。无论从"罗森塔尔效应"所揭示的期望效应还是自我效能感的发展规律而言，为了促进幼儿的发展，教师积极肯定的评价行为都应该远远多于消极否定的评价行为。但本研究的发现却与此相悖。

此外，教师更重视言语评价，而忽视非言语评价，在肯定性评价中二者的差异达到显著水平。相对言语评价行为而言，教师的微笑、惊异的眼神、倾听和关注等非言语评价行为常常会有"此时无声胜有声"的效果，遗憾的是这些珍贵的、积极的非言语评价在我们的观察中并不多见。

（二）教师的日常评价行为简单表面

对于评价的简单化和表面化，已有众多论者提及，[①] 这一现象在本研究中得到印证。研究发现，具有丰富信息和思考价值的评价，如"化解""具肯""惊异""关/倾"等积极的言语和非言语评价较少，而"严肃""训斥""真棒""反问""微笑""皱眉"等评价却比较频繁。倒不是说这些评价行为没必要，但如果教师的日常评价基本都是这些简单化、表面化的行为，就值得我们思考了。

是什么原因导致评价的简单化和表面化？这要探究教师评价行为的动机。与任何评价一样，教师日常教学中的评价行为也是一种价值判断，是对幼儿行为和表现的判断和反馈，其目的在于塑造幼儿的行为，促进幼儿的发展。教师常常使用何种评价手段，往往反映了他们的基本观念和理论。在本研究中，教师比较多地使用"严肃""训斥""真棒"等评价手段，说明他们主要持有的发展理论是行为主义的，是从"刺激—反应"的角度来认识幼儿的行为塑造和身心发展。他们以为，当幼儿出现好的行为时就说"真棒"，当幼儿出现不好的行为时就"严肃""训斥"，前者可以强化好的行为，后者可以使幼儿得到一定的教训，从而弱化他们不好的行为。但是，假如"真棒"变成一种口头禅，"训斥"变成了家常饭，其强化或弱化的功能就会大打折

---

① 王现军. 小议幼儿园教育活动中的非正式评价 [J]. 教育导刊. 幼儿教育, 2005 (5): 42-43.

扣。同时，幼儿不是有刺激就有反应，他们会做出何种反应，往往与他们对教师评价行为的认知有关。假如他们认为教师的"真棒"不是真的欣赏，也不是真心鼓励，只不过是控制他们的手段，就会削弱他们的表现动机。因此，这就需要我们用认知心理学和建构主义的观点来看待幼儿的发展，不是我们想怎样就怎样，而是思考：幼儿怎么想，幼儿的原有经验是什么，我们怎么进行因人而异、因事而异的评价才更有效？思考这些问题对幼儿的发展和我们的专业成长无疑会更有价值，但这需要我们养成一种习惯，一种能够内化到潜意识的习惯，才能在日常评价中自然、智慧地表现出来。与宏观的、正式的评价活动相比，教师在日常教育教学中的评价行为往往不是受理智和意识支配的，而是受到潜意识和前意识控制的，要改变它，不仅应把它唤醒到意识层面来认识它，更要把我们的新认识、新行为内化到潜意识层面，变成一种新的习惯。这不是一蹴而就的。

（三）教师的日常评价行为注重横向评价

本研究中的多数教师有较为固定的评价对象。我们通过进一步的访谈了解到，教师经常肯定的幼儿具有"乖""表现好""爱发言"等优点，经常受到否定的幼儿则具有"调皮""开小差""爱打人"等缺点。这种针对较固定对象的评价可称为评价偏好或评价偏见。评价偏见是一种关注和评价的习惯，可分为："由表及里"式的偏见、"先入为主"式的偏见、"以点盖面"式的偏见、"由此及彼"式的偏见。[①] 偏见可能带来贴标签、教育公平和自信心发展等方面的诸多问题。

首先，经常得到表扬和肯定的幼儿一方面可能会发生"罗森塔尔效应"，朝向积极的方向发展；另一方面，过多的肯定和表扬也会让他们形成表扬依赖，形成敏感、骄傲的性格，挫折的承受力较低，从而"为表扬而表现"，一定要做"好孩子"，结果失去独立、全面发展的自由。

其次，对于那些经常得到否定和负面评价的幼儿，由于幼儿的自我评价

---

① 姚林群. 非正式教学评价中的评价偏见及其克服策略 [J]. 当代教育科学，2007（9）：38-39.

能力较低，具有依从性、被动性和权威依赖性，教师经常性的负面评价势必带来幼儿对自我认识的扭曲，这不仅会大大挫伤幼儿的自信心和探究动机，还可能会造成幼儿"习得性无助"，有的甚至还会出现程度不同的逆反心理。

最后，对于大多数得不到教师积极反馈的幼儿，其渴望关注、期冀承认和帮助的需求长期得不到满足，探究、学习的积极性必然受挫，认知和个性发展都会受到不良影响。凡此种种，都会在他们幼小的心灵上打上不公平的烙印，造成教育过程的不公平，给教师与幼儿、幼儿与同伴的和谐交往设置层层障碍。

（四）教师的日常评价行为情感投入不足

本研究发现，幼儿教师在进行积极言语评价时，淡漠、无动于衷的评价比例达到 56.81%，且这些评价多是当众场合（90.04%）、远距离（72.50%）进行的。这些发现都说明，教师在评价时情感投入不足。从原因来看，情感投入不足与"重知轻情"的影响、职业倦怠以及幼儿教师长时间高强度的工作状况等有关。从结果而言，情感投入不足会严重影响评价的效果，难以发挥评价的反馈、促进功能。

古人云：亲其师，信其道。我们可以理解为，幼儿只有与教师亲近、有感情，才能相信并遵循教师的教诲。如果教师的评价冷漠敷衍，何来亲近和感情，又怎么能够使幼儿相信和遵循呢？"动之以情，晓之以理"也是这个道理。其原因在于，教师积极的情感激发、感染、感动了幼儿，融洽了彼此的关系。在这两种状况下，幼儿感受到的是欣赏、关心、爱护、期待、帮助等积极的情感。这些积极的情感使幼儿愿意遵循教师的教诲。所以，情感不是可有可无的，情感本身就具有不可或缺的教育价值。另外，幼儿教师日常评价既是教学，也是师幼互动的方式和幼儿教师的日常教育教学生活。在这样的生活中，他们工作时间长，工作内容庞杂，心理压力大，很容易滋生负面的情绪情感，加之幼儿监督、判断能力较差，幼儿教师的日常评价容易随意化和情绪化。对于幼儿同样的行为，高兴时宽容欣赏，郁闷时则冷漠疏离。这不仅会影响师幼关系，而且会造成评价标准的宽严不一，从而造成幼儿无所适从、情绪低落。

与其他教师不同，幼儿教师可以长时间与幼儿接触、生活，更像生活中的"父母"。常言道：知子莫如父。幼儿教师与幼儿的关系也类似于这种关系。他们在日常教学中的评价行为看起来是即时的、零碎的、模糊的，但由于他们最了解幼儿，这些评价连在一起就是整体的、连续的、清晰的。人性的、智慧的日常教育评价行为关注幼儿的心理感受和生存状态，会不断化解幼儿成长中的危机，欣赏和鼓励幼儿的发现、创造和进步，帮助幼儿树立积极的自我意识，获得健康全面的发展。要做到这一点，就需要我们饱含情感地蹲下来和幼儿说话，私下里与幼儿交流。这不是一种姿态，而是一种珍贵的情感表达。对于喜欢的人，你自然要走近他，要说悄悄话。不要以为幼儿小，什么评价都可以当众远距离进行。一个微笑、一个抚摸、一个拥抱或者一句悄悄话，可以使幼儿幸福一整天，兴奋一阵子。人是情感的动物，在很多时候，非理性的情感交流比理性的说教更具有深刻的影响力。[①]

值得注意的是，本研究的一些结果与预期相悖。譬如，研究之前，我们认为教师在日常评价中，习惯进行"看谁最棒""最喜欢××""谁最能干"等纵向评价，喜欢发奖品（如贴纸）；但是，这些评价行为在本研究中出现的频次较低。另外，尽管本研究揭示了幼儿教师在日常评价中出现的一些问题，但由于教师间的个体差异比较大，这些问题不是教师整体的问题，而是部分教师的问题。有些教师的评价行为还是非常符合教育规律，值得借鉴和学习的。

五、小结和建议

本研究在现状调查方面，获得如下发现：（1）在教师日常教学评价行为中，否定性评价占优势，在肯定性和否定性评价行为中，言语评价均占优势；（2）教师的评价行为时间短、简单化，评价行为往往是在瞬间完成的，超过10秒的评价极少，评价行为以"严肃""训斥""真棒""反问""微笑"

---

① 黄韶斌．再探教学中的非正式评价［J］．当代教育科学，2005（6）：22-25．

"皱眉"等较为简单、表面的评价居多；（3）大多数教师的个体评价对象比较固定；（4）教师评价行为中情感投入的不到50%；（5）教师的评价行为基本是当众且远距离的评价行为。

从激励性评价的视角而言，教师日常评价行为缺乏激励性，表现为：消极、负面，忽视幼儿自信心的培养；简单、表面，无法激发幼儿的内在动机；忽视过程性的评价，不利于幼儿成长型思维等方面的发展；横向评价和比较容易产生标签效应，打击幼儿的自信；情感投入不足，缺乏真诚性和感染力；把日常评价视为管理幼儿的策略，而不是激励幼儿的方法和艺术。概言之，幼儿教师日常评价的激励成分不足，提高幼儿教师日常评价行为中的激励性评价是提升幼儿教师日常评价的专业能力、促进幼儿发展的关键环节。

本研究建议，幼儿教师在日常评价中增加激励性评价的比例：（1）增加积极、肯定的评价，减少否定、消极的评价，帮助幼儿发现自己的闪光点，增加幼儿自信；（2）从幼儿感兴趣的事物入手开展活动，激发幼儿的内在动机，以幼儿的长项激发自信、带动弱项；（3）强调进步等纵向评价，减少相互比较的横向评价，夸进步、不夸优秀；（4）对所有幼儿一视同仁，减少标签效应，特别关注调皮和发展缓慢的幼儿的特殊需要和进步，并给予激励，对于优秀的幼儿给予过程性的描述和评价；（5）增加日常评价中的情感和人文关怀，以情感人、以情动人，满足幼儿的心理需要，以情感促进幼儿的发展。

作为一个初步的探讨，本研究存在不少缺陷，也留有许多问题。譬如幼儿教师日常活动中如何进行激励性评价，运用激励性评价有哪些影响因素，对幼儿发展有哪些影响和作用机制等，都值得进一步研究。

本研究运用观察法对教师的日常评价行为进行了研究，能够比较客观、真实地反映教师日常评价的发生频率和基本特点，但被试数量比较有限。为了能够对教师激励性评价与幼儿发展进行更广泛的研究，我们有必要研发具有较高信度和效度的教师激励性评价问卷，第三章就是对此方面的研究。

第三章　幼儿教师激励性评价问卷编制及信效度检验

　　已有对教师评价行为的研究多集中在对教学评价行为的研究，即关注对教学信息的收集、判断和监控。[①] 此外，在幼儿园日常生活中，还存在着大量即时、主观、模糊的评价行为，这些随时随处发生的评价，被称为"教师日常教学评价行为"[②] 或者"非正式评价"[③] 等，这些评价更加关注个体生命，是教师在与幼儿发生互动的过程中产生的即时评价，通过表情、肢体语言或者语音语调的变化来传达教师的判断与期待。教师着眼于幼儿内在动机的激发和自信心的提升，关注幼儿的心理感受和生存状态，具体肯定和鼓励幼儿的创造与进步，不断化解幼儿成长中的危机，善于发现幼儿的闪光点，帮助幼儿去除负面标签，从促进幼儿积极自我评价的角度塑造幼儿积极的自我意识和个性，进而推动幼儿健康、全面地发展的评价，就是激励性评价。[④]

　　在以往的研究中，研究者常常将教师对儿童的这种评价当作独立的反馈行为而非教师的一种专业能力去看待，但在实际教育实践中，对儿童的激励应当是弥漫在整个教育过程中的，涉及的层面也更广阔。而这种看法也导致了在该领域中较多地采取实验法的研究范式，限制了在更广阔的研究领域中

---

　　① 彭珊珊.我国近十年幼儿教师评价行为研究的文献综述 [J].教育实践与研究（C），2015（11）：5-7.
　　② 叶平枝.幼儿教师日常教学评价行为的现状及存在的问题 [J].学前教育研究，2010（6）：19-24.
　　③ 黄韶斌.再探教学中的非正式评价 [J].当代教育科学，2005（6）：22-25.
　　④ 叶平枝.照亮当下　照进未来 [J].学前教育，2019（9）：19-21.

探讨激励性评价对幼儿发展的影响。因此，以教师专业能力为出发点，制定一份具有良好信效度的问卷是当前研究的迫切需要，这也是本研究的目的与重点。

本研究基于激励性评价的界定，从激励性评价的五个特征（积极、使人自信、激发内在动机、强调过程和指向发展）和激励性评价的三种类型（具体肯定、化解和去标签）进行教师访谈和题目设计。

一、方法与程序

（一）内涵与维度构建

依据对激励性评价的界定，并结合幼儿在园一日生活中的情境特点，本研究从两个角度收集题项：第一，访谈 7 名一线幼儿教师，了解他们在职业生涯中有过何种激励幼儿的评价行为，对回答的内容进行分析、整理；第二，依据定义，由讨论小组对符合定义的评价进行采集。本研究对通过两种方法所收集到的题项进行分析、讨论，形成包含 62 个题项的初始问卷，依据表现形式将其分成"具体肯定""化解""去标签"三个维度。其中，具体肯定是教师对幼儿的行为进行具体的、描述性的肯定，例如对幼儿的绘画作品进行肯定时说"这条马路画得好直哦，就像尺子量好的一样"。化解是当教师发现幼儿紧张、焦虑、沮丧、自卑，发展处于不能自拔的恶性循环时，通过言语或非言语方式缓解幼儿的焦虑、紧张和沮丧，使幼儿重拾信心的过程，例如幼儿无法按照活动要求完成绘画时，教师轻轻拥抱幼儿，说"没关系，我一开始也不会，我们一起来想办法解决这个问题吧"。去标签是当幼儿被成人贴上各类标签后，教师通过日常评价行为消除他们对自己的刻板印象，使他们开放自己、恢复自信的过程，例如幼儿无法完成任务时，教师可以说"你上次还帮彤彤一起解决过类似的问题，你还记得吗？你这次也可以做到的"。问卷均以自我报告的形式呈现，采用 5 点计分标准，从非常不同意到非常同意，分数越高表示激励性评价行为越好。

（二）正式问卷编制

对初始问卷进行项目分析和探索性因素分析后，删减 42 题，形成剩余 20 题的正式问卷。

样本一：选取广东、上海、河南的幼儿园教师参加初测，随机发放电子问卷，共收回 262 份，其中 17 份为园长等研究对象之外的群体，予以删除；接着删除 6 名只在一个选项上做选择的被试；最后对总分在 2 个标准差之外的 15 名被试进行删除。剩余样本 224 名，其中公办园教师 101 名（包含 7 名合作园教师与 4 名集体园教师），民办园教师 112 名，剩余 11 名教师未知园所属性。详见表 3-1。

样本二：为考察本问卷的实证效度，方便选取某项课题中的教师 197 名并回收电子问卷，对极端数据做筛选，删除填写时长在 100 秒以内的被试 4 名；接着删除总分在 2 个标准差之外的被试，共 7 名（其中 1 名填写时间少于 100 秒）。删除后剩余样本 187 名，其中公办园教师 74 名，民办园教师 65 名，未知园所属性教师 48 名，详见表 3-1。

重测样本：从样本二中选取 118 名教师作为重测样本，时间间隔 8 周，其中公办园教师 60 人，民办园教师 58 人，详见表 3-1。

表 3-1　激励性评价问卷被试样本构成

样本	园所属性	本科及以上（人）	大专（人）	高中及以下（人）	总计（人）	平均教龄（年）
样本一	公办	39	60	2	101	10.21
	民办	51	57	4	112	7.09
	未知	6	5	0	11	7.00
总计		96	122	6	224	—
样本二	公办	40	33	1	74	10.65
	民办	14	48	3	65	7.24
	未知	26	22	0	48	14.40
总计		80	103	4	187	—
重测样本	公办	34	25	1	60	12.88
	民办	13	42	3	58	7.24
总计		47	67	4	118	—

二、结果

（一）项目分析

项目分析包括同质性检验（题目删除后的 α 系数）和每个题目与总分的相关。首先进行同质性检验，初始问卷中问卷总信度为 0.890，其中有 13 题删除后信度在 0.890—0.901 之间，对删除后 α 系数变高的这些题项予以删除；接着，对题目与总分相关系数低于 0.400 的题项予以删除，初始问卷中共有 21 题的题目与总分相关系数在 0.161—0.393 之间（其中 13 题在同质性检验中同样不满足标准）。将不满足其中一项的题项予以删除，包括第 1、6、10、13、17、21、23、28、29、30、39、40、44、45、48、52、55、56、59、60、62 题，共 21 题，剩余 41 题，留待探索性因素分析。

（二）探索性因素分析

1. 初测探索性因素分析

对项目分析后的数据进行正态性检验，偏度在 1.941（第 58 题）—4.692（第 4 题）之间，峰度在 3.268（第 38 题）—28.895（第 4 题）之间，数据呈正偏态，且样本量较小，此时采用极大似然估计可能会导致估计偏差①，因此本研究将数据作类别变量处理，因子抽取方法采用加权最小二乘估计（以下简称为 WLSMV）②③，因子旋转采用 GEOMIN 斜交旋转。模型拟合结果见表 3-2。

---

① WEST S G, FINCH J F, CURRAN P J. Structural equation models with nonnormal variables：problems and remedies ［M］//HOYLE R H. Structural equation modeling：concepts, issues & applications. Thousand Oaks, California：Sage Publications, 1995：56-75.

② FINNEY S J, DISTEFANO C. Nonnormal and categorical data in structural equation modeling ［M］//HANCOCK G R, MUELLER R O. Structural equation modeling：a second course. Greenwich, Connecticut：Information Age Publishing, 2006：269-314.

③ BEAUDUCEL A, HERZBERG P Y. On the performance of maximum likelihood versus means and variance adjusted weighted least squares estimation in CFA ［J］. Structural equation modeling：a multidisciplinary journal, 2006, 13（2）：186-203.

表 3-2　第一次探索性因素分析模型拟合指数摘要

模型	χ^2/df	RMSEA	CFI	TLI	BIC	ΔBIC	SRMR
二因子	1.268	0.035（0.027　0.041）	0.982	0.980	11287.756	0.000	0.069
三因子	1.255	0.034（0.026　0.041）	0.984	0.981	11306.838	19.082	0.063
四因子	1.237	0.033（0.024　0.040）	0.986	0.982	11366.582	78.826	0.058
标准	越小越好	<0.080	>0.950	>0.900	越小越好	越小越好	<0.080

注：由于 M-plus 不报告 WLSMV 的 BIC 值，因此采用稳健极大似然估计（以下简称 MLR）中的 BIC 代替。

由于三种模型之间不构成嵌套关系，所以采用信息指数 BIC 进行比较[1]，可以看到 BIC 值最优的为二因子模型。尽管按照理论构想应当选取三因子模型，但三因子模型结构较为混杂，且第三因子的条目存在严重跨负荷现象，大多数题项负荷在前两个因子之上（见表 3-3），因此第一次探索性因素分析采取二因子模型进行筛选。

筛选程序包含两步。第一次筛选的标准如下：只在单个因子上有负荷，但负荷量低于 0.400，或同时在两个因子上存在超过 0.300 的因子负荷。结果显示，第 4、5、8、19、26、27、32、36 题符合筛选标准，其中第 36 题是在任一因子上的负荷均不超过 0.400，其余均是同时在两个因子上存在超过 0.300 的因子负荷（见表 3-3）。

第一次筛选共删除 8 题，随后对剩余的 33 题进行第二次筛选。对剩余题项进行第二次因素分析，根据分析结果可将其分为两类：正向肯定与负向化解。前者包含理论构想中"具体肯定"的大部分题项，后者包含"化解"与"去标签"的大部分题项。以这两类概念作为标准，删除与其不相符的题项共 13 题，剩余 20 题作为最终的正式问卷（详见附录二），其中正向肯定 9 题，负向化解 11 题。

---

① RAFTERY A E. Bayesian model selection in social research［J］. Sociological methodology, 1995, 25：111-163.

2. 正式问卷探索性因素分析

对 20 题进行第二次探索性因素分析，模型拟合指数报告 $X^2/df = 1.658$，$X^2 = 250.370$，$df = 151$，RMSEA = 0.054，CFI = 0.979，TLI = 0.974。各拟合指数均达到较好水平，各题项分类明确、恰当，不存在跨负荷或低负荷的情况。最终将该模型确定的由正向肯定与负向化解两个因子对应的 20 题作为正式问卷。其中，正向肯定是指教师对幼儿积极的行为进行描述性的具体肯定，例如总结幼儿积极的行为特点，或者对幼儿的作品进行特征描述；负向化解是指教师对幼儿的消极心理状态进行理解和疏导，帮助幼儿重拾自信，例如借用幼儿过往的成功经历来帮助幼儿度过当前的消极情绪，或者对幼儿未完成的作品进行肯定，以加强幼儿的自信心。

这两个因子中，正向肯定与原有理论中的具体肯定概念相近，都涵盖教师对幼儿积极行为的评价方式；而负向化解与原有理论中的化解和去标签相近，是针对幼儿消极或失败的行为进行反馈，通过解释和肯定等方式来消除幼儿对自己的消极认知，从而帮助幼儿克服发展阻碍。新获得的两个因子既涵盖了原有各维度的内涵，又从一正一反两个方面更加完备地描述了教师的激励性评价行为。因子负荷及维度划分见表 3-3。

表 3-3　两次探索性因素分析的因子负荷矩阵　($n = 224$)

题号	第一次					第二次	
	二因子模型		三因子模型			二因子模型	
	因子 1	因子 2	因子 2	因子 2	因子 3	因子 1	因子 2
2	**0.813**	−0.066	**0.829**	−0.087	0.005		
3	**0.817**	0.059	**0.858**	0.027	−0.048	**0.875**	−0.001
4	**0.473**	**0.434**	**0.436**	**0.437**	0.081		
5	**0.443**	**0.314**	**0.398**	**0.325**	0.088		
7	**0.550**	0.187	**0.479**	0.194	0.193		
8	**0.513**	**0.301**	**0.571**	0.275	−0.122		
9	**0.687**	0.175	**0.637**	0.175	0.139	**0.681**	0.183

续表

题号	第一次					第二次	
	二因子模型		三因子模型			二因子模型	
	因子 1	因子 2	因子 2	因子 2	因子 3	因子 1	因子 2
11	**0.866**	−0.077	**0.914**	−0.108	−0.073	**0.706**	0.072
12	**0.673**	0.172	**0.656**	0.163	0.064	**0.739**	0.096
14	**0.732**	−0.009	**0.613**	−0.017	0.357	**0.733**	−0.024
15	**0.731**	0.026	**0.605**	0.025	**0.365**		
16	**0.912**	−0.106	**0.921**	−0.132	0.043		
18	**0.610**	0.232	**0.450**	0.271	**0.369**		
19	**0.546**	**0.313**	**0.595**	0.291	−0.094		
20	**0.776**	−0.147	**0.792**	−0.166	0.002	**0.770**	−0.157
22	**0.794**	0.001	**0.676**	0.004	**0.338**	**0.821**	−0.008
24	**0.817**	0.016	**0.872**	−0.017	−0.081		
25	**0.829**	−0.131	**0.851**	−0.165	0.026	**0.750**	−0.018
26	0.370	**0.529**	0.289	**0.558**	0.145		
27	**0.452**	**0.440**	**0.442**	**0.438**	0.019		
31	**0.732**	0.089	**0.818**	0.040	−0.136	**0.804**	0.045
32	0.358	**0.460**	0.387	**0.464**	−0.123		
33	0.222	**0.611**	0.276	**0.599**	−0.156		
34	**0.621**	0.127	**0.688**	0.082	−0.091	**0.552**	0.216
35	**0.645**	0.089	**0.804**	0.002	−0.246	**0.676**	0.095
36	**0.354**	0.254	**0.332**	0.250	0.067		
37	0.237	**0.564**	0.268	**0.552**	−0.084	0.268	**0.507**
38	0.231	**0.622**	0.232	**0.620**	−0.019	0.197	**0.682**
41	0.254	**0.491**	0.010	**0.599**	**0.391**	0.257	**0.477**
42	0.293	**0.443**	0.189	**0.476**	0.206		
43	0.129	**0.736**	0.094	**0.757**	0.021	0.125	**0.684**
46	0.265	**0.475**	0.211	**0.496**	0.086		

续表

| 题号 | 第一次 | | | | | 第二次 | |
| | 二因子模型 | | 三因子模型 | | | 二因子模型 | |
	因子1	因子2	因子2	因子2	因子3	因子1	因子2
47	0.001	**0.803**	−0.083	**0.838**	0.124	0.005	**0.823**
49	0.297	**0.539**	0.062	**0.628**	**0.424**		
50	0.001	**0.892**	−0.161	**0.966**	0.242	0.098	**0.794**
51	−0.124	**0.889**	−0.019	**0.858**	−0.275	−0.142	**0.941**
53	0.157	**0.449**	0.107	**0.475**	0.062	0.157	**0.434**
54	−0.034	**0.769**	−0.043	**0.786**	−0.047		
57	0.105	**0.687**	0.142	**0.700**	−0.172		
58	−0.090	**0.884**	0.013	**0.865**	−0.295	−0.058	**0.862**
61	0.196	**0.570**	0.215	**0.572**	−0.083		

注：因子负荷加粗的，表示该题项在因子下负荷超过 0.300。

（三）正式问卷的信效度

1. 信度

本研究采用 Cronbach α 系数来检验问卷的内部一致性程度，详见表 3-4。分析结果表明，正向肯定维度在公办园教师与民办园教师中的一致性系数分别为 0.929 和 0.905，负向化解维度分别为 0.952 和 0.913，问卷总分分别为 0.969 和 0.948。重测信度报告了间隔 8 周的结果，相关系数在 0.208 和 0.217 之间，均在 $p<0.05$ 水平上显著。结果表明，问卷内部具有较高的一致性。问卷中两个维度之间的相关系数为 0.865（$p<0.001$），低于各维度与总分之间的相关系数（0.955—0.975，$p<0.001$），表明问卷内部具有较好的区分性。

表 3-4 正式问卷信度系数及效标效度 ($n = 187$)

维度	α 系数		重测信度 ($n = 118$)	相关系数		效标效度		
	公办	民办		负向化解	问卷总分	观点采择	一日生活管理	评价幼儿
正向肯定	0.929	0.905	0.214*	0.865***	0.955***	0.517***	0.768***	0.771***
负向化解	0.952	0.913	0.208*	1.000	0.975***	0.504***	0.690***	0.748***
问卷总分	0.969	0.948	0.217*		1.000	0.527***	0.748***	0.784***

注：重测间隔时间为 8 周。*$p<0.05$　***$p<0.001$

2. 效度

结构效度 正式问卷的效度检验采用验证性因素分析。根据理论假设和前文分析，提出两个假设模型进行比较，分别为单因子模型和二因子模型。单因子模型中，所有题项归属于一个"激励性评价"因子；二因子模型中，题项分别归属于正向肯定和负向化解两个因子，二因子间相关。表 3-5 为两个假设模型的整体拟合评价。

表 3-5 两个假设模型的拟合指数摘要

模型	χ^2	df	χ^2/df	RMSEA	CFI	TLI	AIC	BIC	WRMR
单因子	386.714	170	2.275	0.083 (0.072, 0.093)	0.983	0.981	4485.221	4679.087	1.148
二因子	347.309	169	2.055	0.075 (0.064, 0.086)	0.986	0.984	4437.445	4634.542	1.048
标准	越小越好	越小越好	越小越好	<0.080	>0.950	>0.900	越小越好	越小越好	<1.000

注：由于本次验证性因素分析中将变量作类别变量处理，M-plus 不报告信息指数 AIC 与 BIC，因此采用连续变量下 MLR 估计方法得到的 AIC 和 BIC 值作为参考，比较非嵌套模型之间的优劣。

可以看到，二因子模型在各项拟合指数上优于单因子模型，且与探索性因素分析构想一致，符合理论假设，因此，接受二因子模型较为恰当。

效标效度 良好的共情能力是促使幼儿教师树立正确儿童观的重要因素，而一日生活管理能力则是帮助幼儿教师正确看待儿童发展的重要因素，两个因素间接影响着教师评价水平的高低。因此，本研究采用人际反应指针量表（Interpersonal Reactivity Index, IRI）[①] 中的"观点采择"分量表和幼儿教师专业实践能力调查问卷[②]中的"一日生活能力"子问卷作为效标工具。此外，本研究还选取了幼儿教师专业能力现状调查问卷[③]中的"评价幼儿能力"子问卷，以检验本研究中激励性评价问卷的有效性。结果表明，正向肯定与观点采择、一日生活管理和评价幼儿的相关系数依次为 0.517、0.768、0.771，负向化解与观点采择、一日生活管理和评价幼儿的相关系数依次为 0.504、0.690、0.748，问卷总分与观点采择、一日生活管理和评价幼儿的相关系数依次为 0.527、0.748、0.784（见表3-4），所有相关系数均在 $p < 0.001$ 水平显著，表明本问卷具有较好的效标效度。

三、讨论

本研究基于幼儿教师日常评价行为中的激励行为，编制了幼儿教师激励性评价问卷。通过对问卷项目进行项目分析、信度分析、探索性因素分析和验证性因素分析，确认了一阶二因子模型的幼儿教师激励性评价正式问卷，结果表明该问卷是一个信效度较好的测量工具。其中，问卷包含正向肯定与负向化解两个子维度，描述在不同情境下教师对幼儿发展需求的激发能力。在效度方面，验证性因素分析表明这两个维度拟合指数均良好；效标效度也证实激励性评价行为与教师观点采择能力、一日生活管理能力、评价幼儿能力高相关，表明问卷的效标效度良好。在信度方面，正向肯定维度在公办和

---

① 詹志禹. 年级、性别角色、人情取向与同理心的关系 [D]. 台北：台湾政治大学，1987.
② 武琳. 幼儿教师专业实践能力的结构及特点研究 [D]. 沈阳：沈阳师范大学，2013.
③ 叶丽. 重庆幼儿教师专业能力的现状调查研究 [D]. 重庆：西南大学，2008.

民办幼儿园教师中内部一致性系数分别为 0.929、0.905，负向化解维度在公办和民办幼儿园教师中的内部一致性系数分别为 0.952、0.913，而问卷总分的一致性系数分别为 0.969、0.948，表明该问卷具有较高的可靠性。

在问卷结构上，正向肯定与负向化解之间的相关系数低于各维度与总分之间的相关，且验证性因素分析表明二因子模型相较于单因子模型更优，使得该问卷能够较为全面地测量教师的激励性评价能力。总的来说，本研究所制定的幼儿教师激励性评价问卷能较好地适应当前幼儿教师能力水平，并对其测量。

本研究也存在着一些不足。由于取样难度较大，本研究的三个样本的样本量均在 200 人以下。尽管研究证明稳健加权最小二乘法能够在小样本（$n=100$）中表现良好[1]，但小样本的问题仍然可能会降低统计功效[2]。未来需要更大和更丰富的样本来验证本研究的结论。

激励性评价与教师的职业倦怠、职业承诺的关系怎样，与师幼互动的关系又是怎样的呢？接下来的两章都是对这方面的研究。其中，第四章研究幼儿教师激励性评价与职业承诺、职业倦怠的关系，第五章研究幼儿教师激励性评价干预培训对师幼互动质量的影响。

---

① FLORA D B, CURRAN P J. An empirical evaluation of alternative methods of estimation for confirmatory factor analysis with ordinal data [J]. Psychological methods, 2004, 9 (4): 466-491.

② YUAN K H, BENTLER P M. Robust mean and covariance structure analysis [J]. British journal of mathematical & statistical psychology, 1998, 51 (1): 63-88.

第四章　幼儿教师激励性评价
与职业承诺、职业倦怠的关系

罗宾逊和阿罗尼卡提出：伟大的教师应该能够激励学生们去探索，去变成自信、独立的学习者，拥有独立思考的倾向和创新思维的技巧。① 激励强调个体结合社会和自我发展的需要，积极、主动地提升自我发展的内部动机。②③ 激励性评价则强调教师在教育过程中及时给予学生积极反馈，为学生的发展搭建支架，激发其自主学习与探索的内部动机，丰富其成功体验，促进其自我发展。激励性评价是日常评价的一种。在学前教育评价体系中，对幼儿的正式评价使用较少，除了每学期开学或结束时幼儿园使用专业测评工具对幼儿发展水平进行评估以外，教学与课程活动时间大量、频繁使用的其实是非正式评价，即日常评价。已有研究表明，教师的日常评价能力会受其专业素质的影响，并对幼儿产生积极或者消极的影响。

有研究者对幼儿教师进行行为统计后发现，尽管98%的幼儿希望得到教师对自己行为的评价，但在实际的师幼互动中，教师每6小时对幼儿的肯定性、否定性言语评价只有5次左右，且大多数言语评价是笼统、模糊的，还包含大量对幼儿的情绪性、暗示性的批评和惩罚，非常缺乏激励性。④ 教师评价中存在的次数过少、表述笼统、缺乏激励性等问题不利于幼儿对自身行为进行评价和判断，而长时间、描述性的激励性评价则能帮助幼儿有效地构

① 罗宾逊，阿尼罗卡. 什么是最好的教育 [M]. 钱志龙译. 杭州：浙江人民出版社，2020.
② 严密. 信息资源配置制度研究及激励机制分析 [M]. 南京：东南大学出版社，2011.
③ 施晶莹. 小学少先队"雏鹰争章"活动研究 [D]. 哈尔滨：哈尔滨师范大学，2018.
④ 沈娟. 幼儿园教育活动中教师非正式评价行为的研究 [D]. 兰州：西北师范大学，2006.

建积极的自我认知。

目前关于幼儿教师激励性评价的研究比较少，但可以得知幼儿教师激励性评价水平对幼儿自我效能感、自我目标的发展会产生积极影响①；幼儿教师实施激励性评价的影响因素是多层、复杂的，其中源自工作环境层面的诸多影响因素对幼儿教师的激励性评价水平具有直接影响，而职业倦怠是消耗幼儿教师心理资源、减少激励性评价的关键因素。尽管职业倦怠会对激励性评价产生消极影响已经成为学界共识，但二者间的具体影响机制还不明朗②。以往研究大多为横断研究，较少采用追踪研究范式对幼儿教师激励性评价的影响因素进行考察。倘若能纳入时间因素，深入探索幼儿教师激励性评价的影响机制，不仅能为幼儿教师激励性评价水平的提升奠定坚实的基础，更能为幼儿的发展提供持久正面的影响。

一、研究设计

（一）研究问题及研究假设

1. 职业倦怠与幼儿教师激励性评价的关系

以往国内外职业倦怠相关因素的研究发现，教师的职业倦怠与自我效能感间存在显著负相关，教师职业倦怠感越强烈，自我效能感也就越低；③④ 医护人员的心理资本水平越高，职业倦怠感也就越低。⑤ 幼儿教师职业倦怠情况不容乐观，幼儿教师群体中一半以上都有明显的职业倦怠倾向，专业发展

---

① 罗凯琪. 幼儿教师激励性评价行为对幼儿目标取向的影响：幼儿自我效能感的中介作用 [D]. 广州：广州大学，2019.

② 孟斯宇. 幼儿园教师职业倦怠与其激励性评价行为的关系研究 [D]. 广州：广州大学，2019.

③ 赵越. 新手中学语文教师职业倦怠与自我价值感关系研究 [D]. 南京：南京师范大学，2017.

④ 陈素琴. 马来西亚独中华文教师职业倦怠与教学效能感的调查研究 [D]. 上海：华东师范大学，2016.

⑤ 万娟. 急诊护士心理资本与职业倦怠及离职意愿的相关研究 [D]. 蚌埠：蚌埠医学院，2015.

机会对职业倦怠的直接影响最大，缺乏必要的社会性支持也是职业倦怠的重要原因之一。① 另外，职业倦怠大多出现在熟手教师阶段，且熟手教师的情感枯竭显著高于新手教师；由于工作经验的不断积累，熟手教师大多成为园内的骨干教师，承担着更大的工作压力，容易引发枯竭感，损耗情绪资源。②

幼儿教师职业倦怠会对其职业幸福感造成负面影响，损害其身心健康，这可能导致他们在教学工作中出现懈怠，消极面对幼儿，甚至可能导致不合理教学行为的出现。③④ 职业倦怠会对幼儿教师专业成长带来消极影响，情感枯竭等问题会使幼儿教师的爱心、理想、奉献精神受到打击，难以在师幼互动中积极运用教育机智化解问题，从而给激励性评价水平带来消极影响。

基于此，本研究提出假设一：幼儿教师职业倦怠水平会对其激励性评价水平产生消极影响。

2. 职业承诺作为职业倦怠影响幼儿教师激励性评价的中介变量

（1）职业倦怠与职业承诺的关系

大量研究发现，医护人员的职业倦怠与组织承诺之间存在高相关，情感枯竭与低成就感能显著负向预测其组织承诺水平。⑤⑥⑦ 民营企业员工的职业倦怠也能够显著负向预测其组织承诺。⑧ 在教育领域中，高校辅导员、特殊学校教师的职业倦怠与职业承诺之间也存在显著负相关⑨⑩，且熟手型教师受

① 梁慧娟，冯晓霞. 北京市幼儿教师职业倦怠的状况及成因研究 [J]. 学前教育研究，2004（5）：32-35.

② 左志宏，席居哲. 幼儿教师职业倦怠与职业承诺特点：新手与熟手的比较 [J]. 学前教育研究，2008（11）：21-24.

③ 谢蓉，曾向阳. 幼儿教师职业倦怠的缓解与职业幸福感的提升 [J]. 学前教育研究，2011（6）：67-69.

④ 梁九清，关金凤. 幼儿教师心理健康与专业成长 [J]. 课程教育研究，2019（44）：230-231.

⑤ 董银儿. 职业倦怠与离职意向的关系研究 [D]. 杭州：杭州师范大学，2016.

⑥ 刘玲. 护士职业认同水平及其与工作压力、职业倦怠的相关研究 [D]. 上海：第二军医大学，2009.

⑦ 李雪静，路潜，王泠. 三级医院手术室专科护士工作压力及其与职业倦怠和组织承诺的相关性 [J]. 护理学杂志，2018，33（13）：1-4.

⑧ 靳卫茹. 民营企业员工职业倦怠与组织承诺的关系研究 [D]. 天津：天津商业大学，2012.

⑨ 马妮娜. 高校辅导员职业倦怠与职业承诺的相关性研究 [D]. 南京：南京师范大学，2011.

⑩ 姚晶. 特殊学校教师职业承诺、倦怠、满意度的特征探究 [D]. 杭州：浙江工业大学，2017.

到职业倦怠的影响最大，专家型教师由于成就感的提升，受职业倦怠的影响较小。①

左志宏、席居哲在新手与熟手型幼儿教师的研究中提出，熟手型教师情感枯竭较明显，幼儿教师的职业倦怠能够显著负向预测其职业承诺水平。② 这表明当教师感受到工作的努力与自身所得之间存在不一致后，由此引发的倦怠感会导致教师产生强烈的离职意向。

（2）职业承诺与教师激励性评价的关系

以往研究表明，幼儿教师的职业承诺水平与中小学阶段教师的职业承诺水平基本一致。③④ 左志宏、席居哲的研究表明，我国幼儿教师的职业承诺总体上处于中等水平，且规范承诺高于情感承诺，情感承诺又高于继续承诺，熟手教师的继续承诺、规范承诺高于新手教师。⑤ 熟手型教师与专家型教师对职业的义务感、责任感更加强烈；专家型教师职业承诺水平稳定，情感承诺水平亦显著高于新手和熟手教师，他们还会通过不断学习钻研充实自我、实现自我价值，可见高水平的职业承诺是促进教师专业水平提升的重要因素。⑥⑦

以往研究表明，幼儿教师职业承诺各因子对其工作绩效、职业幸福感均会产生显著影响，尤其是情感承诺对幼儿教师职业幸福感的预测作用显著，⑧ 且高职业承诺的教师会出现更好的自我效能感、动机、承诺和工作满意度⑨。低职业承诺可能导致教师在教学工作中出现懈怠，消极面对幼儿，甚至可能

---

① 邵雅利. 新手—熟手—专家教师职业承诺与职业倦怠的研究 [D]. 福州：福建师范大学，2003.

② 左志宏，席居哲. 幼儿教师职业倦怠与职业承诺特点：新手与熟手的比较 [J]. 学前教育研究，2008（11）：21-24.

③ 徐富明，朱从书，黄文锋. 中小学教师的职业倦怠与工作压力、自尊和控制点的关系研究 [J]. 心理学探新，2005，25（1）：74-77.

④ 连榕. 新手—熟手—专家型教师心理特征的比较 [J]. 心理学报，2004，36（1）：44-52.

⑤ 同②。

⑥ 同①。

⑦ 刘衍玲. 中小学教师情绪工作的探索性研究 [D]. 重庆：西南大学，2007.

⑧ 王钢. 幼儿教师职业幸福感的特点及其与职业承诺的关系 [J]. 心理发展与教育，2013，29（6）：616-624.

⑨ 魏淑华. 教师职业认同研究 [D]. 重庆：西南大学，2008.

导致不合理教学行为的出现，[1][2] 对教师专业成长带来消极影响，使教师的爱心、理想、奉献精神受到打击，教师难以在教学中投入，从而给激励性评价水平带来消极影响；但是，高职业承诺的教师在教学情境中更倾向于主动正向面对问题。

职业倦怠作为消耗幼儿教师心理资源的关键因素，可能对其激励性评价能力产生消极影响。而同属于工作环境层面的职业承诺，则是幼儿教师心理资源增长的有效保障。以往研究表明，高职业承诺的教师专业发展水平更高，且受职业倦怠的影响更小。故提出本研究的假设二：幼儿教师职业承诺在职业倦怠与激励性评价之间存在负向中介作用。

（二）研究程序

本研究在取得幼儿园同意的情况下，以电子形式将研究所用量表和问卷发送给各幼儿园的教师。测量共分两次进行，第一次测量时间为 2018 年 7 月，第二次测量时间为 2019 年 1 月（与第一次间隔半年）。

（三）研究对象

本研究追踪的教师来自广州、中山、濮阳、上海、深圳等市的 24 所幼儿园，其中公办园 10 所，民办园 14 所；第一次测量（T1）时共 170 名，其中，主班 88 名，副班 82 名；47 名由于离职等原因未能参加第二次测量（T2）。剔除无效被试后，最终有效的被试为 123 名，其中，主班 66 名，副班 57 名。

运用方差分析进一步检验第二次测量（T2）流失的被试与两次测量（T1、T2）均参加的被试在第一次测量（T1）时各变量上的差异是否显著，结果表明，流失被试和追踪被试在 T1 的职业承诺（$p = 0.820$）、职业倦怠（$p = 0.260$）、激励性评价（$p = 0.483$）上不存在显著差异（$p > 0.1$）。这表明，流失被试和追踪被试属于同一群体。

本研究对两次测量均参加的 123 名幼儿教师的数据进行了统计分析。

---

① 梁九清，关金凤. 幼儿教师心理健康与专业成长 [J]. 课程教育研究，2019（44）：230-231.

② 谢蓉，曾向阳. 幼儿教师职业倦怠的缓解与职业幸福感的提升 [J]. 学前教育研究，2011（6）：67-69.

（四）研究工具

1. 教师职业倦怠量表

本研究采用辛星改编的教师职业倦怠量表[①]。该量表大框架依旧采用了马斯拉克（Maslach）对职业倦怠的维度划分，且结合本土情况以及我国台湾学者的修改版本进行调整。该量表共22题，分为三个维度（情感枯竭、去个性化、低成就感）；采用5级评分法，其中"从未如此"为1分，"很少如此"为2分，"有时如此"为3分，"经常如此"为4分，"一直如此"为5分，分值越高则职业倦怠越强。职业倦怠量表在本研究第一次测量的Cronbach α 系数为0.838，第二次测量的Cronbach α 系数为0.839，信度良好。

2. 教师职业承诺问卷

本研究使用龙立荣、李霞编制的教师职业承诺问卷[②]。该问卷具有良好的因子结构和信效度，共16题，分为三个维度（情感承诺、规范承诺和继续承诺）；采用5级评分法，从"非常不合适"到"非常合适"，分值越高则职业承诺越强。该问卷在本研究第一次测量的Cronbach α 系数为0.812，第二次测量的Cronbach α 系数为0.783，信度良好。

3. 幼儿教师激励性评价问卷

本研究采用叶平枝、林朝湃与王茜自编的幼儿教师激励性评价问卷。问卷共20题，分为两个维度（正向肯定和负向化解），采用5级评分法，从"非常不符合"到"非常符合"，分值越高则激励性评价水平越高。该问卷在本研究第一次测量的Cronbach α 系数为0.921，第二次测量的Cronbach α 系数为0.922。

（五）数据分析

本研究使用SPSS对数据进行整理分析，进行描述性统计分析、共同方法偏差检验分析、信度分析以及人口学变量上的差异性检验，并借助process插件，用bootstrap方法检验幼儿教师职业承诺在职业倦怠和激励性评价水平间的中介效应。

---

① 辛星. 上海市小学教师职业倦怠现状调查及思考 [D]. 上海：华东师范大学，2005.
② 龙立荣，李霞. 中小学教师的职业承诺研究 [J]. 教育研究与实验，2002（4）：56-61.

二、研究结果与分析

（一）研究变量不同时间点的描述性统计以及随时间变化的稳定性分析

本研究主要检验幼儿教师职业倦怠和职业承诺对其激励性评价的影响，职业承诺作为中介变量的作用机制，以及上述关系的纵向发展特点。

其中，职业倦怠包含三个维度，即情感枯竭、去个性化和低成就感；职业承诺包含三个维度，即情感承诺、规范承诺和继续承诺；激励性评价包含两个维度，即正向肯定与负向化解。为探讨职业倦怠、职业承诺和激励性评价随时间变化的稳定性，本研究对 T1 时间点三个变量各维度得分与 T2 时间点相应变量得分进行配对样本检验，三个变量总分以及各维度得分的平均值和标准差、各维度在两个时间点配对样本 t 检验结果见表 4-1。检验结果表明，两个时间点测得的低成就感、职业承诺总分、正向肯定与激励性评价总分均存在显著差异（$p<0.05$），相比于 T1 时间点，T2 时间点测量到的低成就感、职业承诺、正向肯定与激励性评价总分有所下降；而情感枯竭、去个性化、职业倦怠总分、情感承诺、规范承诺、继续承诺、负向化解在两个时间点的得分间则不存在显著差异。

表 4-1　两次测量各变量的描述性统计及变量随时间变化的稳定性分析

变量	T1		T2		t
	平均值	标准差	平均值	标准差	
情感枯竭	20.901	4.979	20.971	5.232	1.153
去个性化	11.895	3.966	12.007	4.134	0.823
低成就感	17.680	3.678	17.169	3.429	2.440*
职业倦怠（总分）	49.911	10.115	49.854	10.324	0.082
情感承诺	24.532	3.837	24.250	4.049	−0.210
规范承诺	20.088	2.865	19.919	3.011	−0.705
继续承诺	14.900	3.891	13.574	4.447	1.105

续表

变量	T1		T2		t
	平均值	标准差	平均值	标准差	
职业承诺（总分）	59.431	8.253	57.911	8.136	2.161*
正向肯定	40.597	4.458	39.986	4.490	2.072*
负向化解	48.825	5.809	48.022	5.857	1.872
激励性评价（总分）	89.752	9.372	88.007	10.051	0.039*

$n=123$　*$p<0.05$

（二）职业倦怠、职业承诺、激励性评价三变量间的相关分析

对职业倦怠、职业承诺、激励性评价三变量进行 Pearson 相关分析，结果见表4-2（三个变量各维度间相关分析的表格篇幅过大，故未呈现于该表之中）。

1. 在 T1 时间点，职业倦怠与职业承诺、激励性评价之间均存在显著负相关。具体而言，情感枯竭、去个性化及低成就感（职业倦怠三维度）与情感承诺、规范承诺、正向肯定、负向化解之间存在显著负相关；情感枯竭、去个性化与继续承诺之间存在显著正相关。另外，情感承诺、规范承诺与正向肯定、负向化解之间存在显著正相关。

2. 在 T2 时间点，职业倦怠与职业承诺、激励性评价之间均存在显著负相关。具体而言，情感枯竭、去个性化及低成就感（职业倦怠三维度）与情感承诺、规范承诺、正向肯定、负向化解之间存在显著负相关；情感枯竭、去个性化与继续承诺之间存在显著正相关。另外，情感承诺、规范承诺与正向肯定、负向化解之间存在显著正相关。

3. T1、T2 两个时间点职业倦怠与职业承诺、激励性评价匹配后的相关分析结果表明，职业倦怠、职业承诺、激励性评价及各维度之间各自存在显著正相关。情感枯竭、去个性化及低成就感（职业倦怠三维度）与半年后的情感承诺、规范承诺、正向肯定、负向化解之间存在显著负相关；去个性化与半年后的继续承诺之间存在显著正相关。另外，情感承诺、规范承诺与半年后的正向肯定、负向化解之间存在显著正相关。

表4-2 各变量间相关分析

变量	职业倦怠 T1	职业承诺 T1	激励性评价 T1	职业倦怠 T2	职业承诺 T2	激励性评价 T2
职业倦怠 T1	1.000					
职业承诺 T1	-0.385***	1.000				
激励性评价 T1	-0.521***	0.492***	1.000			
职业倦怠 T2	0.715***	-0.321***	0.068	1.000		
职业承诺 T2	-0.291**	0.547***	-0.053	-0.336***	1.000	
激励性评价 T2	-0.453***	0.348***	-0.028	-0.576***	0.514***	1.000

** $p<0.01$ *** $p<0.001$

（三）职业倦怠对激励性评价的纵向预测作用

根据温忠麟、叶宝娟[1]及方杰等人[2]推荐的中介效应检验程序，自变量对因变量的作用显著是进行中介效应分析的必要条件。

对职业倦怠对激励性评价的影响进行线性回归检验，结果见表4-3、表4-4。幼儿教师职业倦怠（T1）对当下的激励性评价（T1）有显著负向预测作用，对半年后的激励性评价（T2）同样具有显著负向预测作用，表明职业倦怠对激励性评价具有持久稳定的负向预测作用。具体到各维度可见，去个性化、低成就感显著负向预测半年后的正向肯定，且低成就感显著负向预测半年后的负向化解。

---

① 温忠麟，叶宝娟. 中介效应分析：方法和模型发展 [J]. 心理科学进展，2014，22（5）：731-745.

② 方杰，温忠麟，张敏强，等. 基于结构方程模型的多重中介效应分析 [J]. 心理科学，2014，37（3）：735-741.

表4-3 职业倦怠对激励性评价的纵向预测作用

预测变量 自变量	激励性评价 T1			激励性评价 T2		
	β	SE	t	β	SE	t
职业倦怠 T1	-0.493	0.062	-7.928***	-0.454	-5.636***	
R^2	0.271			0.205		
F	62.848			31.769		
预测变量 自变量	正向肯定 T2			负向化解 T2		
	β	SE	t	β	SE	t
情感枯竭 T1	0.026	0.107	0.247	-0.122	0.144	-0.850
去个性化 T1	-0.327	0.148	-2.207*	-0.261	0.200	-1.304
低成就感 T1	-0.447	0.112	-3.993***	-0.488	0.151	-3.225*
R^2	0.256			0.209		
F	13.842			10.648		

*$p<0.05$ ***$p<0.001$

表4-4 职业倦怠对激励性评价的预测路径

路径	结果
职业倦怠 T1→激励性评价 T1	负显著
职业倦怠 T1→激励性评价 T2	负显著
情感枯竭 T1→正向肯定 T2/情感枯竭 T1→负向化解 T2	不显著/不显著
去个性化 T1→正向肯定 T2/去个性化 T1→负向化解 T2	负显著/不显著
低成就感 T1→正向肯定 T2/低成就感 T1→负向化解 T2	负显著/负显著

（四）职业承诺对职业倦怠影响激励性评价的纵向中介作用

由表4-3、表4-4可知，幼儿教师职业倦怠对激励性评价具有持久稳定的负向预测作用，已经具备检验职业承诺对职业倦怠影响激励性评价的中介作用的基本条件，而中介效应显著的条件为：①自变量对中介变量预测作用显著；②中介变量对因变量的预测作用显著。

　　使用 process 插件中 model4 检验职业承诺（T1）对职业倦怠（T1）影响当下激励性评价（T1）的中介作用、影响半年后的激励性评价（T2）的纵向中介作用，结果见表 4-5。

表 4-5　职业倦怠在职业承诺对当下及半年后激励性评价的纵向预测作用

预测变量	职业承诺 T1					
	β	SE	t			
自变量 职业倦怠 T1	−0.299	0.055	−5.417***			
R^2	0.148					
F	29.340					
预测变量	激励性评价 T1			激励性评价 T2		
	β	SE	t	β	SE	t
自变量 职业倦怠 T1	−0.368	0.062	−5.869***	−0.375	0.086	−4.389***
中介变量 职业承诺 T1	0.415	0.081	5.159***	0.250	0.104	2.400*
R^2	0.371			0.241		
F	49.493			19.378		
	效应值	SE	bootstrap（95%）CI	效应值	SE	bootstrap（95%）CI
间接效应	−0.125	0.029	［−0.196，−0.077］	−0.079	0.037	［−0.157，−0.009］

　　*$p<0.05$　　***$p<0.001$

　　由结果可知，职业倦怠（T1）显著负向预测当下职业承诺（T1），且职业承诺（T1）显著正向预测当下激励性评价（T1）、显著正向预测半年后的激励性评价（T2）；职业承诺（T1）在职业倦怠（T1）与激励性评价（T1）之间存在显著负向中介作用［bootstrap 值为（−0.196，−0.077），不包含

0］，职业承诺（T1）在职业倦怠（T1）与激励性评价（T2）之间依旧存在显著负向中介作用［bootstrap 值为（-0.157，-0.009），不包含 0］。具体路径结果与模型可见表4-6 与图4-1。

表4-6　职业倦怠在职业承诺影响下对激励性评价的路径结果

路径	结果
职业倦怠 T1→职业承诺 T1	负显著
职业倦怠 T1→激励性评价 T1	负显著
职业承诺 T1→激励性评价 T1	正显著
职业倦怠 T1→职业承诺 T1→激励性评价 T1	负显著
职业倦怠 T1→激励性评价 T2	负显著
职业承诺 T1→激励性评价 T2	正显著
职业倦怠 T1→职业承诺 T1→激励性评价 T2	负显著

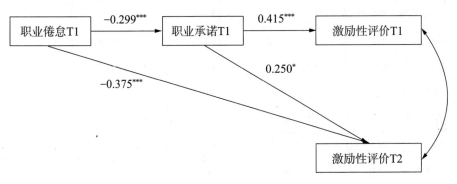

图4-1　延时预测模型

$^{*}p<0.05$　　$^{***}p<0.001$

进一步对职业倦怠 T1、职业承诺 T1 与激励性评价 T2 各维度之间的中介作用进行检验，所得结果如表4-7 所示（此处仅报告中介效应显著的路径）。从表中可知：

1. 情感承诺在情感枯竭、去个性化与半年后的正向肯定之间存在显著负向中介作用。

2. 情感承诺在情感枯竭、去个性化、低成就感与半年后的负向化解之间存在显著负向中介作用。

3. 规范承诺在情感枯竭、去个性化、低成就感与半年后的正向肯定之间存在显著负向中介作用。

4. 规范承诺在情感枯竭、去个性化、低成就感与半年后的负向化解之间存在显著负向中介作用。

表 4-7 各维度的中介效应 bootstrap 分析结果

路径关系	中介效应值	置信区间（95%）	是否包含 0
情感枯竭→情感承诺→正向肯定 T2	−0.148	[−0.242, −0.076]	×
去个性化→情感承诺→正向肯定 T2	−0.195	[−0.346, −0.080]	×
情感枯竭→规范承诺→正向肯定 T2	−0.108	[−0.207, −0.052]	×
去个性化→规范承诺→正向肯定 T2	−0.141	[−0.264, −0.056]	×
低成就感→规范承诺→正向肯定 T2	−0.199	[−0.340, −0.061]	×
情感枯竭→情感承诺→负向化解 T2	−0.184	[−0.295, −0.093]	×
去个性化→情感承诺→负向化解 T2	−0.271	[−0.478, −0.131]	×
低成就感→情感承诺→负向化解 T2	−0.353	[−0.589, −0.059]	×
情感枯竭→规范承诺→负向化解 T2	−0.130	[−0.250, −0.053]	×
去个性化→规范承诺→负向化解 T2	−0.180	[−0.365, −0.077]	×
低成就感→规范承诺→负向化解 T2	−0.276	[−0.496, −0.077]	×

三、讨论与建议

（一）讨论

已有研究证实了职业倦怠会对幼儿教师的专业发展，尤其是熟手型教师的专业发展产生消极影响，其情感枯竭程度、身心健康和教学质量易受到消极影响，并陷入恶性循环。[1] 以往关于幼儿教师职业倦怠对教师评价的具体影响机制的研究较少，关于幼儿教师激励性评价的影响机制的研究更是缺乏；且以往的研究大多为理论探讨或横断研究，主要关注职业倦怠对教师专业发展产生的即时效应，至于职业倦怠对教师专业发展是否存在延时效应，以及职业倦怠对教师激励性评价是否存在延时效应，还有待研究。因此，有必要就职业倦怠对教师激励性评价产生的延时效应以及具体影响机制做进一步研究。

本研究探讨了幼儿教师的职业倦怠对半年后的激励性评价产生的影响以及职业承诺在二者间存在的延时中介效应。本研究有以下几点发现。

首先，幼儿教师的职业倦怠显著负向预测激励性评价。具体到各维度可见，去个性化、低成就感（职业倦怠）显著负向预测正向肯定（激励性评价），低成就感（职业倦怠）显著负向预测负向化解（激励性评价）。

其次，职业承诺在幼儿教师的职业倦怠与激励性评价之间存在负向中介作用。具体而言，情感承诺（职业承诺）在职业倦怠二维度（情感枯竭、去个性化）与激励性评价二维度（正向肯定、负向化解）之间均存在负向中介作用，规范承诺（职业承诺）在职业倦怠三维度（情感枯竭、去个性化、低成就感）与激励性评价二维度（正向肯定、负向化解）之间均存在负向中介作用，继续承诺（职业承诺）的中介作用不显著。

研究结果支持本研究的假设。接下来将对研究结果进行具体探讨。

1. 幼儿教师的职业倦怠可以负向预测其激励性评价

本研究发现，幼儿教师的职业倦怠负向预测其激励性评价水平，这表明幼儿教师的激励性评价水平会随着职业倦怠水平的升高而下降，本研究假设一成立。对比 T1、T2 两个时间点发现，半年后幼儿教师的低成就感、正向肯定的得分略有下降，而情感枯竭、去个性化及负向化解的水平维持稳定。从回归分析结果可知，职业倦怠对幼儿教师激励性评价水平的影响显著而稳定，具体而

---

[1]　左志宏，席居哲．幼儿教师职业倦怠与职业承诺特点：新手与熟手的比较［J］．学前教育研究，2008（11）：21-24.

言，去个性化（职业倦怠）能够显著负向预测正向肯定（激励性评价），而低成就感（职业倦怠）显著负向预测正向肯定和负向化解（激励性评价），情感枯竭（职业倦怠）对幼儿教师的激励性评价及其各维度无显著影响。

首先，幼儿教师的去个性化（职业倦怠）能够显著负向预测其正向肯定（激励性评价）。历史化倦怠观提出，工作环境、交往互动对象（同事、幼儿或家长）的长期性和单一性，使得习惯于强调独立性与自我价值的幼儿教师难以维持原有个性，独立性与自我价值受到损耗，进而引发与同事、幼儿或家长间的"疏离"，导致去个性化水平上升，进一步导致其继续社会化发展状况不良，与上级领导、同事之间进行有效沟通和互动的机会较少，难以获得团体的归属感，得到的情感支持也随之减少；甚至影响到幼儿教师与生活中其他个体的交往，在日常生活中采用冷漠和逃避的态度会导致他们以自我为中心、不顾及他人的感受，失去来自社会的支持，陷入恶性循环；于是幼儿教师的师幼互动与激励性评价水平也会受到消极影响，消极的师幼交往可能导致他们对幼儿具体肯定的积极性下降，错失与幼儿的交流机会，降低其激励性评价水平。[1]

其次，幼儿教师的低成就感（职业倦怠）显著负向预测其正向肯定和负向化解（激励性评价）。如存在主义倦怠观所指出的，幼儿教师原本通过教育、进修等途径树立了较高的职业理想，她们会带着崇高的职业理想和巨大的热情投入工作；可是一旦他们在工作中遇到挫折，如工作时间长、事务性工作过多、工作要求苛刻、评价管理体制程序化以及社会对幼儿教师的期望低等问题，就会感受到理想与现实的冲突，长时间的无助和失望则容易引发倦怠，不断地损耗其自我效能感，使其工作热情不断下降，并怀疑自我的工作能力。由此推论，幼儿教师低成就感较强可能是随着工作时间的增加，社会期望与幼儿教师的自我期望间出现偏差所导致的。该推论同样符合环境化倦怠观的观点，即幼儿教师作为"公众职业者"受到社会文化环境的影响，由于工作角色的不断变动、工作内容与政府机构要求之间存在偏差，他们可

---

① 王莉，王俊刚．教师职业倦怠与应对［M］．北京：中国文联出版社，2007．

能会为了生存选择屈服于体制，但长期的压抑也会导致倦怠的出现。幼儿教师低成就感较强时会认为自己的教学无益于促进幼儿的发展，对幼儿采取的激励性评价措施也会随之减少，面对陷入问题情境的幼儿也会怀疑自身采用措施的有效性，在问题情境中消极运用教育机智对问题情境进行化解，进而导致激励性评价水平下降。①

　　另外，本研究发现，情感枯竭对幼儿教师的激励性评价及其各维度无显著影响，这与其他阶段教师职业倦怠方面的研究结论有着较大的差别。② 这可能是由两方面原因所导致。一方面是研究对象的差异。左志宏、席居哲的研究主要集中于熟手型教师，而本研究的研究对象分布于幼儿教师各个发展阶段。熟手型教师通常是幼儿园的骨干教师，要承担更多的事务性工作，工作时长增加、苛刻的工作要求、僵化的教育评价和管理体制都在长时间不断地损耗其内部的情绪资源，因此情感枯竭水平较高。另一方面是幼儿教师情绪资源"生长—消耗"的速度失衡。正如"工作要求——资源理论"所提出的，若教师在工作中情绪资源耗尽、生理与认知方面的能量都受到侵蚀，且社会和教育对象不能给予及时补偿，个体的倦怠就会随着能量的丧失而出现，并陷入恶性循环。而教师是一份情绪劳动工作，尤其需要情绪资源。"情感剧场理论"指出，情绪劳动主要分为表层表现、深层表现和自然表现③④，深层表现、自然表现比表层表现消耗的情绪资源更少，资源的恢复速度也会更快，当教师情绪劳动偏向表层表现时情感枯竭会更严重。但是，幼儿教师相对于其他学段的教师有其独特的特征，面对充满爱与希望的、天真的幼儿，幼儿教师在教学中更少感受到疲惫感和倦怠感，幼儿甚至可能为教师提供情绪资源的补偿，教师在师幼互动中依旧会在情感上希望自己能够为幼儿提供有效支持。由此推论，幼儿教师出现情感枯竭的主要原因可能来自教学之外

---

　　① 王莉，王俊刚．教师职业倦怠与应对［M］．北京：中国文联出版社，2007．

　　② 左志宏，席居哲．幼儿教师职业倦怠与职业承诺特点：新手与熟手的比较［J］．学前教育研究，2008（11）：21-24．

　　③ 刘衍玲．中小学教师情绪工作的探索性研究［D］．重庆：西南大学，2007．

　　④ 尹坚勤，吴巍莹，张权，等．情绪劳动对幼儿园教师的意义：一项定量研究［J］．华东师范大学学报（教育科学版），2019，37（6）：109-122．

的其他工作。

总的来说，职业倦怠对幼儿教师激励性评价水平的负向预测显著而稳定，即幼儿教师的职业倦怠（去个性化、低成就感）水平越高，其激励性评价水平也就越低，但是幼儿教师通常不会因为自身情感枯竭减少师幼互动中的激励性评价行为。

2. 职业承诺在职业倦怠与激励性评价间起到持续负向中介作用

本研究在探讨幼儿教师职业倦怠对其激励性评价预测作用的同时，还关注幼儿教师职业承诺在预测过程中的中介效应。对比 T1、T2 两时间点的追踪测量发现，半年后幼儿教师职业承诺总体水平略有下降。路径分析结果表明，职业承诺在职业倦怠对激励性评价的预测过程中有着稳定的部分中介作用，且情感承诺与规范承诺在职业倦怠与激励性评价的多个维度间均存在负向中介作用，但是继续承诺在两变量各维度之间的中介作用不显著。具体讨论如下。

（1）职业承诺在职业倦怠对激励性评价的预测过程中起到持续的负向中介作用

幼儿教师的职业承诺也会受到职业倦怠的消极影响，本研究的这一结果与以往研究基本一致。[1][2] 而左志宏、席居哲的研究发现，幼儿教师的职业倦怠会受到职业承诺的负向影响。[3] 这说明，幼儿教师的职业倦怠与职业承诺之间可能存在双向预测作用，高职业倦怠水平的幼儿教师会对从事的教育事业认同感逐渐下降，进而又导致职业倦怠水平上升，陷入恶性循环；而高职业承诺的幼儿教师由于高责任感和强义务感，会积极、主动地面对挑战，因此职业倦怠水平较低，职业承诺也随之加强，进入良性循环之中。

幼儿教师的激励性评价会受到职业承诺的积极影响。尽管缺乏相关研究，

---

① 马妮娜. 高校辅导员职业倦怠与职业承诺的相关性研究 [D]. 南京：南京师范大学，2011.

② 姚晶. 特殊学校教师职业承诺、倦怠、满意度的特征探究 [D]. 杭州：浙江工业大学，2017.

③ 左志宏，席居哲. 幼儿教师职业倦怠与职业承诺特点：新手与熟手的比较 [J]. 学前教育研究，2008（11）：21-24.

但是许多研究结果表明，幼儿教师的职业承诺会对其职业幸福感①、认知加工②、专业发展③④产生正向预测作用，且这些因素都与幼儿教师激励性评价水平的提高息息相关。这说明，高职业承诺的幼儿教师会认为幼儿教师的职业是有价值的、有意义的，能够全身心投入工作且从中获得乐趣，这种全身心投入的状态能帮助其建立起内在的积极关注幼儿发展的倾向，且不断提升的专业素质使其有能力为陷入困境的幼儿提供有效支持，激励性评价水平也会随之上升。

中介效应检验结果表明，职业承诺在职业倦怠对当下、半年后激励性评价的预测过程中均起到负向中介作用。这说明，职业倦怠是通过影响幼儿教师的职业承诺来影响其激励性评价水平的。当幼儿教师的职业倦怠感加重时，幼儿教师职业承诺的发展受到限制，于是就会导致其在教育实践过程中积极反馈减少，激励性评价水平下降。因此，本研究假设二成立。

（2）情感承诺（职业承诺）在职业倦怠与激励性评价间存在负向中介作用

情感承诺在职业倦怠的情感枯竭、去个性化维度与激励性评价的正向肯定维度之间存在负向中介作用。这说明，幼儿教师的情感枯竭、去个性化会导致他们对工作的情感承诺下降，进而减少对幼儿采取的正向肯定行为，忽视幼儿的表现、减少与幼儿的互动，更难给予幼儿充分的具体肯定；幼儿教师采取正向肯定行为的倾向与其内部情感体验存在密切关系，幼儿教师若因工作负荷过重等原因导致自身情绪资源严重损耗，对待周围个体冷漠和逃避的态度会对其对教育事业的热爱和认同感产生消极影响，在日常评价中正向肯定的激励性评价行为也会减少。

---

① 王钢. 幼儿教师职业幸福感的特点及其与职业承诺的关系 [J]. 心理发展与教育, 2013, 29 (6)：616-624.

② 魏淑华. 教师职业认同研究 [D]. 重庆：西南大学, 2008.

③ 谢蓉, 曾向阳. 幼儿教师职业倦怠的缓解与职业幸福感的提升 [J]. 学前教育研究, 2011 (6)：67-69.

④ 梁九清, 关金凤. 幼儿教师心理健康与专业成长 [J]. 课程教育研究, 2019 (44)：230-231.

情感承诺在职业倦怠的情感枯竭、去个性化、低成就感维度与激励性评价的负向化解维度之间存在负向中介作用。这说明，幼儿教师负向化解不仅像正向肯定一样会受到情感枯竭和去个性化的消极影响，还会受到自身低成就感水平的影响。负向化解行为要求教师在日常评价中对幼儿的发展状态有良好的教育性理解，并结合自己的理解为陷入问题情境的幼儿提供发展性支持，搭建支架、对幼儿进行引导。教师在这个过程中不仅需要有足够专业的知识与经验，同时还要相信自己采取的措施是有效的。教师严重的情绪资源损耗和去个性化导致消极的师幼互动，加之低成就感不断加重，教师就会更倾向于消极地评价工作的价值和意义，降低对教育事业的热爱和认同，于是在日常评价中面对陷入问题情境的幼儿可能会怀疑自己的专业能力，回避遇到的问题，采用负向化解的激励性评价行为的积极性也随之下降。[①]

（3）规范承诺（职业承诺）在职业倦怠与激励性评价间存在负向中介作用

规范承诺在职业倦怠的情感枯竭、去个性化、低成就感维度与激励性评价的正向肯定维度之间存在负向中介作用，即职业倦怠会通过降低幼儿教师的规范承诺对其正向肯定行为产生消极影响。这可能是因为，幼儿教师如果存在较高的职业倦怠感，会导致其工作热情丧失，消极对待人际关系，自我成就感下降，进而使其对所从事的教育事业的义务感和责任感下降，职业道德的约束力减弱，于是教师在日常评价中主动积极关心、肯定幼儿的倾向也受到消极影响，导致正向肯定的激励性评价行为减少。

规范承诺在职业倦怠的情感枯竭、去个性化、低成就感维度与激励性评价的负向化解维度之间存在负向中介作用，即职业倦怠会通过降低幼儿教师的规范承诺对其负向化解行为产生消极影响。王中力的激励理论提出，激励被视为一个有生命力的过程，是激励者通过"实践——认识——再实践——再认识"（"刺激——反应——再刺激——再反应"）这样不断循环往复的过程，不断地使激励萌发、生长、实验、受挫、成熟、消亡或重组、再造。[②]

---

① 王莉，王俊刚. 教师职业倦怠与应对 [M]. 北京：中国文联出版社，2007.
② 同①。

可见对陷入问题情境的幼儿进行化解，是一个不断循环与发展的过程，不仅需要幼儿教师有专业知识与能力作为基础，对教育本身的义务感和责任感也是一个重要因素。规范承诺是幼儿教师职业道德建设的前提与基础，更是其专业成长的起点；幼儿教师的职业倦怠感上升时，义务感和责任感下降，职业道德的约束力减弱，规范承诺下降，专业成长也会受到消极影响，负向化解行为也就随之减少。

（4）继续承诺（职业承诺）在职业倦怠与激励性评价间的中介作用不显著

本研究发现，继续承诺在幼儿教师职业倦怠与激励性评价之间的中介作用不显著。这可能是由于高继续承诺的幼儿教师大多是为了避免损失当下福利或因缺少就业机会而选择留在自己的岗位，而高水平的专业能力并非其职业发展的重点。因此，继续承诺不会在职业倦怠与激励性评价间产生显著的中介作用。

总体而言，幼儿教师的高职业倦怠会导致其职业承诺水平降低，进而给激励性评价水平带来消极影响，符合本研究假设。但值得注意的是，本研究发现，幼儿教师的情感枯竭不会直接给激励性评价带来消极影响，但是会通过降低幼儿教师对职业的热爱对激励性评价产生消极影响，这说明导致幼儿教师情感枯竭的原因可能更多来自其他案头工作、检查工作等。另外，值得注意的是，因福利待遇等因素选择留在岗位的教师继续承诺水平较高，容易导致其缺乏对教师事业的认可和热爱，这对其自身专业成长、幼儿园教学质量以及幼儿教师队伍建设等都可能造成负面影响。

（二）研究结论

本研究通过问卷法对幼儿教师的职业倦怠、职业承诺、激励性评价三变量进行追踪研究，探讨三者之间存在的关系，得出了以下结论。

1. 幼儿教师的职业倦怠随时间变化的表现比较稳定，职业承诺和激励性评价随时间变化的表现也基本稳定。具体而言，T1、T2 两个时间点上职业倦怠与职业承诺、激励性评价匹配后的相关分析结果表明，职业倦怠、职业承诺、激励性评价及各维度之间各自存在显著正相关，且情感枯竭、去个性化、情感承诺、规范承诺、继续承诺、负向化解在 T1、T2 两个时间点的得分间不存在显著差异。

2. 幼儿教师的职业倦怠与职业承诺、激励性评价之间均存在显著负相关，且这种负相关关系在 T1、T2 两次测量中都表现稳定。具体而言，T1、T2 两次测量中都得出了以下结论：情感枯竭、去个性化及低成就感（职业倦怠三维度）与情感承诺、规范承诺、正向肯定、负向化解之间存在显著负相关；情感枯竭、去个性化与继续承诺之间存在显著正相关；情感承诺、规范承诺与正向肯定、负向化解之间存在显著正相关。

3. 幼儿教师的情感枯竭、去个性化及低成就感（职业倦怠三维度）与半年后的情感承诺、规范承诺、正向肯定、负向化解之间存在显著负相关；去个性化与半年后的继续承诺之间存在显著正相关。另外，情感承诺、规范承诺与半年后的正向肯定、负向化解之间存在显著正相关。

4. 幼儿教师的职业倦怠（T1）对当下的激励性评价（T1）有显著负向预测作用，对半年后的激励性评价（T2）同样具有显著负向预测作用，表明职业倦怠对激励性评价具有持久稳定的负向预测作用。具体到各维度可见，去个性化、低成就感显著负向预测半年后的正向肯定，且低成就感显著负向预测半年后的负向化解。

5. 幼儿教师的职业倦怠（T1）显著负向预测当下的职业承诺（T1），且职业承诺（T1）显著正向预测当下的激励性评价（T1）、显著正向预测半年后的激励性评价（T2）；职业承诺（T1）在职业倦怠（T1）与激励性评价（T1）之间存在显著负向中介作用，且职业承诺（T1）在职业倦怠（T1）与激励性评价（T2）之间依旧存在显著负向中介作用。

6. 情感承诺在情感枯竭、去个性化与半年后的正向肯定之间存在显著负向中介作用。

7. 情感承诺在情感枯竭、去个性化、低成就感与半年后的负向化解之间存在显著负向中介作用。

8. 规范承诺在情感枯竭、去个性化、低成就感与半年后的正向肯定之间存在显著负向中介作用。

9. 规范承诺在情感枯竭、去个性化、低成就感与半年后的负向化解之间存在显著负向中介作用。

（三）建议

1. 政府管理系统的调整：引导社会舆论

本研究发现，尽管幼儿教师在工作中需要投入大量情感，但由于教育对象的特殊性，幼儿教师的情绪资源能够在一定程度上得到良好的再生；而不合理的教师管理和评价体制、过多教学以外的工作、社会对幼儿教师的低期望和低评价等原因依旧会导致幼儿教师表现出较高水平的职业倦怠；幼儿教师"不一致感"体验上升，其职业理想与现实的差距、应然与实然的偏差会更进一步对幼儿教师的职业承诺、教学水平带来负面影响。

作为幼儿教师管理规范的制定者，相关部门应该为降低幼儿教师职业倦怠采取以下措施。首先，应进一步优化幼儿园、幼儿教师管理与评价标准，简化流程，减少不必要的检查，减轻幼儿教师的工作负担；其次，应建立起良好的社会支持系统，适当地对社会舆论进行引导和调控，倡导尊师重教的社会风尚，形成公共信任、支援的氛围，引导家长与社会大众对幼儿教师建立合理的期待，提升对幼儿教师的认同感。这一方面能缓解幼儿教师情感枯竭水平过高的现状，另一方面幼儿教师在较高的社会期待下也会不断地促进自身的专业成长，提升自尊感，对幼儿教师职业的认同、归属感也会有所提升。另外，由于大部分幼儿教师是在接受全日制教育后直接进入幼儿园任职，而工作环境又相对封闭，比较缺乏社会化内容的学习，教育部门应重视幼儿教师在职培训的开展，丰富幼儿教师的社会体验，如通过加强幼儿园与周边社区、家庭的联系来丰富幼儿教师的社会体验。[①]

2. 幼儿园管理支持系统的调整：优化教师队伍管理和建设

幼儿园方面应实现教师智慧管理。合理安排幼儿教师工作内容，使日常教学和管理合乎规律，让职业倦怠水平比较高的教师更多地感受到来自领导、同事的支持与关怀，形成良好的组织氛围，提升教师对组织的归属感，对教

---

① 刘淑兰. 论教师的社会性不足及其补救 [J]. 教师教育研究，2007（6）：19-23.

师职业的认同感，获得提升职业道德约束和自身专业成长的内部动力，驱动幼儿教师成长为智慧型教师，提升激励性评价水平。

幼儿园应为提高教师社会性加强教师共同体的建设。一方面，要促进教师相互合作，实现优势互补，帮助新教师和熟手教师都获得更进一步的发展，朝专家型教师转化；另一方面，要让每一名教师成员在共同体中找到自己的位置，积极参与共同体建设并为彼此提供关心和帮助，成为整体的一部分，提升教师的自我价值感和共同体意识，从人际关系中收获幸福感，促进教师的继续社会化。另外，要定期为教师团体开展有效的咨询活动，维护教师心理健康，帮助他们缓解职业倦怠、提升职业承诺。

3. 教师自身思维及情绪的调整：促进自身专业成长，树立崇高职业理想

"十年树木，百年树人"，教师的劳动具有长期性，从"生存"阶段向"发展""享受"阶段的过渡间容易出现职业倦怠，易出现自身情绪资源消耗、消极人际关系以及难以获得成就感等问题。

首先，教师需要有认真审视自我世界观的能力，认识到职业倦怠对自身专业发展造成的消极影响，鼓励自己向前发展，获得改变自我和超越自我的勇气。个体陷入悲观往往是因为其对以往经验的消极解读，导致自己陷入悲观的思维方式和不健康的身心状态，固步自封地认为自己被周围的人、社会疏远而感受到孤独，甚至怀疑自我的专业能力而深陷自卑感、劣等感中。[1][2]

其次，幼儿教师需要在工作中寻找能让自己感觉愉快的契合点，认识到幼儿教师这一职业的内在价值，增强对职业的认可度，将教师职业当作自己的事业去经营，并激励自身向教育研究者、反思者转型，不断反思自己的教学行为，争取进修机会，主动投身教育改革，跟上教育发展的步伐，树立正确的职业价值观，调整原有心态，为自身应对外界变化提供内部动力，努力成为一名有思想、有见解、有阅历的专家型教师。另外，幼儿教师在日常工作与生活中，要以平和心态和积极态度面对工作和生活。面对工作、生活中

---

[1] 岸见一郎，古贺史健. 被讨厌的勇气："自我启发之父"阿德勒的哲学课 [M]. 梁海霞，译. 北京：机械工业出版社，2015.

[2] 阿德勒. 自卑与超越 [M]. 徐姗，译. 北京：民主与建设出版社，2016.

的矛盾和挑战，教师要有良好的心理调适能力，脱离消极悲观的固定思维，控制和调整自身的情绪，积极地与周围的人进行沟通，主动拓展社交、获得社会支持；面对教育实践过程中出现的矛盾、冲突，保持宽容、平和的心态能有效地防止事态进一步发展。

最后，幼儿教师应注意在生活方面保持合理的饮食、锻炼，培养自身的兴趣爱好，不断提高自身的修养，感受人生的价值，形成积极向上的人生态度。

第五章 幼儿教师激励性评价干预培训对师幼互动质量的影响

　　学前教育质量指的是"教育活动是否满足幼儿身心健康发展的需要及其满足幼儿身心健康发展需要的程度"①。随着各个国家对学前教育质量开展相关研究，研究人员发现评估学前教育质量的最核心要素是师幼互动质量，而不是师幼比、教师学历、课程等因素。因此，师幼互动质量成为研究重点。我国的《幼儿园教育指导纲要（试行）》也提出关于师幼互动的教育理念，提倡幼儿园教师要成为幼儿学习活动的支持者、合作者、引导者，应关注幼儿在活动中的表现和反应，敏感地察觉他们的需要，及时以适当的方式应答，形成合作探究式的互动。② 师幼互动能够从幼儿园一日生活的方方面面来影响幼儿的成长、发展，高质量的师幼互动能够促进幼儿语言、认知及情绪情感等方面的发展，甚至可以影响幼儿未来的学业成就。此外，在师幼互动的过程中，教师和幼儿都能促进自身的发展。一方面，师幼互动能够使幼儿增长知识，促进幼儿自身水平的提升；另一方面，师幼互动使教师能够积累经验，通过持续的实践反思促进自身专业水平的发展，并逐渐转变教育观念、变换视角、走近幼儿，进而改变自身的教育行为，在与幼儿的互动中始终坚持"以幼儿为中心"。

---

① 刘霞. 托幼机构教育质量评价概念辨析 [J]. 学前教育研究，2004（5）：5-7.
② 教育部基础教育司.《幼儿园教育指导纲要（试行）》解读 [M]. 南京：江苏教育出版社，2002.

一、问题提出

（一）师幼互动质量是学前教育质量的核心要素

　　学前教育质量由结构性质量和过程性质量构成[1]，结构性质量相对稳定，容易规范和控制；而过程性质量包括师幼互动、同伴互动、课程、家长参与等[2]，评估起来比较复杂。李克建等人对浙江省 178 个班级进行质量测评，并对 1012 名学前儿童发展状况进行评估，发现只有"教学与互动"能够有效预测学前儿童语言、数学及社会认知的发展[3]。这表明，相对于结构性质量，过程性质量中的师幼互动对儿童的发展具有更加重要的影响[4]。研究还发现，结构性质量对学前教育质量的影响，需要通过师幼互动质量来转化[5]。因此，与学前儿童发展有密切而重要联系的师幼互动质量，是学前教育质量的核心要素[6]。

　　目前，我国的学前教育质量已经得到了较大提升，其中主要是结构性质量的提升，而过程性质量中的师幼互动质量仍普遍不高。韩春红通过对上海市二级幼儿园的师幼互动质量进行评估发现，二级幼儿园的师幼互动质量得分为中等水平[7]。胡碧颖等人对广东省和浙江省幼儿园的师幼互动质量进行测评发现，班级管理领域及教学支持领域的质量得分为中等或中等偏低水

①　黄晓婷，宋映泉. 学前教育的质量与表现性评价：以幼儿园过程性质量评价为例［J］. 北京大学教育评论，2013，11（1）：2-10+189.

②　LI K J, HU B Y, PAN Y, et al. Chinese Early Childhood Environment Rating Scale（trial）（CEC-ERS）：a validity study［J］. Early childhood research quarterly, 2014, 29（3）：268-282.

③　LI K J, PAN Y, HU B Y, et al. Early childhood quality and child outcomes in China：evidence from Zhejiang province［J］. Early childhood research quarterly, 2016, 36：427-438.

④　宋爱芬，盖笑松. 师幼互动质量干预课程设计及其实施效果［J］. 学前教育研究，2019（5）：3-14.

⑤　同①.

⑥　王双，胡碧颖，范息涛，等. 双因子模型下的幼儿园师幼互动研究［J］. 教师教育研究，2019，31（6）：56-63.

⑦　韩春红. 上海市二级幼儿园师幼互动质量研究［D］. 上海：华东师范大学，2015.

平。① 罗妹、李克建对全国 428 个班级的师幼互动质量进行评估后发现，情感支持、班级管理和教学支持三个领域的师幼互动质量得分均为中等且偏低水平。② 因此，提高幼儿教师的师幼互动质量是发展我国学前教育质量的关键。

幼儿早期的学习经验来自与教师和同伴的互动过程。③ 幼儿在与教师的互动中会积累经验，而这些经验对幼儿的发展具有持续的影响，因此师幼互动质量可以持续有效地预测幼儿的发展。④ 高质量的师幼互动能够发展幼儿的语言和读写能力。⑤ 此外，师幼互动中教学支持领域的质量还与幼儿的数学能力具有相关性，即教学支持领域的质量越高，幼儿的数学能力发展就越好，幼儿的任务回避行为也越少。⑥ 此外，师幼互动质量还可以弥补处于弱势群体地位的幼儿的发展，高质量的师幼互动能够使来自不利家庭背景的幼儿的入学准备状态在入小学前得到加强。⑦ 可见，越来越多的研究得出，早期学习环境中高质量的师幼互动是促进幼儿学习和发展的关键因素。⑧

① HU B Y, TEO T, NIE Y Y, et al. Classroom quality and Chinese preschool children's approaches to learning [J]. Learning & individual differences, 2017, 54：51-59.

② 罗妹，李克建. 基于全国 428 个班级样本的学前教育质量城乡差距透视 [J]. 学前教育研究，2017 (6)：13-20.

③ HAMRE B K, PIANTA R C. Learning opportunities in preschool and early elementary classrooms [M] // PIANTA R C, COX M J, SNOW K L. School readiness and the transition to kindergarten in the era of accountability. Baltimore, MD：Brookes, 2007：49-83.

④ BURCHINAL M, KAINZ K, CAI Y. How well do our measures of quality predict child outcomes? A meta-analysis and coordinated analysis of data from large-scale studies of early childhood settings [M] // ZASLOW M, MARTINEZ-BECK I, TOUJ K, et al. Quality measurement in early childhood settings. Baltimore, MD：Brookes, 2011：11-31.

⑤ SABOL T J, PIANTA R C. Validating Virginia's quality rating and improvement system among state-funded pre-kindergarten programs. Early childhood research quarterly, 2015, 30 (B)：183-198.

⑥ PAKARINEN E, LERKKANEN M K, POIKKEUS A M, et al. A validation of the Classroom Assessment Scoring System in Finnish kindergartens [J]. Early education and development, 2010, 21 (1)：95-124.

⑦ HAMRE B K, PIANTA R C, BURCHINAL M, et al. A course on effective teacher-child interactions：effects on teacher beliefs, knowledge, and observed practice [J]. American educational research journal, 2012, 49 (1)：88-123.

⑧ HU B Y, FAN X T, WU Y, et al. Contributions of teacher-child interaction quality to Chinese children's development in the early childhood years [J]. Early Education and Development, 2019, 30 (2)：159-177.

上述的研究结果表明，高质量的师幼互动能够促进幼儿语言、认知、学业成就等方面的发展。因而，研究师幼互动质量对于幼儿的发展具有重要的价值。

（二）有效的培训能促进师幼互动质量的提升

教师是师幼互动中的关键因素，研究教师特征（如学历、教育背景、工作经验等）能否影响师幼互动质量具有重要意义。大多数研究者认为，教师特征并不能显著影响师幼互动质量。皮安塔（Pianta）等研究发现，教师的教育背景及工作经验并不能影响师幼互动质量。[①] 厄尔利（Early）等的研究结果表明，教师的教育背景、专业、有无本科学历等因素不能影响师幼互动质量及幼儿的学业成绩。[②] 然而，迪金森（Dickinson）等指出，教师接受师幼互动知识的相关培训会改变教师的师幼互动质量，他们对 3 名教师进行教学互动方面的训练后，发现其师幼互动质量均有所提升。[③] 哈姆雷（Hamre）等邀请 220 名教师参加为期 14 周的有效师幼互动课程，并调查师幼互动培训对教师信念、知识和观察行为的影响。研究发现，参与该课程的教师比对照组的教师对儿童有更好的情感支持和教学支持。[④] 斯皮尔特（Spilt）等考察了一项关注师幼互动效果的项目。该项目旨在提高教师的教育敏感性，要求教师描述自己与幼儿之间的关系，并反思自己的表达与实际观察到的互动之

---

① PIANTA R C, HOWES C, BURCHINAL M, et al. Features of pre-kindergarten programs, classrooms, and teachers: do they predict observed classroom quality and child-teacher interactions? [J]. Applied developmental science, 2005, 9 (3): 144-159.

② EARLY D M, BRYANT D M, PIANTA R C, et al. Are teachers' education, major, and credentials related to classroom quality and children's academic gains in pre-kindergarten? [J]. Early childhood research quarterly, 2006, 21 (2): 174-195.

③ DICKINSON D K, DARROW C, NGO S M, et al. Changing classroom conversations [M] // BARBARIN O A, WASIK B H. Handbook of child development and early education: research to practice. New York: The Guilford Press, 2009: 328.

④ HAMRE B K, PIANTA R C, BURCHINAL M, et al. A course on effective teacher-child interactions: effects on teacher beliefs, knowledge, and observed practice [J]. American educational research journal, 2012, 49 (1): 88-123.

间的差异；经过干预后，发现教师的教育敏感性得到了提高。①

基于以上研究可见，教师特征（如学历、教育背景、工作经验等）并不是影响师幼互动质量的直接因素，而通过一系列旨在提高教师专业水平和师幼互动质量的培训，我们能够帮助教师形成正确的师幼关系，掌握师幼互动的方法，从而为师幼互动质量的提升提供有力的支持。

（三）激励性评价是师幼互动的重要环节

《幼儿园教师专业标准（试行）》在"激励与评价"领域中提出：幼儿教师应关注幼儿日常表现，及时发现和赏识每名幼儿的点滴进步，注重激发和保护幼儿的积极性、自信心；有效运用观察、谈话、家园联系、作品分析等多种方法，客观地、全面地了解和评价幼儿。② 教师的评价行为与幼儿的自我认识发展具有相关性，幼儿积极自我评价行为的发生源于教师对他们的正向评价，而教师对幼儿的负面评价会导致幼儿对自我的消极认识。③

激励性评价是幼儿教师着眼于幼儿活动动机的激发和自信心的提升，关注幼儿的心理感受和生存状态，具体肯定和鼓励幼儿的创造与进步，不断化解幼儿成长中的危机，善于发现幼儿的闪光点，帮助幼儿去除负面标签，从促进幼儿积极自我评价的角度塑造幼儿积极的自我意识和个性，进而推动幼儿健康、全面地发展。④ 激励性评价具有积极、使人自信、激发内在动机、强调过程、指向发展等特点，常以教师的具体肯定、化解、去标签等形式出现在幼儿园生活中。⑤ 激励性评价就是师幼互动的反馈环节，对于幼儿来说，他们的心理发展仍然延续着婴儿期的一些特征，其自我评价尚未超越依从性、被动性、权威性，基本上就是沿用身边"重要他人"对他们的评价，或者高

---

① SPILT J L, KOOMEN H M Y, THIJS J T, et al. Supporting teachers' relationships with disruptive children: the potential of relationship-focused reflection [J]. Attachment & human development, 2012, 14 (3): 305-318.

② 教育部教师工作司. 幼儿园教师专业标准（试行）解读 [M]. 北京：北京师范大学出版社, 2013.

③ 叶平枝. 幼儿教师日常教学评价行为的现状及存在的问题 [J]. 学前教育研究, 2010 (6): 19-24.

④ 叶平枝. 照亮当下 照进未来 [J]. 学前教育, 2019 (9): 19-21.

⑤ 同④。

度认可教师的权威。因此，幼儿教师应多采用正向的评价方式，师幼之间的语言交流越多，惩罚和批评越少，师幼关系就越好，教师就会表现出对幼儿更多的关注和更友好的态度。[①] 此外，教师对幼儿的评价行为体现出教育的智慧性与互动性，正向的评价行为能使幼儿产生愉快的情绪、建立良好的师幼关系，促进积极师幼互动行为的发生。[②]

基于以上研究可见，激励性评价作为师幼互动的反馈环节，是对幼儿行为的肯定和鼓励。幼儿教师的激励性评价行为将使幼儿产生积极的情感，增进师幼间的和谐关系，从而提高师幼互动质量。

（四） 基于 CLASS 课堂互动评估系统的师幼互动质量研究

近年来，随着学前教育质量研究的飞速发展，相应地，一系列评估师幼互动质量的工具也被纷纷研究出来。而 CLASS（Classroom Assessment Scoring System）课堂互动评估系统（以下简称"CLASS 系统"）的出现，极大地满足了对师幼互动质量评估的强烈需求。它作为最新的师幼互动质量评估工具，具有较高的权威性。有研究者采用这一工具，研究了美国 846 个托幼机构的师幼互动质量。结果表明，其师幼互动质量得分最高的领域是情感支持领域，得分为中等偏上水平；班级管理领域的质量得分次之，但同样为中等偏上水平；而得分最低的是教学支持领域。[③] 近几年，国内对师幼互动质量的评估也多以 CLASS 系统为工具。根据目前我国已有的师幼互动质量研究得出结论，我国的师幼互动质量在情感支持领域得分最高，班级管理领域得分为中等水平，教学支持领域得分偏低。[④⑤⑥]

CLASS 系统建立在儿童发展理论以及大量关于有效教学原则与教学策

---

① 周欣. 托幼机构教育质量的内涵及其对儿童发展的影响 [J]. 学前教育研究，2003（Z1）：34-38.

② 周玲. 幼儿园集体教学活动中教师回应行为的研究 [D]. 长沙：湖南师范大学，2010.

③ HAMRE B K, PIANTA R C, MASHBURN A J, et al. Building a science of classrooms：application of the CLASS framework in over 4, 000 US early childhood and elementary classrooms [Z]. [s. l.]：[s. n.]，2007.

④ 韩春红. 上海市二级幼儿园师幼互动质量研究 [D]. 上海：华东师范大学，2015.

⑤ 刘畅. 两种教育情境下的师幼互动研究 [D]. 上海：华东师范大学，2012.

⑥ 张文洁. 新疆双语幼儿园托幼互动质量研究 [D]. 上海：华东师范大学，2013.

略、高质量课堂互动的特点和儿童学业成就的实证研究的基础上，聚焦于师幼之间的互动。4000多个课堂里的运用证明了 CLASS 系统具有较高的信效度，且适用于评估我国幼儿教师的师幼互动质量。因此，本研究采用 CLASS 系统作为测量和评估幼儿教师的师幼互动质量的工具。

通过对激励性评价与师幼互动关系的文献梳理可见，为教师提供一系列旨在提升教师专业水平和师幼互动质量的培训，能提高教师的师幼互动质量；教师的激励性评价行为能使幼儿感受到被接纳与认可，进而产生积极的师幼关系。因此，本研究根据拟定的激励性评价干预培训方案对幼儿教师进行培训，使用 CLASS 系统评估干预前后的师幼互动质量，以探究幼儿教师激励性评价干预培训对师幼互动质量的影响。

二、研究设计

（一）研究问题

本研究根据激励性评价干预培训方案，对幼儿教师进行激励性评价干预追踪研究（从小班追踪到大班），使用 CLASS 系统评估实验组与对照组教师的师幼互动质量，每学年评估一次，通过比较实验组与对照组教师的师幼互动质量得分、干预前后实验组教师的师幼互动质量得分，验证干预方案的有效性。

本研究的具体问题：

1. 激励性评价干预培训能否提高幼儿教师的师幼互动质量？

2. 师幼互动质量是否在三次测量时间之间存在差异？

（二）研究假设

假设一：激励性评价干预培训有效，干预后实验组教师的师幼互动质量得分显著高于对照组教师的师幼互动质量得分。

假设二：不同测量时间的师幼互动质量有显著差异，第一次测量（小班）的师幼互动质量最低，第三次测量（大班）的师幼互动质量最高。

（三）研究对象

本研究于 2017 年 8 月选取广州市一所省一级幼儿园的 9 个小班进行激励性评价干预追踪研究，采用随机取样的方法将其中 4 个班划定为实验班，另外 5 个班划定为对照班；将主副班教师按照教育背景、工作经验、学历等特征进行匹配后，18 名教师分别进入实验班和对照班，即实验组教师 8 名，对照组教师 10 名。实验组教师与对照组教师的教龄均在 5 年以上，教育背景、工作经验及学历等特征均无显著差异。

（四）研究方法

本研究采用录像观察法和教育实验法进行研究：根据 CLASS 系统观察记录表，对干预前后幼儿教师半日活动的师幼互动视频进行观察；使用教育实验法，根据激励性评价干预培训方案对实验组教师进行系统培训，并考察幼儿教师激励性评价行为对师幼互动质量的影响。

1. 研究程序

（1）师幼互动质量前测

以 CLASS 系统为工具评估 18 名幼儿教师小班半日活动的师幼互动质量，作为两组幼儿教师的师幼互动质量前测数据，并在两组教师师幼互动质量的各个维度均无显著差异的前提下，对实验组教师进行激励性评价干预培训。

（2）激励性评价干预培训

对实验组教师采用拟定的激励性评价干预培训方案进行为期两年的干预培训，培训课程共 20 节，以现场讲座为主，网络课程为辅，每节课时长为 2 课时，共 40 课时，并要求实验组教师每学期提交 3 篇以上的激励性评价案例及实践反思。对照组教师按照常规进行教学。

（3）师幼互动质量后测

对实验组 8 名幼儿教师进行激励性评价干预培训期间，仍使用 CLASS 系统评估两组幼儿教师的师幼互动质量，相邻两次评估间隔一年。其中，对两组教师的师幼互动质量，在中班学年初进行一次评估，作为后测 1 的师幼互动质量数据；在大班学年初且对实验组教师完成激励性评价干预培训后，进行最后一次两组教师的师幼互动质量评估，作为后测 2 的师幼互动质量数据。

2. 实验设计

（1）本研究为实验组和对照组前后测设计。首先对实验组与对照组教师在前测、后测 1、后测 2 的师幼互动质量数据进行独立样本 t 检验及差异分析，比较两组教师的师幼互动质量在总分、3 大领域以及 10 个维度上有无显著差异。

（2）为探究激励性评价干预培训是否有效及其所起的作用是否受时间这一因素的影响，以测量时间（第一次小班、第二次中班、第三次大班）为被试内变量，实验分组（实验组和对照组）为被试间变量，师幼互动质量得分为因变量，进行 2×3 的重量测量方差分析。

（3）最后，为清楚比较在不同测量时间两组教师的师幼互动质量得分的变化及两组教师的前后测得分变化，进行简单效应检验和多重比较。

（五）激励性评价干预培训方案

1. 干预培训目标

为了使幼儿教师更好地促进幼儿发展，关注幼儿的心理感受和生存状态，具体肯定和鼓励幼儿的创造与进步，不断化解幼儿成长中的危机，善于发现幼儿的闪光点，帮助幼儿去除负面标签，帮助幼儿塑造积极的自我意识和个性，进而推动幼儿健康、全面地发展，本研究的专家团队根据激励性评价干预培训方案对教师进行培训。干预培训围绕激励性评价的理论、特点、策略等培训内容，为教师提供专业支持，使教师得到专业发展；运用专家引领、实践反思、同伴互助、长期培训等培训方式，帮助教师掌握激励性评价知识，从而改善教师的激励性评价行为，进而提高师幼互动质量，促进幼儿健康全面发展（见图 5-1）。

2. 干预培训内容和方式

该干预培训方案围绕激励性评价设计一系列相关课程内容，主要包括以下几个方面：

（1）激励性评价的理论基础、概念、原理、特点；

（2）激励性评价的现状、对儿童发展的影响；

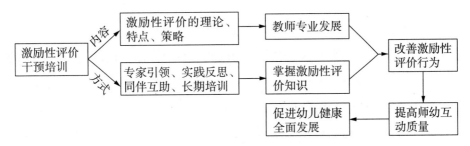

图 5-1 激励性评价干预培训目标

（3）激励性评价的 3 种策略——具体肯定、化解、去标签；

（4）激励性评价的案例讲解及录像分析；

（5）激励的最终目的及高质量师幼互动的要素。

培训课程为期两年，共 20 节，以现场讲座为主，网络课程为辅，每节课时长为 2 课时，共 40 课时。

本研究的培训方式为专家引领、实践反思、同伴互助、长期培训。

首先，本研究采取专家引领的方式对教师进行激励性评价干预培训，为幼儿教师提供激励性评价专业支持。本研究的专家团队，围绕激励性评价的理论、策略、实际运用等内容开展现场及网络培训，以讲解、讨论、共享知识为主，帮助教师掌握激励性评价方面的知识和内容，并通过为教师提供一些激励性评价行为视频，帮助教师识别激励性评价行为，促进教师的专业发展。

其次，教师持续高效的专业发展也需要教师发挥自身的主体作用。[①] 本研究的激励性评价干预培训运用实践反思方式，为教师安排实践任务，要求教师将学习的激励性评价理论知识付诸实际教学工作，并通过撰写激励性评价案例，反思实际教学中自身的激励性评价行为。理论与实践相结合能够激起教师的共鸣，增强教师探索的积极性。

---

① 蔡迎旗，海鹰. 自主学习：幼儿园教师专业发展的现实之需［J］. 学前教育研究，2016（3）：34-40+56.

此外，教师通过同伴互助方式，分享经验、相互学习，共同参与培训。[①]本研究的实验组教师通过共同分析激励性评价录像、点评激励性评价案例，来讨论激励性评价在实际运用中遇到的问题及解决方法，进而在相互之间的讨论中，掌握激励性评价的技能技巧，改善师幼互动行为，取得共同进步。

最后，个体经验的积累需要持续性的学习来实现。[②] 为了有效提升教师的专业性，保证教师能够在日常教学实践中正确运用激励性评价，本研究的实验组教师接受了为期两年的激励性评价干预培训。干预培训将专家引领、实践反思、同伴互助 3 种方式相结合，致力于增加教师的知识，帮助教师全面而深刻地认识激励性评价、掌握激励性评价策略，成为一名具有激励性评价行为的教师，进而形成良好的师幼关系，循序渐进地提升师幼互动质量。

（六）研究工具

本研究以师幼互动质量得分为因变量，使用 CLASS 系统作为评估师幼互动质量的工具。该系统是皮安塔及其团队研发的用来评价课堂（包括集体教学活动、区域活动、进餐活动等各种形式和类型的活动）质量的观察工具。本研究使用的是 CLASS 系统的幼儿版（Pre-K CLASS），由情感支持、班级管理及教学支持 3 大领域构成，每个领域包含 3—4 个维度，而每个维度又包含 4—5 个行为指标，以便帮助观察者准确评估师幼互动的质量。图 5-2 呈现了 CLASS 系统所评价的每一领域和这些领域所包含的具体维度。

CLASS 系统的实施，要求观察者根据该系统的 10 个维度对师幼互动视频进行评分，分值从 1 分（最低）到 7 分（最高），观察者需要完成 4 个观察周期（20 分钟是一个观察周期），并计算每个维度的平均分，以准确反映教师在每个维度的师幼互动质量得分。

---

① HELM R S . The learner in the learning environment: a multiple-case study of nursing students in the hospital clinical setting [D]. Louisville: University of Louisville, 2007.

② CUFFARO H K , CARTWRIGHT S, STRITZEL K, et al. Beginnings workshop. Block play [J]. Child care information exchange, 1995 (103): 35-54.

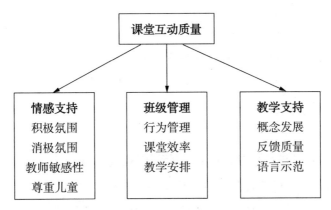

图 5-2 CLASS 系统的领域和维度框架

（七）数据收集与处理

本研究在 2017 年 10 月，由 9 名学前教育专业研究生对 18 名小班教师的半日活动进行视频录制，从早上 8：30 开始，持续到 11：00 结束，作为第一次（前测）的师幼互动视频收集。第二次师幼互动视频录制在 2018 年 10 月，9 名学前教育专业研究生随机对中班实验组与对照组教师进行师幼互动视频录制，作为后测 1 的视频收集。第三次师幼互动视频录制在大班学年初且培训结束后（2019 年 11 月）进行，作为后测 2 的视频收集。

本研究根据 CLASS 系统观察记录表对收集的小、中、大班师幼互动视频进行评分。由于资源有限，只有研究者一人作为评分者。在正式评分前，研究者参加了华东师范大学韩春红老师主持的 CLASS 观察工具培训。为保证评分结果的有效性和客观性，研究者对师幼互动视频进行了 3 次评分，并取 3 次评分的平均值作为最终得分，最后用 SPSS22.0 进行数据分析。

（八）无关变量的控制

1. 实验设计类型是实验组和对照组前后测设计；

2. 选取同一所幼儿园的 9 个小班，将主副班教师按照教育背景、工作经验、学历等特征进行匹配后，18 名教师分别进入实验班和对照班；

3. 实验组教师与对照组教师的教龄均在五年以上，教育背景、工作经验

及学历等特征均无显著差异;

4. 整个研究期间,实验组教师除接受激励性评价干预培训外,其他与对照组教师尽量保持一致,以保证干预效果的客观性。

三、研究结果

(一) 实验组与对照组教师师幼互动质量前测比较

1. 两组教师师幼互动质量前测总体得分比较

从表5-1可见,在对实验组教师进行激励性评价干预培训前,小班两组教师之间的师幼互动质量总体得分没有显著差异。实验组教师师幼互动质量总体得分平均值为4.79分,对照组教师师幼互动质量总体得分平均值为4.75分。CLASS系统的研发团队将师幼互动质量得分分为3个等级,1.00—2.49分为低水平,2.50—5.49分为中水平,5.50—7.00分为高水平。[①] 以此为划分标准,我们可以得出结论:干预培训前测时,小班教师的师幼互动质量得分为中等水平。

表 5-1 两组教师师幼互动质量前测总体得分比较

实验组 ($n_1 = 8$)		对照组 ($n_2 = 10$)		比较结果	
平均值	标准差	平均值	标准差	t	p
4.79	0.44	4.75	0.39	0.190	0.852

2. 两组教师在情感支持领域及其各维度的前测得分比较

从表5-2可见,在激励性评价干预培训前,两组教师在情感支持领域及其积极氛围、消极氛围、教师敏感性、尊重儿童4个维度上的得分均无显著差异。此外,消极氛围维度的得分最高,因为该维度的得分已经转化为正向分数,这表明教师出现消极情感的频率较低。

---

① LA PARO K M, PIANTA R C, STUHLMAN M. The Classroom Assessment Scoring System: findings from the prekindergarten year [J]. The elementary school journal, 2004, 104 (5): 409-426.

表5-2　两组教师在情感支持领域及其各维度的前测得分比较

领域/维度	实验组 ($n_1 = 8$)		对照组 ($n_2 = 10$)		比较结果	
	平均值	标准差	平均值	标准差	t	p
情感支持	5.18	0.45	5.09	0.35	0.484	0.636
积极氛围	4.91	0.50	4.83	0.44	0.361	0.723
消极氛围	6.31	0.32	6.18	0.35	0.863	0.401
教师敏感性	4.63	0.58	4.65	0.44	-0.100	0.922
尊重儿童	4.88	0.52	4.70	0.35	0.819	0.429

3. 两组教师在班级管理领域及其各维度的前测得分比较

从表5-3可见，在激励性评价干预培训前，实验组与对照组教师在班级管理领域及其行为管理、课堂效率、教学安排3个维度上的得分均无显著差异。

表5-3　两组教师在班级管理领域及其各维度的前测得分比较

领域/维度	实验组 ($n_1 = 8$)		对照组 ($n_2 = 10$)		比较结果	
	平均值	标准差	平均值	标准差	t	p
班级管理	4.79	0.45	4.81	0.43	-0.096	0.925
行为管理	4.88	0.63	4.90	0.41	-0.097	0.924
课堂效率	4.81	0.42	4.78	0.52	0.170	0.867
教学安排	4.69	0.53	4.75	0.44	-0.267	0.793

4. 两组教师在教学支持领域及其各维度的前测得分比较

从表5-4可见，在激励性评价干预培训前，实验组与对照组教师在教学支持领域及其概念发展、反馈质量、语言示范3个维度上的得分均无显著差异。此外，相较于情感支持领域及班级管理领域，两组教师在教学支持领域的得分最低。

表5-4 两组教师在教学支持领域及其各维度的前测得分比较

领域/维度	实验组（$n_1 = 8$）		对照组（$n_2 = 10$）		比较结果	
	平均值	标准差	平均值	标准差	t	p
教学支持	4.25	0.44	4.23	0.44	0.063	0.950
概念发展	4.34	0.48	4.40	0.54	−0.233	0.819
反馈质量	4.23	0.36	4.20	0.34	0.150	0.883
语言示范	4.18	0.59	4.10	0.56	0.274	0.788

根据以上分析及图5-3，我们得出结论：在激励性评价干预培训前，两组教师的师幼互动质量得分在各领域及维度上均无显著差异。

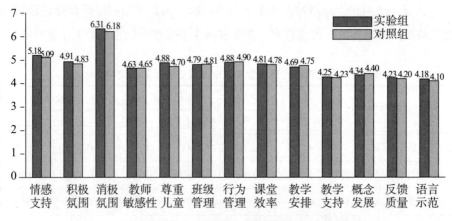

图5-3 两组教师师幼互动质量各领域及维度的前测得分对比

（二）实验组与对照组教师师幼互动质量后测比较

在对实验组教师进行激励性评价干预培训中期，对两组幼儿教师的师幼互动质量进行第二次评估，作为后测1的师幼互动质量得分；在实验组教师完成干预培训后，第三次评估实验组与对照组教师的师幼互动质量，作为后测2的师幼互动质量得分；最后，对两次后测的师幼互动质量得分进行统计分析。

1. 两组教师师幼互动质量后测总体得分比较

从表5-5可见，在实验组教师接受激励性评价干预培训后，实验组与对照组教师在两次后测的师幼互动质量总体得分上均存在显著差异（$p<0.05$）。此外，实验组与对照组教师的两次后测师幼互动质量均有所提升，其中，中班实验组与对照组教师师幼互动质量总体得分分别为 5.29 分和 4.98 分，均为中等水平；大班实验组教师师幼互动质量总体得分为 5.70 分，已达到高质量水平，对照组教师师幼互动质量总体得分为 5.30 分，仍为中等水平。

表 5-5　两组教师师幼互动质量后测总体得分比较

后测 1（中班）				后测 2（大班）			
实验组 （$n_1=8$）	对照组 （$n_2=10$）	比较结果		实验组 （$n_1=8$）	对照组 （$n_2=10$）	比较结果	
平均值 （标准差）	平均值 （标准差）	t	p	平均值 （标准差）	平均值 （标准差）	t	p
5.29 （0.32）	4.98 （0.27）	2.185	0.047	5.70 （0.36）	5.30 （0.36）	2.346	0.033

2. 两组教师在情感支持领域及其各维度的后测得分比较

从表 5-6 可见，两组教师在情感支持领域及其积极氛围、教师敏感性、尊重儿童 3 个维度上的后测得分均存在显著差异（$p<0.05$），在消极氛围维度上的得分不存在显著差异。

表 5-6　两组教师在情感支持领域及其各维度的后测得分比较

领域/维度	后测 1（中班）				后测 2（大班）			
	实验组 （$n_1=8$）	对照组 （$n_2=10$）	比较结果		实验组 （$n_1=8$）	对照组 （$n_2=10$）	比较结果	
	平均值 （标准差）	平均值 （标准差）	t	p	平均值 （标准差）	平均值 （标准差）	t	p
情感支持	5.67 （0.32）	5.30 （0.26）	2.643	0.020	6.15 （0.35）	5.63 （0.31）	3.278	0.005
积极氛围	5.44 （0.40）	5.03 （0.30）	2.444	0.030	5.97 （0.51）	5.38 （0.38）	2.755	0.017

续表

领域/维度	后测1（中班）				后测2（大班）			
	实验组 （$n_1=8$）	对照组 （$n_2=10$）	比较结果		实验组 （$n_1=8$）	对照组 （$n_2=10$）	比较结果	
	平均值 （标准差）	平均值 （标准差）	t	p	平均值 （标准差）	平均值 （标准差）	t	p
消极氛围	6.50 （0.30）	6.33 （0.31）	1.209	0.245	6.88 （0.13）	6.75 （0.24）	1.185	0.234
教师敏感性	5.34 （0.40）	4.93 （0.29）	2.487	0.028	5.84 （0.46）	5.23 （0.32）	3.217	0.007
尊重儿童	5.38 （0.40）	4.90 （0.44）	2.381	0.030	5.91 （0.48）	5.25 （0.47）	2.903	0.011

3. 两组教师在班级管理领域及其各维度的后测得分比较

从表5-7可见，两组教师在班级管理领域及其行为管理、课堂效率、教学安排3个维度上的后测得分均无显著差异。

表5-7 两组教师在班级管理领域及其各维度的后测得分比较

领域/维度	后测1（中班）				后测2（大班）			
	实验组 （$n_1=8$）	对照组 （$n_2=10$）	比较结果		实验组 （$n_1=8$）	对照组 （$n_2=10$）	比较结果	
	平均值 （标准差）	平均值 （标准差）	t	p	平均值 （标准差）	平均值 （标准差）	t	p
班级管理	5.14 （0.34）	4.99 （0.24）	1.061	0.309	5.43 （0.34）	5.25 （0.34）	1.093	0.291
行为管理	5.13 （0.40）	4.95 （0.28）	1.043	0.317	5.53 （0.31）	5.30 （0.45）	1.279	0.219
课堂效率	5.16 （0.33）	4.98 （0.32）	1.180	0.256	5.41 （0.35）	5.25 （0.37）	0.912	0.376
教学安排	5.13 （0.35）	5.03 （0.28）	0.657	0.523	5.34 （0.50）	5.20 （0.33）	0.702	0.497

4. 两组教师在教学支持领域及其各维度的后测得分比较

从表 5-8 可见，在后测 1 时，两组教师在教学支持领域及其语言示范维度上的得分均存在显著差异（$p<0.05$），在反馈质量维度上的得分差异达到边缘显著（$p=0.051$），在概念发展维度上的得分不存在显著差异。在后测 2 时，两组教师在教学支持领域及其语言示范维度上的得分差异达到边缘显著（分别为 $p=0.051$，$p=0.050$），在反馈质量维度上的得分存在显著差异（$p<0.05$），在概念发展维度上的得分仍不存在显著差异。

表 5-8　两组教师在教学支持领域及其各维度的后测得分比较

领域/维度	后测 1（中班）				后测 2（大班）			
	实验组（$n_1=8$）	对照组（$n_2=10$）	比较结果		实验组（$n_1=8$）	对照组（$n_2=10$）	比较结果	
	平均值（标准差）	平均值（标准差）	t	p	平均值（标准差）	平均值（标准差）	t	p
教学支持	4.93（0.38）	4.54（0.33）	2.278	0.039	5.37（0.44）	4.90（0.48）	2.113	0.051
概念发展	4.88（0.44）	4.48（0.39）	1.988	0.066	5.30（0.51）	4.94（0.65）	1.310	0.209
反馈质量	4.94（0.32）	4.63（0.29）	2.130	0.051	5.38（0.40）	4.88（0.44）	2.504	0.024
语言示范	4.98（0.47）	4.52（0.38）	2.216	0.045	5.43（0.52）	4.80（0.56）	2.168	0.050

根据以上分析及图 5-4 和图 5-5，我们得出结论：在激励性评价干预培训后，实验组与对照组教师在两次后测的师幼互动质量总体得分上均存在显著差异。进一步分析两组教师在 CLASS 系统的 3 大领域及 10 个维度上的后测得分发现，两组教师在情感支持领域及其积极氛围、教师敏感性、尊重儿童 3 个维度上的得分均存在显著差异，在消极氛围维度上的得分不存在显著差异；在班级管理领域及其行为管理、课堂效率、教学安排 3 个维度上的得分均不存在显著差异；在教学支持领域及其反馈质量、语言示范维度上的得分均存在显著

（或边缘显著）差异，在概念发展维度上的得分不存在显著差异。

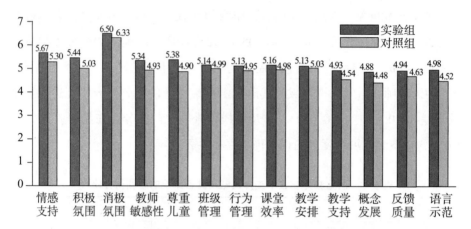

图 5-4 两组教师师幼互动质量后测 2 各领域及维度得分对比

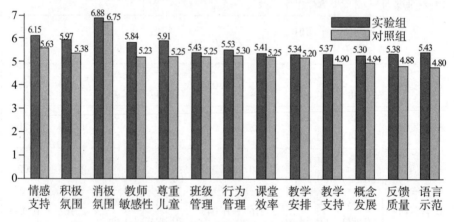

图 5-5 两组教师师幼互动质量后测 1 各领域及维度得分对比

（三）实验组和对照组教师三次师幼互动测量结果比较

为探究激励性评价干预培训是否有效及其所起的作用是否受时间这一因素的影响，本研究以测量时间（第一次小班、第二次中班、第三次大班）为被试内变量，实验分组（实验组和对照组）为被试间变量，师幼互动质量得分为因变量，进行 2×3 的重复测量方差分析；最后，为清楚比较在不同测量时间两组教师师幼互动质量得分的变化及两组教师的前后测得分变化，进行简单效应检验和多重比较。

1. 干预培训对师幼互动质量总体水平的效果

（1）重复测量方差分析结果

实验组与对照组教师在三个测量时间点上师幼互动质量总体得分变化见图5-6。根据表5-9，师幼互动质量总体得分的时间主效应显著（$F = 185.806$，$p<0.001$），说明随着时间的推移教师的师幼互动质量总体水平有显著提升；测量时间与实验分组之间的交互作用显著（$F = 12.370$，$p < 0.001$），表明随着时间的推移，两组教师的师幼互动质量总体水平呈现不同程度的提升；实验分组主效应不显著（$F = 2.323$，$p = 0.147$），说明实验组与对照组教师在师幼互动质量总体得分上不存在显著差异。

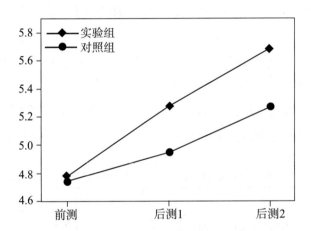

图5-6　两组教师在三个测量时间点上师幼互动质量总体得分变化

表5-9　师幼互动质量总体得分的重复测量方差分析结果

变量	F	p
测量时间（A）	185.806	0.000
A×B	12.370	0.000
实验分组（B）	2.323	0.147

（2）简单效应检验及多重比较结果

为清楚比较在不同测量时间两组教师师幼互动质量总体得分的变化及两组教师的前后测总体得分变化，进行简单效应检验和多重比较。

根据表 5-10 多重比较结果可知，实验组教师在后测 1 的师幼互动质量总体得分高于前测得分（$M_{I-J}=0.50$，$p<0.001$），在后测 2 的师幼互动质量总体得分高于前测得分（$M_{I-J}=0.91$，$p<0.001$），且后测 2 得分也高于后测 1 得分（$M_{I-J}=0.41$，$p<0.001$）；对照组教师在后测 1 的师幼互动质量总体得分高于前测得分（$M_{I-J}=0.23$，$p<0.05$），在后测 2 的师幼互动质量总体得分高于前测得分（$M_{I-J}=0.55$，$p<0.001$），且后测 2 得分也高于后测 1 得分（$M_{I-J}=0.32$，$p<0.001$）。然而，相较于对照组教师的前后测得分差距，实验组教师的前后测得分差距更大，表明激励性评价干预培训能有效提升教师的师幼互动质量总体水平。

比较两组教师在不同测量时间的师幼互动质量总体得分发现，在前测时两组教师的得分之间不存在显著差异（$F=0.037$，$p=0.849$），在后测 1 时实验组教师显著优于对照组教师（$F=5.008$，$p<0.05$），在后测 2 时两组教师之间的水平差异进一步显著增大（$F=5.508$，$p<0.05$），进一步验证干预培训能有效提升教师的师幼互动质量总体水平。此外，对照组教师的师幼互动质量总体得分在三次测量时间之间存在显著差异（$F=37.650$，$p<0.001$）。

表 5-10 师幼互动质量总体得分的简单效应检验及多重比较结果

组别	简单效应检验					多重比较（M_{I-J}）		
	前测	后测 1	后测 2	F	p	后测 1- 前测	后测 2- 前测	后测 2- 后测 1
实验组	4.79	5.29	5.70	211.48	0.000	0.50***	0.91***	0.41***
对照组	4.75	4.98	5.30	37.650	0.000	0.23*	0.55***	0.32***
F	0.037	5.008	5.508					
p	0.849	0.040	0.032					

*$p<0.05$ ***$p<0.001$

2. 干预培训对情感支持领域及其各维度的效果

（1）重复测量方差分析结果

实验组与对照组教师在三个测量时间点上情感支持领域及其积极氛围、消极氛围、教师敏感性、尊重儿童 4 个维度上的得分变化见图 5-7 至图 5-11。

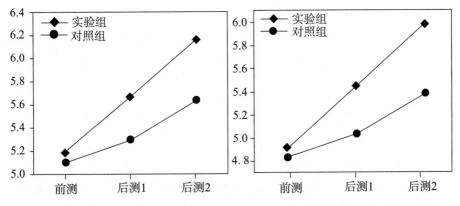

图 5-7　两组情感支持的三次得分变化　　图 5-8　两组积极氛围的三次得分变化

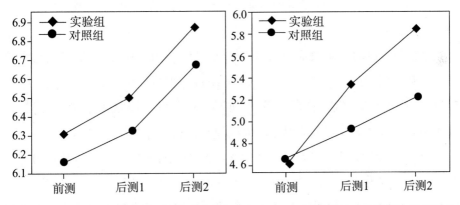

图 5-9　两组消极氛围的三次得分变化　　图 5-10　两组教师敏感性的三次得分变化

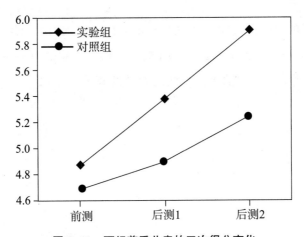

图 5-11　两组尊重儿童的三次得分变化

表 5-11 重复测量方差分析结果显示，情感支持领域的时间主效应显著（$F = 141.440$，$p < 0.001$），说明随着时间的推移教师的情感支持水平有显著提升；测量时间与实验分组之间的交互作用显著（$F = 11.410$，$p < 0.001$），表明随着时间的推移，两组教师的情感支持水平呈现不同程度的提升；实验分组主效应显著（$F = 4.565$，$p < 0.05$），说明实验组教师在情感支持水平上显著优于对照组教师。

进一步对情感支持领域的 4 个维度进行重复测量方差分析，结果表明，积极氛围的时间主效应显著（$F = 46.920$，$p < 0.001$），测量时间与实验分组交互作用显著（$F = 4.861$，$p < 0.05$），实验分组主效应达到边缘显著（$F = 4.307$，$p = 0.054$），说明随着时间的推移，两组教师的积极氛围水平呈现不同程度的提升。

消极氛围的时间主效应显著（$F = 30.579$，$p < 0.001$），测量时间与实验分组交互作用不显著（$F = 0.103$，$p = 0.903$），实验分组主效应不显著（$F = 2.379$，$p = 0.142$），说明随着时间的推移，教师的消极氛围水平显著提升，且实验分组未对消极氛围的得分产生显著影响。

教师敏感性的时间主效应显著（$F = 88.414$，$p < 0.001$），测量时间与实验分组交互作用显著（$F = 11.886$，$p < 0.001$），实验分组主效应不显著（$F = 3.400$，$p = 0.084$），说明随着时间的推移，两组教师的教师敏感性水平呈现不同程度的提升。

尊重儿童的时间主效应显著（$F = 56.881$，$p < 0.001$），测量时间与实验分组交互作用显著（$F = 5.352$，$p < 0.05$），实验分组主效应显著（$F = 5.105$，$p < 0.05$），说明随着时间的推移，两组教师的尊重儿童水平呈现不同程度的提升。

表 5-11　情感支持领域及其各维度的重复测量方差分析结果

领域/维度	变量	F	p
情感支持	测量时间（A）	141.440	0.000
	A×B	11.410	0.000
	实验分组（B）	4.565	0.048
积极氛围	测量时间（A）	46.920	0.000
	A×B	4.861	0.014
	实验分组（B）	4.307	0.054
消极氛围	测量时间（A）	30.579	0.000
	A×B	0.103	0.903
	实验分组（B）	2.379	0.142
教师敏感性	测量时间（A）	88.414	0.000
	A×B	11.886	0.000
	实验分组（B）	3.400	0.084
尊重儿童	测量时间（A）	56.881	0.000
	A×B	5.352	0.010
	实验分组（B）	5.105	0.038

（2）简单效应检验及多重比较结果

为清楚比较不同测量时间两组教师在情感支持领域及其各维度的得分变化及两组教师的前后测得分变化，进行简单效应检验和多重比较。

根据表 5-12 多重比较结果可知，实验组教师在情感支持领域的后测 1 得分高于前测得分（$M_{1-J}=0.49$，$p<0.001$），在情感支持领域的后测 2 得分高于前测得分（$M_{1-J}=0.97$，$p<0.001$），且后测 2 得分也高于后测 1 得分（$M_{1-J}=0.48$，$p<0.001$）；对照组教师在情感支持领域的后测 1 得分高于前测得分（$M_{1-J}=0.21$，$p<0.05$），在情感支持领域的后测 2 得分高于前测得分（$M_{1-J}=0.54$，$p<0.001$），且后测 2 得分也高于后测 1 得分（$M_{1-J}=0.33$，$p<0.001$）。然而，相较于对照组教师的前后测得分差距，实验组教师的前后测得分的差

距更大，说明实验组教师的情感支持水平在教师接受干预培训后获得有效提升。比较两组教师的情感支持水平在不同测量时间的得分发现，在前测时两组教师的得分间不存在显著差异（$F=0.248$，$p>0.05$），在后测 1 时实验组显著优于对照组教师（$F=7.322$，$p<0.05$），在后测 2 时两组教师之间的水平差异进一步显著增大（$F=10.992$，$p<0.01$），进一步验证干预培训对提升情感支持水平的效果较好。此外，对照组教师的情感支持水平在三次测量时间之间存在显著差异（$F=34.717$，$p<0.001$）。

进一步对情感支持领域的 4 个维度进行多重比较和简单效应检验，结果表明，在积极氛围维度上，实验组教师后测 1 的得分高于前测（$M_{1-J}=0.53$，$p<0.01$），后测 2 的得分高于前测（$M_{1-J}=1.06$，$p<0.001$），且后测 2 得分也高于后测 1（$M_{1-J}=0.53$，$p<0.05$）；对照组教师后测 1 的得分高于前测（$M_{1-J}=0.20$，$p<0.05$），后测 2 的得分高于前测（$M_{1-J}=0.55$，$p<0.01$），且后测 2 得分也高于后测 1（$M_{1-J}=0.35$，$p<0.05$）。然而，相较于对照组教师的前后测得分差距，实验组教师的前后测得分差距更大，说明实验组教师的积极氛围水平在教师接受干预培训后获得有效提升。比较两组教师的积极氛围水平在不同测量时间的得分发现，在前测时两组教师的得分之间不存在显著差异（$F=0.134$，$p>0.005$），在后测 1 时实验组显著优于对照组教师（$F=6.368$，$p<0.05$），在后测 2 时两组教师之间的水平差异进一步显著增大（$F=8.124$，$p<0.05$），进一步验证干预培训对提升积极氛围水平的效果较好。此外，对照组教师的积极氛围水平在三次测量时间之间存在显著差异（$F=14.684$，$p<0.001$）。

在消极氛围维度上，实验组教师后测 1 的得分高于前测（$M_{1-J}=0.19$，$p<0.05$），后测 2 的得分高于前测（$M_{1-J}=0.57$，$p<0.01$），且后测 2 得分也高于后测 1（$M_{1-J}=0.38$，$p<0.05$）；对照组教师后测 1 的得分高于前测（$M_{1-J}=0.15$，$p<0.05$），后测 2 的得分高于前测（$M_{1-J}=0.57$，$p<0.001$），且后测 2 得分也高于后测 1（$M_{1-J}=0.42$，$p<0.01$）。然而，实验组教师的前后测得分差距没有明显高于对照组教师的前后测得分差距，说明干预培训未能提升教师的消极氛围水平。比较两组教师的消极氛围水平在不同测量时间的得分

发现，两组教师在前测、后测 1、后测 2 的得分均不存在显著差异，进一步验证干预方案对提升消极氛围水平没有显著作用。此外，对照组教师的消极氛围水平在三次测量时间之间存在显著差异（$F = 14.660$，$p < 0.001$）。

在教师敏感性维度上，实验组教师后测 1 的得分高于前测（$M_{1-J} = 0.72$，$p < 0.001$），后测 2 的得分高于前测（$M_{1-J} = 1.22$，$p < 0.001$），且后测 2 得分也高于后测 1（$M_{1-J} = 0.50$，$p < 0.01$）；对照组教师后测 1 的得分高于前测（$M_{1-J} = 0.28$，$p < 0.05$），后测 2 的得分高于前测（$M_{1-J} = 0.58$，$p < 0.01$），且后测 2 得分也高于后测 1（$M_{1-J} = 0.30$，$p < 0.001$）。然而，相较于对照组教师的前后测得分差距，实验组教师的前后测得分差距更大，说明实验组教师的教师敏感性水平在教师接受干预培训后获得有效提升。比较两组教师的教师敏感性水平在不同测量时间的得分发现，在前测时两组教师的得分之间不存在显著差异（$F = 0.011$，$p > 0.05$），在后测 1 时实验组显著优于对照组教师（$F = 6.656$，$p < 0.05$），在后测 2 时两组教师之间的水平差异进一步显著增大（$F = 11.234$，$p < 0.01$），进一步验证干预方案对提升教师敏感性水平的效果较好。此外，对照组教师敏感性水平在三次测量时间之间存在显著差异（$F = 20.653$，$p < 0.001$）。

在尊重儿童维度上，实验组教师后测 1 的得分高于前测（$M_{1-J} = 0.50$，$p < 0.01$），后测 2 的得分高于前测（$M_{1-J} = 1.03$，$p < 0.001$），且后测 2 得分也高于后测 1（$M_{1-J} = 0.53$，$p < 0.01$）；对照组教师后测 1 的得分高于前测（$M_{1-J} = 0.20$，$p < 0.05$），后测 2 的得分高于前测（$M_{1-J} = 0.55$，$p < 0.01$），且后测 2 得分也高于后测 1（$M_{1-J} = 0.35$，$p < 0.01$）。然而，相较于对照组教师的前后测得分差距，实验组教师的前后测得分差距更大，说明实验组教师的尊重儿童水平在教师接受干预培训后获得有效提升。比较两组教师的尊重儿童水平在不同测量时间的得分发现，在前测时两组教师的得分之间不存在显著差异（$F = 0.732$，$p > 0.05$），在后测 1 时实验组显著优于对照组教师（$F = 5.533$，$p < 0.05$），在后测 2 时两组教师之间的水平差异进一步显著增大（$F = 8.467$，$p < 0.05$），进一步验证干预培训对提升尊重儿童水平的效果较好。此外，对照组教师的尊重儿童水平在三次测量时间之间存在显著差异

（$F=13.500$，$p<0.001$）。

表 5-12　情感支持领域及其各维度的简单效应检验及多重比较结果

领域/维度	组别	简单效应检验					多重比较（M_{1-J}）		
		前测	后测 1	后测 2	F	p	后测 1-前测	后测 2-前测	后测 2-后测 1
情感支持	实验组	5.18	5.67	6.15	140.904	0.000	0.49 ***	0.97 ***	0.48 ***
	对照组	5.09	5.30	5.63	34.717	0.000	0.21 *	0.54 ***	0.33 ***
	F	0.248	7.322	10.992					
	p	0.625	0.016	0.004					
积极氛围	实验组	4.91	5.44	5.97	30.807	0.000	0.53 **	1.06 ***	0.53 *
	对照组	4.83	5.03	5.38	14.684	0.000	0.20 *	0.55 **	0.35 *
	F	0.134	6.368	8.124					
	p	0.719	0.023	0.012					
消极氛围	实验组	6.31	6.50	6.88	16.333	0.000	0.19 *	0.57 **	0.38 *
	对照组	6.18	6.33	6.75	14.660	0.000	0.15 *	0.57 ***	0.42 **
	F	0.727	1.446	4.506					
	p	0.407	0.247	0.067					
教师敏感性	实验组	4.62	5.34	5.84	72.712	0.000	0.72 ***	1.22 ***	0.50 **
	对照组	4.65	4.93	5.23	20.653	0.000	0.28 *	0.58 **	0.30 ***
	F	0.011	6.656	11.234					
	p	0.919	0.020	0.004					
尊重儿童	实验组	4.88	5.38	5.91	55.524	0.000	0.50 **	1.03 ***	0.53 **
	对照组	4.70	4.90	5.25	13.500	0.000	0.20 *	0.55 **	0.35 **
	F	0.732	5.533	8.467					
	p	0.405	0.032	0.010					

* $p<0.05$　　** $p<0.01$　　*** $p<0.01$

3. 干预培训对班级管理领域及其各维度的效果

（1）重复测量方差分析结果

实验组与对照组教师在三个测量时间点上班级管理领域及行为管理、课堂效率、教学安排 3 个维度的得分变化见图 5-12 至图 5-15。

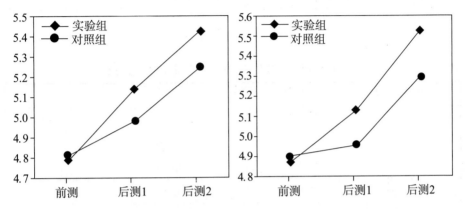

图 5-12　两组班级管理的三次得分变化　图 5-13　两组行为管理的三次得分变化

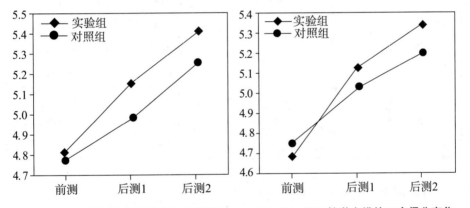

图 5-14　两组课堂效率的三次得分变化　图 5-15　两组教学安排的三次得分变化

表 5-13 重复测量方差分析结果显示，班级管理领域的时间主效应显著（$F=45.362$，$p<0.001$），测量时间与实验分组之间的交互作用不显著（$F=1.790$，$p>0.05$），实验分组主效应不显著（$F=0.414$，$p>0.05$），说明随着时间的推移，教师的班级管理水平显著提升，且实验分组并未对班级管理

领域的得分产生影响。

进一步对班级管理领域的 3 个维度进行重复测量方差分析，结果表明，行为管理、课堂效率及教学安排的时间主效应均显著（$p < 0.001$），测量时间与实验分组之间的交互作用均不显著，实验分组主效应也均不显著，表明随着时间的推移，教师的行为管理、课堂效率及教学安排质量显著提升，且实验分组并未对这 3 个维度的得分产生显著影响。

表 5-13　班级管理领域及其各维度的重复测量方差分析结果

领域/维度	变量	F	p
班级管理	测量时间（A）	45.362	0.000
	A×B	1.790	0.183
	实验分组（B）	0.414	0.529
行为管理	测量时间（A）	21.035	0.000
	A×B	1.288	0.290
	实验分组（B）	0.518	0.482
课堂效率	测量时间（A）	19.663	0.000
	A×B	0.406	0.670
	实验分组（B）	0.620	0.443
教学安排	测量时间（A）	22.629	0.000
	A×B	0.850	0.437
	实验分组（B）	0.129	0.724

（2）简单效应检验及多重比较结果

为清楚比较不同测量时间两组教师在班级管理领域及其各维度的得分变化及两组教师的前后测得分变化，进行简单效应检验和多重比较。

根据表 5-14 多重比较结果可知，实验组教师后测 1 的班级管理领域得分高于前测得分（$M_{1-J} = 0.35$，$p < 0.01$），后测 2 的班级管理领域得分高于前测得分（$M_{1-J} = 0.64$，$p < 0.001$），且后测 2 得分也高于后测 1 得分（$M_{1-J} = 0.29$，$p < 0.001$）；对照组教师后测 1 的班级管理领域得分高于前测得分

（$M_{1-J}=0.18$，$p<0.05$），后测 2 的班级管理领域得分高于前测得分（$M_{1-J}=0.44$，$p<0.01$），且后测 2 得分也高于后测 1 得分（$M_{1-J}=0.26$，$p<0.01$）。然而，实验组教师的前后测得分差距没有明显高于对照组教师的前后测得分差距，说明干预培训不能有效提升教师的班级管理水平。比较两组教师的班级管理水平在不同测量时间的得分发现，两组教师在前测、后测 1、后测 2 的得分均不存在显著差异，进一步验证干预培训对提升教师的班级管理水平没有显著作用。此外，对照组教师的班级管理水平在三次测量时间之间存在显著差异（$F=14.688$，$p<0.001$）。

进一步对班级管理领域的 3 个维度进行多重比较和简单效应检验，结果表明，在行为管理维度上，实验组教师后测 1 的得分高于前测（$M_{1-J}=0.25$，$p<0.05$），后测 2 的得分高于前测（$M_{1-J}=0.65$，$p<0.01$），且后测 2 得分也高于后测 1（$M_{1-J}=0.40$，$p<0.001$）；对照组教师在后测 1 的得分高于前测（$M_{1-J}=0.05$，$p<0.05$），后测 2 的得分高于前测（$M_{1-J}=0.40$，$p<0.05$），且后测 2 得分也高于后测 1（$M_{1-J}=0.35$，$p<0.05$）。

在课堂效率维度上，实验组教师后测 1 的得分高于前测（$M_{1-J}=0.35$，$p<0.05$），后测 2 的得分高于前测（$M_{1-J}=0.60$，$p<0.01$），且后测 2 得分也高于后测 1（$M_{1-J}=0.25$，$p<0.01$）；对照组教师后测 1 的得分高于前测（$M_{1-J}=0.20$，$p<0.05$），后测 2 的得分高于前测（$M_{1-J}=0.47$，$p<0.01$），且后测 2 得分也高于后测 1（$M_{1-J}=0.27$，$p<0.05$）。

在教学安排维度上，实验组教师后测 1 的得分高于前测（$M_{1-J}=0.44$，$p<0.05$），后测 2 的得分高于前测（$M_{1-J}=0.65$，$p<0.01$），且后测 2 得分也高于后测 1（$M_{1-J}=0.21$，$p<0.05$）；对照组教师后测 1 的得分高于前测（$M_{1-J}=0.28$，$p<0.05$），后测 2 的得分高于前测（$M_{1-J}=0.45$，$p<0.01$），且后测 2 得分也高于后测 1（$M_{1-J}=0.17$，$p<0.05$）。

与对照组相比，实验组教师在这 3 个维度的两次后测得分相较于前测均无更加明显的提升，说明干预培训不能有效提升行为管理、课堂效率、教学安排三个维度的水平。比较两组教师的行为管理水平、课堂效率水平、教学安排水平在不同测量时间的得分发现，两组教师在前测、后测 1、后测 2 的得分均不存在显著差异，进一步验证干预方案对提升教师行为管理、课堂效率、教学安排的水平没有显著作用。此外，对照组行为管理、课堂效率、教学安排的质量在三次测量时间之间存在显著差异（$p<0.001$）。

表 5-14　班级管理领域及其各维度的简单效应检验及多重比较结果

领域/维度		简单效应检验					多重比较（M_{1-J}）		
	组别	前测	后测 1	后测 2	F	p	后测 1-前测	后测 2-前测	后测 2-后测 1
班级管理	实验组	4.79	5.14	5.43	37.679	0.000	0.35 **	0.64 ***	0.29 ***
	对照组	4.81	4.99	5.25	14.688	0.000	0.18 *	0.44 **	0.26 **
	F	0.009	1.222	1.195					
	p	0.924	0.285	0.291					
行为管理	实验组	4.88	5.13	5.53	18.575	0.000	0.25 *	0.65 **	0.40 ***
	对照组	4.90	4.95	5.30	6.373	0.000	0.05 *	0.40 *	0.35 *
	F	0.010	1.177	1.503					
	p	0.920	0.294	0.238					
课堂效率	实验组	4.81	5.16	5.41	14.156	0.000	0.35 *	0.60 **	0.25 **
	对照组	4.78	4.98	5.25	7.514	0.000	0.20 *	0.47 **	0.27 *
	F	0.027	1.396	0.820					
	p	0.871	0.255	0.379					
教学安排	实验组	4.69	5.13	5.34	13.565	0.000	0.44 *	0.65 **	0.21 *
	对照组	4.75	5.03	5.20	8.787	0.000	0.28 *	0.45 **	0.17 *
	F	0.075	0.457	0.541					
	p	0.788	0.509	0.473					

* $p<0.05$　　** $p<0.01$　　*** $p<0.001$

4. 干预培训对教学支持领域及其维度的效果

（1）重复测量方差分析结果

实验组与对照组教师在三个测量时间点上教学支持领域及概念发展、反馈质量、语言示范 3 个维度的得分变化见图 5-16 至图 5-19。

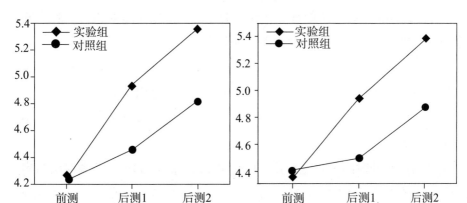

图 5-16　两组教学支持的三次得分变化　　图 5-17　两组概念发展的三次得分变化

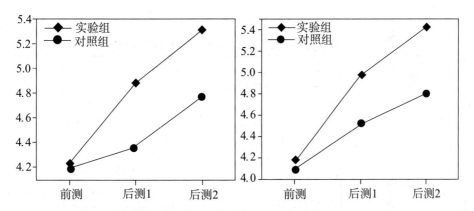

图 5-18　两组反馈质量的三次得分变化　　图 5-19　两组语言示范的三次得分变化

表 5-15 重复测量方差分析结果显示，教学支持领域的时间主效应显著（$F = 169.178$，$p < 0.001$），说明随着时间的推移教师的教学支持水平有显著提升；测量时间与实验分组之间的交互作用显著（$F = 12.150$，$p < 0.001$），表明随着时间的推移，两组教师的教学支持水平呈现不同程度的提升；实验分组主效应不显著（$F = 2.244$，$p = 0.154$），说明实验组与对照组教师在情感支持水平上不存在显著差异。

进一步对教学支持领域下的 3 个维度进行重复测量方差分析，结果表明，概念发展的时间主效应显著（$F = 36.180$，$p < 0.001$），测量时间与实验分组

交互作用不显著（$F = 1.833$，$p > 0.05$），实验分组主效应不显著（$F = 2.022$，$p > 0.05$），说明随着时间的推移，教师的概念发展水平显著提升，且实验分组并未对概念发展维度的得分产生显著影响。

反馈质量的时间主效应显著（$F = 49.736$，$p < 0.001$），测量时间与实验分组交互作用显著（$F = 7.005$，$p < 0.01$），实验分组主效应不显著（$F = 1.924$，$p > 0.05$），说明随着时间的推移，两组教师的反馈质量水平呈现不同程度的提升。

语言示范的时间主效应显著（$F = 110.329$，$p < 0.001$），测量时间与实验分组交互作用显著（$F = 6.084$，$p < 0.01$），实验分组主效应不显著（$F = 2.308$，$p > 0.05$），说明随着时间的推移，两组教师的语言示范水平呈现不同程度的提升。

表 5-15　教学支持领域及其各维度的重复测量方差分析结果

领域/维度	变量	F	p
教学支持	测量时间（A）	169.178	0.000
	A×B	12.150	0.000
	实验分组（B）	2.244	0.154
概念发展	测量时间（A）	36.180	0.000
	A×B	1.833	0.176
	实验分组（B）	2.022	0.174
反馈质量	测量时间（A）	49.736	0.000
	A×B	7.005	0.003
	实验分组（B）	1.924	0.184
语言示范	测量时间（A）	110.329	0.000
	A×B	6.084	0.006
	实验分组（B）	2.308	0.148

（2）简单效应检验及多重比较结果

为清楚比较不同测量时间两组教师在教学支持领域及其各维度的得分变化及两组教师的前后测得分变化，进行简单效应检验和多重比较。

根据表5-16多重比较结果可知，实验组教师后测1的教学支持领域得分高于前测得分（$M_{1-J} = 0.68$，$p < 0.001$），后测2的教学支持领域得分高于前测得分（$M_{1-J} = 1.12$，$p < 0.001$），且后测2得分也高于后测1得分（$M_{1-J} = 0.44$，$p < 0.001$）；对照组教师在后测1的教学支持领域得分高于前测得分（$M_{1-J} = 0.31$，$p < 0.05$），后测2的教学支持领域得分高于前测得分（$M_{1-J} = 0.67$，$p < 0.001$），且后测2得分也高于后测1得分（$M_{1-J} = 0.36$，$p < 0.01$）。然而，相较于对照组教师的前后测得分差距，实验组教师的前后测得分差距更大，说明实验组教师的教学支持水平在教师接受干预培训后获得有效提升。比较两组教师的教学支持水平在不同测量时间的得分发现，在前测时两组教师的得分之间不存在显著差异（$F = 0.004$，$p > 0.05$），在后测1时实验组显著优于对照组教师（$F = 5.391$，$p < 0.05$），在后测2时两组教师之间的水平差异达到边缘显著（$F = 4.381$，$p = 0.053$），进一步验证干预方案对提升教学支持水平的效果较好。此外，对照组教师的教学支持水平在三次测量时间之间存在显著差异（$F = 30.171$，$p < 0.001$）。

进一步对教学支持领域的3个维度进行多重比较和简单效应检验，结果表明，在概念发展维度上，实验组教师后测1的得分高于前测（$M_{1-J} = 0.54$，$p < 0.01$），后测2的得分高于前测（$M_{1-J} = 0.96$，$p < 0.001$），且后测2得分也高于后测1（$M_{1-J} = 0.42$，$p < 0.01$）；对照组教师后测1的得分高于前测（$M_{1-J} = 0.08$，$p < 0.05$），后测2的得分高于前测（$M_{1-J} = 0.54$，$p < 0.01$），且后测2得分也高于后测1（$M_{1-J} = 0.46$，$p < 0.01$）。然而，实验组教师的前后测得分差距没有明显高于对照组教师的前后测得分差距，说明实验组教师的概念发展水平在教师接受干预培训后未获得有效提升。比较两组教师的概念发展水平在不同测量时间的得分发现，两组教师在前测、后测1、后测2的得分均不存在显著差异，进一步验证干预方案对提升教师的概念发展水平没有显著作用。此外，对照组教师的概念发展水平在三次测量时间之间存在显著差异（$F = 11.457$，$p < 0.001$）。

在反馈质量维度上，实验组教师后测1的得分高于前测（$M_{1-J} = 0.71$，$p < 0.01$），后测2的得分高于前测（$M_{1-J} = 1.15$，$p < 0.001$），且后测2得分也

高于后测 1（$M_{I-J}=0.44$，$p<0.01$）；对照组教师在后测 1 的得分高于前测（$M_{I-J}=0.43$，$p<0.05$），后测 2 的得分高于前测（$M_{I-J}=0.68$，$p<0.01$），且后测 2 得分也高于后测 1（$M_{I-J}=0.25$，$p<0.01$）。然而，相较于对照组教师的前后测得分差距，实验组教师的前后测得分差距更大，说明实验组教师的反馈质量水平在教师接受干预培训后获得有效提升。比较两组教师的反馈质量水平在不同测量时间的得分发现，在前测时两组教师的得分之间不存在显著差异（$F=0.053$，$p>0.05$），在后测 1 时实验组显著优于对照组教师（$F=4.630$，$p<0.05$），在后测 2 时两组教师之间的差异进一步显著增大（$F=6.117$，$p<0.05$），进一步验证干预方案对提升反馈质量水平的效果较好。此外，对照组教师的反馈质量水平在三次测量时间之间存在显著差异（$F=9.655$，$p<0.001$）。

在语言示范维度上，实验组教师后测 1 的得分高于前测（$M_{I-J}=0.80$，$p<0.001$），后测 2 的得分高于前测（$M_{I-J}=1.25$，$p<0.001$），且后测 2 得分也高于后测 1（$M_{I-J}=0.45$，$p<0.01$）；对照组教师后测 1 的得分高于前测（$M_{I-J}=0.42$，$p<0.01$），后测 2 的得分高于前测（$M_{I-J}=0.70$，$p<0.001$），且后测 2 得分也高于后测 1（$M_{I-J}=0.28$，$p<0.05$）。然而，相较于对照组教师的前后测得分差距，实验组教师的前后测得分差距更大，说明实验组教师的语言示范水平在教师接受干预培训后获得有效提升。比较两组教师的语言示范水平在不同测量时间的得分发现，在前测时两组教师的得分之间不存在显著差异（$F=0.076$，$p>0.05$），在后测 1 时实验组显著优于对照组教师（$F=5.164$，$p<0.05$），在后测 2 时两组教师之间的差异达到边缘显著（$F=4.175$，$p=0.058$），进一步验证干预方案对提升语言示范水平的效果较好。此外，对照组教师的语言示范水平在三次测量时间之间存在显著差异（$F=21.540$，$p<0.001$）。

表 5-16 教学支持领域及其各维度的简单效应检验及多重比较结果

| 领域/维度 | 组别 | 简单效应检验 | | | | | 多重比较（M_{1-J}） | | |
		前测	后测 1	后测 2	F	p	后测 1-前测	后测 2-前测	后测 2-后测 1
教学支持	实验组	4.25	4.93	5.37	160.999	0.000	0.68***	1.12***	0.44***
	对照组	4.23	4.54	4.90	30.171	0.000	0.31*	0.67***	0.36**
	F	0.004	5.391	4.381					
	p	0.950	0.034	0.053					
概念发展	实验组	4.34	4.88	5.30	44.659	0.000	0.54**	0.96***	0.42**
	对照组	4.40	4.48	4.94	11.457	0.000	0.08*	0.54**	0.46**
	F	0.023	4.063	1.621					
	p	0.882	0.061	0.221					
反馈质量	实验组	4.23	4.94	5.38	45.387	0.000	0.71**	1.15***	0.44**
	对照组	4.20	4.63	4.88	9.655	0.000	0.43*	0.68**	0.25**
	F	0.053	4.630	6.117					
	p	0.821	0.047	0.025					
语言示范	实验组	4.18	4.98	5.43	96.200	0.000	0.80***	1.25***	0.45**
	对照组	4.10	4.52	4.80	21.540	0.000	0.42**	0.70***	0.28*
	F	0.076	5.164	4.175					
	p	0.786	0.037	0.058					

*$p<0.05$ **$p<0.01$ ***$p<0.001$

四、研究讨论与教育建议

使用 CLASS 系统对两组教师的师幼互动质量进行评估发现：在对实验组教师进行激励性评价干预培训前，两组教师的师幼互动质量得分在 CLASS 系统的 3 大领域及 10 个维度上均无显著差异；在实验组教师接受干预培训后，实验组教师在情感支持、教学支持 2 大领域及积极氛围、教师敏感性、尊重儿童、反馈质量、语言示范 5 个维度上的师幼互动得分均高于对照组教师。对两组教师的师幼互动质量得分进行统计分析后发现，激励性评价干预培训能够显著提升教师的师幼互动质量。

进一步分析激励性评价干预培训对 CLASS 系统中 3 大领域及 10 个维度的影响发现，干预培训对情感支持领域及其积极氛围、教师敏感性及尊重儿童维度的水平提升均有显著作用；对教学支持领域及其反馈质量、语言示范维度的水平提升也有显著作用；对班级管理领域及其各维度的水平提升没有显著影响。

（一）激励性评价干预培训提升师幼互动质量的原因分析

我们通过梳理师幼互动质量的相关文献发现，为教师提供一系列旨在提升教师专业水平和师幼互动质量的培训，能提高教师的师幼互动质量。本研究发现，对教师进行激励性评价干预培训能够提升师幼互动中积极氛围、教师敏感性、尊重儿童、反馈质量及语言示范 5 个维度的水平，进而使整体的师幼互动质量得到提升。以下对干预培训能够取得成效的原因进行分析和讨论。

1. 干预培训强化教师"以幼儿为本"的教育观念

观念是行为的先导，教育行为受教育观念的影响和支配，教师的教育观念会使自身的教育行为发生改变。[①] 因此，干预培训要想有效发挥作用、切实改变教师的教育行为，就应该首先着眼于增加教师的知识、使其转变教育观念。[②] 而教师教育观念的转变更多是发生在理念和认识水平、层次上的，讲座、教导或书报杂志等学习方式会对教师教育观念的转变起到一定的作用。[③]

具有"以幼儿为本"教育观念的教师会更加关注和尊重儿童，对儿童的需要和情绪有高度的敏感性，并能给予适当的回应，还能为儿童提供更多选

---

① 庞丽娟，叶子. 论教师教育观念与教育行为的关系 [J]. 教育研究，2000（7）：47-50+70.
② 陈琴，庞丽娟，韩小雨. 论教师专业化 [J]. 高等师范教育研究，2002，14（6）：26-32.
③ 同①。

择活动的学习机会。[①] "倾听儿童""以幼儿为本"是激励性评价的基本理念。[②] 激励性评价关注儿童成长的过程,旨在使儿童自我实现。教师在进行激励性评价时,珍视儿童与生俱来的学习潜能,强调以儿童为中心,激发儿童的潜在能力,不仅关注儿童的知识学习,更关注其学习品质和健全人格的培养。[③]

本研究的干预培训关注教师激励性评价理论内容的学习,关注教师儿童中心理念的形成,为幼儿教师讲解激励性评价的理论基础、概念、原理、特点,使教师掌握激励性评价对儿童发展的影响以及运用激励性评价的 3 种策略,促进教师对激励性评价知识的掌握,强化教师"以幼儿为本"的教育观念,为教师高质量的师幼互动实践提供了基础。

2. 干预培训聚焦实践,强调教师主体参与

教师行为的改变,首要前提是教育观念的转变,但不能只依托于知识的增加、观念的转变等认识层面。教师在掌握"以幼儿为中心"的教育观念后,需要回归教育实践,理论与实践相结合才能使教师在与幼儿的互动中真正提高互动质量。

本研究的干预培训聚焦教师的实践行为,将理论学习和实践运用紧密联系,将内容讲解、录像分析、案例分析及经验分享有机结合,每次培训后都对教师布置主题明确的实践任务,循序渐进地引导教师进行有针对性的实践,帮助教师在情境互动实践中思考教育观念和知识的意义,从而促进观念的应用和知识的掌握。

此外,干预培训的有效性离不开教师自身主体性的发挥。[④] 干预培训如

---

① PIANTA R C, HOWES C, BURCHINAL M, et al. Features of pre-kindergarten programs, classrooms, and teachers: do they predict observed classroom quality and child-teacher interactions? [J]. Applied developmental science, 2005, 9 (3): 144-159.

② 叶平枝. 照亮当下　照进未来 [J]. 学前教育, 2019 (9): 19-21.

③ 向海英. 罗杰斯人本主义学习论及对当前我国教育改革的启示 [J]. 山东教育科研, 2000 (Z1): 69-71.

④ 蔡迎旗, 海鹰. 自主学习:幼儿园教师专业发展的现实之需 [J]. 学前教育研究, 2016 (3): 34-40+56.

果只是让教师了解一些新的教育观念，学习一些有效教学策略，掌握新的教学软件和工具，引入丰富的教学资源等——停留在"授人以鱼"的层面上，是不够的。[①] 本研究的干预培训不只注重"授人以鱼"，还注重"授人以渔"，强调教师的主体地位，唤醒教师的主体意识，并要求教师反思自身的教育观念，反思自身的教育实践、教育行为以及教育效果。干预培训还通过组织交流讨论以及实验组教师共同分析激励性评价录像、点评案例、分享实践经验，进一步激发了教师改进自身激励性评价行为的主体意识和积极性。

3. 长期的干预培训切实提升了教师的激励性评价水平

教师个体经验的提升必须要有持续性的学习。[②] 一次性的、间断性的活动往往效果微弱，而且所取得的成效衰减很快。[③] 只有连续的、跟进式的研究和培训，才能有效帮助教师内化所学知识，转变教育观念，从而改进实践。本研究的干预培训持续进行了两年，长期的培训切实提升了教师自身的激励性评价水平。而具有激励性评价行为的教师有以下特点。

第一，善于营造积极氛围。经常和幼儿进行积极的交流，通过言语与非言语的互动传递自己的积极情感，使幼儿感受到教师的真诚、热情。

第二，具有高度的教育敏感性。能够及时注意到遇到危机、需要额外帮助和关注的幼儿，并对幼儿的需求做出回应，提供相应的帮助。

第三，尊重幼儿。尊重幼儿的想法、采纳幼儿的观点，鼓励幼儿行使自主权和主导权，并为幼儿提供发言机会，鼓励幼儿大胆表达。

第四，注重指向幼儿发展的评价。为幼儿提供具体反馈信息的评价，评价幼儿的努力和过程而不单单指向结果，肯定幼儿的进步和创造，能够在一定程度上扩展幼儿的学习，激发幼儿的内在动机，鼓励幼儿积极参与活动。

第五，关注幼儿的语言发展。经常与幼儿进行频繁的对话，语言多样、

---

① 黎加厚. 信息时代的教育叙事与教师主体意识的觉醒 [J]. 中国电化教育，2004（10）：40-44.

② CUFFARO H K，CARTWRIGHT S，STRITZEL K，et al. Beginnings workshop. Block play [J]. Child care information exchange，1995（103）：35-54.

③ 刘占兰. 我国幼儿园教育质量的现状：与1992年幼儿园质量状况比较 [J]. 学前教育研究，2012（2）：3-10.

富于变化，常常使用相对陌生的语言去描述儿童已知的概念，以促进幼儿的语言发展。

这些特点分别对应师幼互动中的积极氛围、教师敏感性、尊重儿童、反馈质量及语言示范5个维度。因此，幼儿教师在接受激励性评价干预培训后，师幼互动质量在这5个维度上都得到了显著提升，进而使整体的师幼互动质量得到提升。

（二）师幼互动质量随着年级的升高而提高

研究结果表明，没有接受任何干预培训的对照组教师，其师幼互动质量在第一次测量（小班）时得分最低，在第二次测量（中班）和第三次测量（大班）时得分逐渐提高，三次测量的师幼互动质量得分均处于中等水平；通过分析对照组教师在前后测的师幼互动质量得分发现，对照组教师的师幼互动质量在三次测量时间之间存在显著差异，表明教师的师幼互动质量随着年级的升高而提高。

进一步分析师幼互动质量在情感支持、班级管理及教学支持三个领域的得分变化发现，师幼互动质量在教学支持领域得分增加较明显，其次是情感支持领域，最后是班级管理领域。通过视频分析发现，在教学支持领域，随着幼儿年龄的增长、认知与思维的发展、词汇量的增加，教师在与幼儿的互动中，更加关注幼儿的发展水平和遇到的问题，通过提供高质量反馈来促进幼儿概念的获得和高级思维能力的发展；同时，教师更加重视通过与幼儿对话的形式，促进幼儿的语言发展。

在情感支持领域，教师不管是在小班、中班还是大班，都能在与幼儿的互动中呈现积极的情感。不同的是，随着幼儿年龄的增长，教师会更加尊重幼儿的观点，在活动中给予幼儿更多的自主性，在班级中鼓励幼儿承担更多的任务；鼓励幼儿独立、大胆地表达自己的想法；对于幼儿的学习或情感需要，教师能够做到及时回应。

在班级管理领域，随着幼儿年龄的增长、认知能力和社会性行为的发展，教师开始逐渐对幼儿提出清晰的行为期望，建立班级常规，纠正幼儿的不当行为；在教学活动的组织方面，教师能为幼儿的学习、发展提供多样的活动和丰富的材料，以激发幼儿的兴趣；教学活动组织更加有序，从而让幼儿能积极参与学习活动。

（三）教育建议

1. 开展提升师幼互动质量的培训课程

研究结果表明，对教师进行激励性评价干预培训能够显著提升教师的师幼互动质量。而目前我国对幼儿教师的培训较多关注与五大领域相关的技能训练，缺少观察儿童、与儿童互动等教学实践方面的培训。因此，本研究建议，幼儿园管理者应重视对教师进行师幼互动相关知识的课程培训，以提高教师的师幼互动质量。

第一，课程培训应综合运用专家引领、实践反思、同伴互助及长期培训等方式，充分调动教师进行参与式学习。首先，专家应围绕与高质量师幼互动相关的教育理论、知识、策略等内容为教师提供专业支持，让教师增加师幼互动方面的知识，形成正确的教育观念；其次，培训也应为教师安排实践任务，要求教师将学习的理论知识付诸实际教学工作，通过师幼互动案例的撰写，反思实际教学中自身的教育行为；再次，教师也需要通过同伴互助共同分析师幼互动录像、点评案例等，来讨论师幼互动在实际运用中遇到的问题及解决方法，进而在相互之间的讨论中，取得共同进步；最后，长期培训需要专家与教师保持长期合作关系，通过长时间的师幼互动知识学习、案例讲解、录像讨论等，来帮助教师积累师幼互动的经验，在教学实践中始终提供高质量的师幼互动。

第二，幼儿园应改变原有的考核标准，加强教师师幼互动质量监测，并将教师的师幼互动质量纳入教师的业务考核，来充分调动教师参与师幼互动相关知识的学习并积极改进自身的师幼互动行为。

第三，为教师提供长期的教育咨询与指导。一方面，教师可以通过网络咨询或现场问询的方式，向专家或有经验的教师寻求帮助，解决自己在师幼互动实践中遇到的问题；另一方面，专家需要诊断和分析教师的师幼互动行为，识别教师在教学中存在的不足之处，并帮助他们改善。通过长期的专家指导与教师的实践改进，使教师更加牢固地掌握师幼互动技能，持续提高教师的师幼互动质量。

2. 构建以师幼互动质量为核心的学前教育质量评估体系

我国目前已经积累了一些有关学前教育质量方面的研究，然而已有的学前教育质量评价标准过多关注结构性质量的因素，在过程性质量因素方面，往往关注教师的行为及教学活动的评价，对于师幼互动质量的关注相对较少。① 师幼互动质量作为学前教育质量的核心要素，至关重要地影响着幼儿的成长与进步，因此，师幼互动质量才是评估学前教育质量时最需要关注的部分。在对托幼机构教育质量的评价中，应更多地以师幼互动质量的评估为主，这样才能构建科学而全面的学前教育质量评价体系。构建以师幼互动质量为核心的学前教育质量评估体系，不仅能够满足幼儿成长过程中身心发展的需要，还有助于促进幼儿教育实践工作者的专业发展以及提升我国托幼机构的师幼互动质量。

3. 为低龄幼儿提供高质量的师幼互动

研究发现，师幼互动质量在不同测量时间之间存在差异，第一次测量（小班）时的师幼互动质量最低，第三次测量（大班）时的师幼互动质量最高。由于幼儿在成长的过程中始终需要教师提供高质量的师幼互动，因此，教师应更新教育观念，重视与低年龄阶段幼儿的互动质量。

首先，教师应亲近幼儿，与幼儿发展积极的关系，营造宽松的环境，让幼儿自如地表现；教师应具有教育敏感性，能够及时对幼儿的学习和情感提供安慰、帮助及支持，以发展幼儿的探索和学习能力；教师应尊重幼儿，常常采纳幼儿的观点、赞同幼儿的想法，促进幼儿自主性的发挥。

其次，教师应在活动前对幼儿提出明确的行为规则，并具有前瞻性，能够第一时间管理幼儿的错误行为；教师在为幼儿准备活动的同时，要有效处理混乱、中断的情况，有效完成管理任务；教师要能够澄清学习目标，最大限度地激发幼儿的兴趣，吸引幼儿参与活动并挖掘幼儿的学习潜力。

---

① 黄晓婷，宋映泉. 学前教育的质量与表现性评价：以幼儿园过程性质量评价为例 [J]. 北京大学教育评论，2013，11（1）：2-10+189.

最后，教师应经常组织幼儿讨论，鼓励幼儿自由联想与思考，激发幼儿的创新与想象；教师需要将新知识与幼儿在现实生活中的应用联系起来，帮助幼儿更好地理解；同时，教师也应密切关注在某些方面发展有困难的幼儿，提供支架帮助幼儿，并认可和肯定幼儿的进步；教师应经常与幼儿进行频繁的对话，且语言多样、富于变化，以丰富幼儿的语言并增加幼儿的词汇量；教师在与幼儿对话过程中，应常常使用相对陌生的语言去描述儿童已知的概念，以促进幼儿的语言发展，并注重训练幼儿使用更长句子回答问题的能力。

五、研究局限及结论

（一）研究局限及展望

本研究在实验组幼儿教师接受激励性评价干预培训后，比较了实验组与对照组教师的师幼互动质量得分及干预前后教师的师幼互动质量得分，考察了激励性评价干预培训的效果，探究了提高师幼互动质量的方法。但由于研究者本人精力及能力有限，本研究还存在很多不足。

首先，在研究对象的数量上，被试人数较少。由于人力资源有限，且师幼互动视频分析工作量大，研究者只选取了 8 名实验组教师、10 名对照组教师作为研究对象，样本量比较单薄，后续可继续增加研究对象，以提高研究的可靠性和有效性。

其次，在研究方法上，本研究仅采用量化研究方法，运用 CLASS 系统评估教师的师幼互动质量，没有在激励性评价干预培训前后对实验组与对照组教师进行激励性评价问卷调查，比较干预培训前后教师对激励性评价的认识和行为的变化，确保培训的效果；同时，如果增加质性研究方法，对实验组教师进行深度访谈，了解教师参与干预培训后的满意度和收获等，可以使研究更加深入和全面。

再次，本研究选取的幼儿园为一所省一级幼儿园，园所重视教师的专业发展，在干预研究实施期间，园所经常对教师进行教研培训，相应的研讨与培训活动也会涉及师幼互动的知识与内容，从而可能使对照组教师的师幼互动质量也得到了提高。

最后，本研究只分析了激励性评价干预培训对教师半日活动的师幼互动质量的影响，在激励性评价干预培训对不同类型活动中师幼互动质量的影响方面缺乏考察，后续应展开相关的研究。

（二）研究结论

本研究使用教育实验法，对教师进行激励性评价干预培训，通过两年的追踪研究，探究幼儿教师激励性评价干预培训对师幼互动质量的影响，得出以下结论。

1. 激励性评价干预培训能显著提升教师的师幼互动质量，主要体现在师幼互动中情感支持、教学支持2大领域及积极氛围、教师敏感性、尊重儿童、反馈质量、语言示范5个维度的水平提升，而对班级管理领域及其他5个维度（消极氛围、概念发展、行为管理、课堂效率、教学安排）的水平提升没有显著作用。

2. 师幼互动质量在不同测量时间之间存在差异，第一次测量（小班）时的师幼互动质量最低，第三次测量（大班）时的师幼互动质量最高。

本书前五章完成了幼儿教师激励性评价的理论研究、现状调查、工具研发和影响因素的研究，后三章将从幼儿发展的积极和消极两个方面，进行激励性评价对幼儿发展影响的实验研究：在积极方面，选取了成就归因（第六章）和心理韧性（第七章）两个变量；在消极方面，选取了社会退缩（第八章）这个变量。

第六章　表扬对幼儿成就归因的影响：
选择性信任的视角

一、问题提出

激励性评价强调对幼儿内在力量的促进作用，旨在激发幼儿的探究动机、提高幼儿的自我价值感、塑造积极的个性。作为激励性评价的主要激励方法，表扬有其重要的教育价值。[①] 一方面，表扬在日常教育活动中随处可见；另一方面，大量的研究也表明，恰当的表扬能够有效地促进幼儿身心各方面的发展。

表扬是指表扬者依据自身的主观标准，对他人的作品、行为或特质进行外显的言语肯定。[②] 作为人际沟通的一种有效手段，表扬在教育领域中得到广泛使用。[③④⑤] 我们常常通过表扬来肯定、激励幼儿，从而带动幼儿的身心发展；我们也通过表扬来传达自己对幼儿发展的喜悦。[⑥] 已有的研究指出，

---

① 李祖超. 教育激励理论探讨 [J]. 教育评论，2001（5）：9-12.

② KANOUSE D E, GUMPERT P, CANAVAN-GUMPERT D. The semantics of praise [J]. New directions in attribution research, 1981, 3：97-115.

③ WHITE M A. Natural rates of teacher approval and disapproval in the classroom [J]. Journal of applied behavior analysis, 1975, 8（4）：367-372.

④ JENKINS L N, FLORESS M T, REINKE W. Rates and types of teacher praise：a review and future directions [J]. Psychology in the schools, 2015, 52（5）：463-476.

⑤ FLORESS M T, BERLINGHOF J R, RADER R A, et al. preschool teachers' use of praise in general, at-risk, and special education classrooms [J]. Psychology in the schools, 2017, 54（5）：519-531.

⑥ 张平. 幼儿园教师表扬行为研究 [D]. 南京：南京师范大学，2016.

表扬在影响幼儿内部动机、成就目标、应对方式等方面起到了不可忽视的作用。①②③④

但随着研究的开展，人们发现表扬并不总是能带来好的影响。米勒（Mueller）和德韦克（Dweck）的研究将表扬分为能力取向和努力取向两类，并指出不同的表扬方式对幼儿的心理有不同的影响效果。⑤亨德隆等人在此基础之上进一步概括了表扬的影响作用，指出不同的条件之下，表扬对幼儿的影响即可能是正面的，也可能是负面的。⑥这里的表扬是指广义的表扬，包括激励性评价（详见第一章）。

（一）表扬对幼儿心理的影响

研究大多依据归因的视角，将表扬分为"努力取向的表扬"（process praise 或 praise for effort）与"能力取向的表扬"（person praise 或 praise for ability），⑦⑧⑨前者表示对被表扬者的努力做出肯定，后者则是对其能力做出肯定（如聪明等）。

关于表扬的研究大多集中在对幼儿心理的影响之上，包括内隐智力、成

---

①　HENDERLONG J, LEPPER M R. The effects of praise on children's intrinsic motivation: a review and synthesis [J]. Psychological bulletin, 2002, 128（5）：774-795.

②　MUELLER C M, DWECK C S. Praise for intelligence can undermine children's motivation and performance [J]. Journal of personality and social psychology, 1998, 75（1）：33-52.

③　POMERANTZ E M, KEMPNER S G. Mothers' daily person and process praise: implications for children's theory of intelligence and motivation [J]. Developmental psychology, 2013, 49（11）：2040-2046.

④　GUNDERSON E A, DONNELLAN M B, ROBINS R W, et al. The specificity of parenting effects: differential relations of parent praise and criticism to children's theories of intelligence and learning goals [J]. Journal of experimental child psychology, 2018, 173：116-135.

⑤　同②。

⑥　同①。

⑦　同②。

⑧　KAMINS M L, DWECK C S. Person versus process praise and criticism: implications for contingent self-worth and coping [J]. Developmental psychology, 1999, 35（3）：835-847.

⑨　同①。

就动机和应对方式等。①②③ 以往研究表明，当表扬者给予的是能力取向的表扬时，幼儿在执行任务的过程中，表现出更多的成就目标（performance goals），即完成任务是为了追求别人的正面评价，因此在后续的任务选择中，更加倾向于选择容易的任务，从而避免失败的情境；而当表扬者给予的是努力取向的表扬时，幼儿表现出更多的学习目标（learning goals），即完成任务是为了自身能力的增长，因此在面对困难时，更愿意坚持，也更享受困难任务带来的挑战。④

当无法达到自己预设的目标时，幼儿也容易表现出不同的应对方式。研究者们发现，当幼儿被给予努力取向的表扬时，尽管在后续任务中遭遇了失败，但幼儿仍然能够较好地应对这种挫折，表现出掌控取向（mastery oriented），积极地寻找应对策略，并提高下次任务中的自我监控和指导。⑤ 而当幼儿被给予的是能力取向的表扬时，则遭遇失败后幼儿容易表现出更多的无助取向（helpless oriented），这种无助取向会蔓延到后续的一系列任务，即使任务难度回归初始水平，被试也更倾向于拒绝参与。⑥ 可以看到，表扬对幼儿有着不可忽视的影响，不同类型表扬下的幼儿在情绪、认知和行为上有着明显的差异，探究表扬对幼儿发展的影响有着重大的教育实践意义。

但值得注意的是，表扬对幼儿发展的影响并非是直接的，两者之间的

---

① DWECK C S, CHIU C, HONG Y. Implicit theories: elaboration and extension of the model [J]. Psychological inquiry, 1995, 6 (4): 322-333.

② HENDERLONG J, LEPPER M R. The effects of praise on children's intrinsic motivation: a review and synthesis [J]. Psychological bulletin, 2002, 128 (5): 774-795.

③ POMERANTZ E M, KEMPNER S G. Mothers' daily person and process praise: implications for children's theory of intelligence and motivation [J]. Developmental psychology, 2013, 49 (11): 2040-2046.

④ MUELLER C M, DWECK C S. Praise for intelligence can undermine children's motivation and performance [J]. Journal of personality and social psychology, 1998, 75 (1): 33-52.

⑤ DIENER C I, DWECK C S. An analysis of learned helplessness: continuous changes in performance, strategy, and achievement cognitions following failure [J]. Journal of personality and social psychology, 1978, 36 (5): 451-463.

⑥ 同④。

关系受到其他变量的调节。亨德隆等人①在总结前人的基础之上，提出 5 个可能改变表扬效果的因素，包括真诚性、归因方式、自主感、胜任感和自我效能感、行为标准和期望，比如当幼儿知觉到成人给予的表扬不真诚时，容易将表扬感知为成人的控制手段，②③ 或者当表扬信息将成功归因于稳定的特质时，幼儿在后续任务失败后会更容易表现出低内部动机。④ 其他研究者也在此基础之上展开研究，发现认知水平⑤、性别⑥等因素也会调节表扬对幼儿内部动机的影响。

可以看到，以往研究指明了表扬对幼儿心理的影响最为核心的因素在于是否能够帮助幼儿发展其智力增长观，从而引导幼儿面对挫折时的归因方式。在后续的研究中人们也发现，表扬与幼儿信念系统之间并不总是一一对应的，而是受到各种背景变量的影响，这些背景变量既包括表扬者、任务，也包括被表扬的幼儿本身，但后者在研究中却常常被忽略，被默认为被动接受的一方。幼儿是否毫无怀疑地接受我们所给予的表扬，已有研究对这一问题的答案还不够清晰。

（二）选择性信任的视角

幼儿的选择性信任指的是，幼儿依据已有的经验或认识，对不同信息传

① HENDERLONG J, LEPPER M R. The effects of praise on children's intrinsic motivation: a review and synthesis [J]. Psychological bulletin, 2002, 128 (5): 774-795.

② GRICE H. Logic and conversation [M] //COLE P, MORGAN J L. Syntax and semantics: vol. 3: speech acts. New York, NY: Academic Press, 1975: 41-58.

③ BRUMMELMAN E, THOMAES S, OROBIO DE CASTRO B, et al. "That's not just beautiful—that's incredibly beautiful!": the adverse impact of inflated praise on children with low self-esteem [J]. Psychological science, 2014, 25 (3): 728-735.

④ KAMINS M L, DWECK C S. Person versus process praise and criticism: implications for contingent self-worth and coping [J]. Developmental psychology, 1999, 35 (3): 835-847.

⑤ NICHOLLS J G, MILLER A T. Reasoning about the ability of self and others: a developmental study [J]. Child development, 1984, 55 (6): 1990-1999.

⑥ CORPUS J H, LEPPER M R. The effects of person versus performance praise on children's motivation: gender and age as moderating factors [J]. Educational psychology, 2007, 27 (4): 487-508.

递者的可靠性做预测，并有选择地相信那些可靠程度更高的传递者。[①②] 研究者们考察了能够影响幼儿信任的不同因素，并将其归为两类：一类是与信息本身携带的专业水平相关的因素，称为认识性信息（epistemic information），包括信息传递者自身过去行为的可信度、专业背景、相关经验等；[③④⑤] 另一类则是与信息传递者的角色或形体特征相关的因素，称为社会性信息（social information），如自己是否熟悉或与自己是否相似，是否得到大多数人的支持或信任等。[⑥]

尽管幼儿的选择性信任受到许多因素的影响，但这种影响并非被动接受的，幼儿有能力根据新的信息做出归因修正。比如 4 岁幼儿在学习新异物品命名时，如果之前的信息传递者被证明不可靠，那么幼儿会重新调整自己的信任策略，修正已有的信念。归因修正还与幼儿对自己的判断是否有信心相关。幼儿确信自己的观念正确时，归因修正更不容易发生。比如幼儿看过物体颜色为红色之后，或者认识当前的物品是鞋子，此时信息传递者提供的信息就很难动摇幼儿的决策。[⑦⑧] 相比之下，幼儿不确信时，则更可能动摇已有的想法，比如在合成动物（如牛跟马的合成动物）的命名上，2—3 岁幼儿更

---

① KOENIG M A, CLÉMENT F, HARRIS P L. Trust in testimony: children's use of true and false statements [J]. Psychological Science, 2004, 15 (10): 694-698.

② JASWAL V K, MALONE L S. Turning believers into skeptics: 3-year-olds' sensitivity to cues to speaker credibility [J]. Journal of cognition and development, 2007, 8 (3): 263-283.

③ NURMSOO E, ROBINSON E J. Children's trust in previously inaccurate informants who were well or poorly informed: when past errors can be excused [J]. Child development, 2009, 80 (1): 23-27.

④ KOENIG M A, WOODWARD A L. Sensitivity of 24-month-olds to the prior inaccuracy of the source: possible mechanisms [J]. Developmental psychology, 2010, 46 (4): 815-826.

⑤ MASCARO O, SPERBER D. The moral, epistemic, and mindreading components of children's vigilance towards deception [J]. Cognition, 2009, 112 (3): 367-380.

⑥ KINZLER K D, CORRIVEAU K H, HARRIS P L. Children's selective trust in native-accented speakers [J]. Developmental science, 2011, 14 (1): 106-111.

⑦ CLÉMENT F, KOENIG M A, HARRIS P L. The ontogenesis of trust [J]. Mind & language, 2004, 19 (4): 360-379.

⑧ CHOUINARD M M, HARRIS P L, MARATSOS M P. Children's questions: a mechanism for cognitive development [J]. Monographs of the society for research in child development, 2007: i-129.

有可能抛弃自己的原有判断，采信他人的观点。[①]

（三）幼儿对表扬信息的选择性信任

在对幼儿进行表扬时，我们常常采用归因取向的表扬方式，针对幼儿成功的特质进行肯定，包括努力取向的因素和能力取向的因素，前者包括努力、坚持、享受等特质，后者则包括聪明、灵活等特质。研究发现，28个月大的幼儿便能理解好、坏、善良、淘气等词；[②] 在3—7岁时这类特质词会进一步扩展，包括聪明、听话等。[③]

幼儿对他人关于特质的表扬表现出强烈的偏好。在对自己和他人做一般特质的评定时，幼儿总是倾向于高估自己和他人的积极特质，这一现象会持续到小学高年级。[④] 在有行为信息的推断中，幼儿仅需要一次积极行为的信息，就会推断该个体具有积极的人格特质；与之相反，实验者需要提供多个消极行为的信息，幼儿才愿意相信被评价者具有消极的特质。[⑤]

而在对信息源的信任上，低年级儿童则表现出一般的选择性信任特征，即认为教师关于自己的特质评价会更为真实，[⑥⑦] 但这种倾向会随着年龄的增加而改变。值得注意的是，特质评价的信息源受到陈词类型的调节，博索夫斯基（Boseovski）在研究中就发现，相较于可靠的人陈述消极的特质词，幼儿更愿意相信不可靠的人陈述积极的特质词，这说明特质归因的积极偏差仍

① JASWAL V K. Preschoolers favor the creator's label when reasoning about an artifact's function [J]. Cognition, 2006, 99 (3): B83-B92.

② BRETHERTON I, BEEGHLY M. Talking about internal states: the acquisition of an explicit theory of mind [J]. Developmental psychology, 1982, 18 (6): 906-921.

③ PEEVERS B H, SECORD P F. Developmental changes in attribution of descriptive concepts to persons [J]. Journal of personality and social psychology, 1973, 27 (1): 120-128.

④ STIPEK D, IVER D M. Developmental change in children's assessment of intellectual competence [J]. Child development, 1989: 521-538.

⑤ BOSEOVSKI J J, LEE K. Children's use of frequency information for trait categorization and behavioral prediction [J]. Developmental psychology, 2006, 42 (3): 500-513.

⑥ 刘娟, 李红, 张婷. 儿童对自我报告和教师报告两种特质信息源的选择性信任 [J]. 中国健康心理学杂志, 2013, 21 (12): 1870-1872.

⑦ 刘娟, 张皓, 闵玉立. 儿童对自我和教师两种特质信息源的评价 [J]. 中国健康心理学杂志, 2014, 22 (11): 1747-1749.

然是幼儿的主导因素。①

从上述研究中我们发现，成人表扬对幼儿的影响并不是单向直接的，表扬的陈词类型、幼儿的认知作用在其中有着不可忽视的作用，以往的研究较少关注。因此，本研究试图从选择性信任的视角，对表扬与幼儿成就归因之间的关系进行探讨，主要包括以下几个方面。

首先，以往对表扬的研究中，更多地默认成人表扬与幼儿行为之间的直接关系，②③ 较少考虑到幼儿已有的认知信念，较少关注幼儿对表扬信息的认知加工过程。而从上述关于选择性信任的研究中我们可以发现，当幼儿的初始判断与成人的归因存在冲突时，信息传递者的观点并不总能被幼儿所接受。特别是幼儿对自己的推断十分确信时，幼儿更有可能会坚持自己的观点，④⑤反之才可能会采信成人的结论⑥。幼儿的这种选择性信任是否会扩展到表扬情境中去？当幼儿的成就归因与成人出现冲突时，幼儿是否会理解并接纳成人的观点？这是本研究首先要探讨的问题。

其次，幼儿在现实生活中接受的表扬可能来自多个群体，包括教师、家人、同伴甚至陌生人等。幼儿在面对他人表扬时，会如何对不同群体的表扬进行分析和取舍？已有的研究表明，幼儿在面对多个信息传递者时，社会性信息与认识性信息都会对幼儿的决策起到干扰作用。⑦ 相比之下，年龄较小

---

① BOSEOVSKI J J. Trust in testimony about strangers: young children prefer reliable informants who make positive attributions [J]. Journal of experimental child psychology, 2012, 111 (3): 543-551.

② KAMINS M L, DWECK C S. Person versus process praise and criticism: implications for contingent self-worth and coping [J]. Developmental psychology, 1999, 35 (3): 835-847.

③ HENDERLONG J, LEPPER M R. The effects of praise on children's intrinsic motivation: a review and synthesis [J]. Psychological bulletin, 2002, 128 (5): 774-795.

④ CLÉMENT F, KOENIG M A, HARRIS P L. The ontogenesis of trust [J]. Mind & language, 2004, 19 (4): 360-379.

⑤ CHOUINARD M M, HARRIS P L, MARATSOS M P. Children's questions: a mechanism for cognitive development [J]. Monographs of the society for research in child development, 2007: i-129.

⑥ JASWAL V K. Preschoolers favor the creator's label when reasoning about an artifact's function [J]. Cognition, 2006, 99 (3): B83-B92.

⑦ 张耀华, 朱莉琪. 认识性信任: 学龄前儿童的选择性学习 [J]. 心理科学进展, 2014, 22 (1): 86-96.

的幼儿在推断时更倾向于使用社会性信息；① 而随着年龄的增长，幼儿会越来越注重事实的客观性。②③ 这种现象在表扬情境下是否一致？当面对表扬时，幼儿更倾向于信任熟悉的信息传递者，还是归因一致的信息传递者？

再次，已有研究表明，信念系统并非单独存在于个体内部，而是以网状结构相互关联在一起。④ 因此，幼儿在对外界归因信息进行推断、决策时，除了直接的归因信念之外，其他的相关信念（如"努力—能力关系信念"）是否会影响幼儿对他人信息的采纳，也是值得探讨的问题。已有研究表明，幼儿关于努力和能力之间关系的认识还处于较粗浅的阶段。⑤⑥ 在小学高年级的儿童群体中发现，表扬对儿童的积极评价和内部动机的影响受到努力—能力关系信念的调节；⑦ 而针对高中生群体的研究结果也表明，努力取向的表扬并不总能带来好处，努力有时会被知觉为无能的表现。⑧ 因此，探究在幼儿群体中，这种努力—能力关系信念是否会影响幼儿对表扬信息的知觉，显得十分有必要。

最后，幼儿对表扬信息的有效加工依赖于认知能力的成熟。以往研究表

① JASWAL V K, CROFT A C, SETIA A R, et al. Young children have a specific, highly robust bias to trust testimony [J]. Psychological science, 2010, 21 (10): 1541-1547.

② KINZLER K D, CORRIVEAU K H, HARRIS P L. Children's selective trust in native-accented speakers [J]. Developmental science, 2011, 14 (1): 106-111.

③ CORRIVEAU K H, KINZLER K D, HARRIS P L. Accuracy trumps accent in children's endorsement of object labels [J]. Developmental psychology, 2013, 49 (3): 470-479.

④ QUINE W V O, ULLIAN J S. The web of belief [M]. New York: Random House, 1978.

⑤ NICHOLLS J G, MILLER A T. Reasoning about the ability of self and others: a developmental study [J]. Child development, 1984, 55 (6): 1990-1999.

⑥ FOLMER A S, COLE D A, SIGAL A B, et al. Age-related changes in children's understanding of effort and ability: implications for attribution theory and motivation [J]. Journal of experimental child psychology, 2008, 99 (2): 114-134.

⑦ LAM S, YIM P, NG Y. Is effort praise motivational? the role of beliefs in the effort-ability relationship [J]. Contemporary educational psychology, 2008, 33 (4): 694-710.

⑧ AMEMIYA J, WANG M T. Why effort praise can backfire in adolescence [J]. Child development perspectives, 2018, 12 (3): 199-203.

明，幼儿心理理论能力与幼儿选择性信任有显著的相关关系。①② 研究者从理论上分析，认为心理理论能力的发展能够有效帮助幼儿推断他人信息传递的意图和能力，增加任务相关的背景知识。③ 而且，心理理论能力的发展顺序与幼儿认知加工的发展过程相类似，两者之间可能存在着一定的相关关系。④但也有研究表明，两者之间不存在稳定的相关关系。⑤⑥ 以上两种结论存在一定的差异。针对这种现象，本研究试图在表扬情境下，对幼儿心理理论能力与幼儿选择性信任之间的关系进行探讨。

综上所述，本研究将通过两个实验，对幼儿接受表扬信息之后处理表扬信息的过程进行探索。具体而言，在实验一中，我们将探究年龄是否影响幼儿对表扬中成就归因的采纳，并探究表扬情境中的信息源与归因信息冲突是否会对幼儿的选择性信任产生影响；而在实验二中，我们将探究幼儿心理理论和幼儿努力—能力信念是否会影响幼儿对教师成就归因表扬的选择性信任。

在研究对象上，本研究采用方便取样的方法，对佛山市一所民办幼儿园中的中、大班幼儿进行测试，预设研究的效应值 $w = 0.62$，统计检验力为 $1-\beta$ = 80%，一类错误概率 α = 5%。⑦⑧ 使用 PASS 11 软件对两个实验所需样本进

---

① DIYANNI C, NINI D, RHEEL W, et al. 'I won't trust you if I think you're trying to deceive me': relations between selective trust, theory of mind, and imitation in early childhood [J]. Journal of cognition and development, 2012, 13 (3): 354-371.

② FEDRA E, SCHMIDT M F H. Older (but not younger) preschoolers reject incorrect knowledge claims [J]. British journal of developmental psychology, 2019, 37 (1): 130-145.

③ BROSSEAU-LIARD P, PENNEY D, POULIN-DUBOIS D. Theory of mind selectively predicts preschoolers' knowledge-based selective word learning [J]. British journal of developmental psychology, 2015, 33 (4): 464-475.

④ WELLMAN H M, CROSS D, WATSON J. Meta-analysis of theory-of-mind development: the truth about false belief [J]. Child development, 2001, 72 (3): 655-684.

⑤ LUCAS A J, LEWIS C, PALA F C, et al. Social-cognitive processes in preschoolers' selective trust: three cultures compared [J]. Developmental psychology, 2013, 49 (3): 579-590.

⑥ 丁雪辰, 桑标, 潘婷婷. 幼儿选择性信任与心理理论和执行功能的关联：来自追踪研究的证据 [J]. 心理科学, 2017, 40 (5): 1129-1135.

⑦ COHEN, J. Statistical power analysis for the behavioral sciences [M]. 2nd ed. Hillsdale, NJ: lawrence Erlbaum Associates, 1988.

⑧ AGUINIS H, BEATY J C, BOIK R J, et al. Effect size and power in assessing moderating effects of categorical variables using multiple regression: a 30-year review [J]. Journal of applied psychology, 2005, 90 (1): 94-107.

行计算，结果显示，实验一（$df = 1$）需要 21 名幼儿，实验二（$df = 2$）需要 26 名幼儿。在实际操作中，我们共抽取了 64 名幼儿（男孩 34 名），其中实验一有 38 名（男孩 21 名），实验二有 26 名（男孩 13 名）。幼儿月龄为 66.55 ± 7.92 个月。

二、实验一：冲突情境下幼儿对教师成就归因的选择性信任

（一）方法

1. 被试

本研究于一所民办区一级幼儿园选取幼儿 38 名，其中中班 18 名（男孩 10 名）、大班 20 名（男孩 11 名），详见表 6-1。

表 6-1　被试基本信息（$n = 38$）

班级	性别	人数	月龄		月龄范围	
			平均值	标准差	最小值	最大值
中班	男	10	60.70	4.35	54	65
	女	8	58.50	4.70	54	65
大班	男	11	72.91	3.34	68	78
	女	9	72.11	3.38	68	76

2. 实验材料

参考卡明斯（Kamins）等人[1]的研究，编制三个成功故事讲述给幼儿听，并在相应情节处提问幼儿。故事情节贴近幼儿日常生活经验，且为了平衡被试对游戏的偏好，故事的主人公都是在完成建筑类的工作。已有的研究亦表明，此类故事能较好地反映幼儿关于能力的感知。[2] 样例如下。

---

[1]　KAMINS M L, DWECK C S. Person versus process praise and criticism：Implications for contingent self-worth and coping [J]. Developmental psychology, 1999, 35 (3)：835-847.

[2]　HEYMAN G D, DWECK C S, CAIN K M. Young children's vulnerability to self-blame and helplessness：relationship to beliefs about goodness [J]. Child development, 1992, 63 (2)：401-415.

故事一：城堡故事

有一天，你在玩积木，你想要建一座大城堡。于是，你找了几块积木，一块、一块地往上放，先盖好了墙，接着把门跟窗户也盖好，最后把房顶也给盖上了。你仔细看了看自己盖的城堡，对自己说："哇，我真的把城堡建好了。"

问题：你把城堡建好，是因为？

3. 实验程序

（1）热身

给幼儿看两个女性玩偶，并告诉他其中一个为幼儿的主班教师（如，林老师），另一个为不认识的阿姨。询问并确信幼儿记住相应的角色后，再进行后续的实验。

（2）询问信念

主试向幼儿分别讲述两个成功故事（城堡故事与大桥故事），将幼儿作为主人公代入故事情节，在每个故事完成之后提问幼儿成功的归因。该问题为开放性问题，依据幼儿回答的内容将其归类，归类标准参考卡明斯（Kamins）等人[1]和冈德森（Gunderson）等人[2]的研究，包括努力取向归因和能力取向归因：前者将成功归因于努力、策略或行为，而后者则将成功归因于类别标签（如，好孩子）或者特质标签（如，很聪明或很能干）。其中归因于能力标记为"0"，归因于努力标记为"1"。当幼儿给出回复之后，主试给予描述，如："哦，你是因为很会建城堡/找到了一个好办法，所以你建的城堡这么高"。当幼儿无法回答时，提供迫选问题"你觉得你是因为很聪明，还是因为很认真啊？"，问题中平衡主试提供的问题选项顺序。

（3）表扬者进入

在第二个故事提问后，主试告诉幼儿："我不知道你说的对不对，可能

---

[1] KAMINS M L, DWECK C S. Person versus process praise and criticism: Implications for contingent self-worth and coping [J]. Developmental psychology, 1999, 35 (3): 835-847。

[2] GUNDERSON E A, GRIPSHOVER S J, ROMERO C, et al. Parent praise to 1- to 3- year-olds predicts children's motivational frameworks 5 years later [J]. Child development, 2013, 84 (5): 1526-1541.

林老师（该幼儿主班老师）和另外一个阿姨知道"，接着拿出两个玩偶，对幼儿的作品进行归因表扬，表扬类型取决于幼儿在第二个故事中的归因。如，当幼儿归因于"很认真"时，主班教师则指着城堡说"你做得真棒，你一定很聪明"（冲突结论），陌生阿姨则说"是啊，你做得好棒，你肯定做得很认真"（一致结论）。

（4）最终判断

当表扬行为结束后，告诉幼儿两人已经离开，接着给幼儿讲述第三个故事，在故事结束后询问幼儿对自己成功的归因："这次，你觉得自己会成功，是因为什么呢?"将幼儿的最终判断与第二次判断做对比，判断幼儿的归因修正，幼儿坚持自己的观点记为"0"，改变原有归因则记为"1"。

4. 实验设计

本研究为 2（年龄：中班、大班）×2（信息类型：陌生一致，熟悉冲突）的混合实验设计，其中年龄为被试间变量，信息类型为被试内变量（分别表示与幼儿相同归因方式的陌生阿姨，及与幼儿归因不同的主班教师）。因变量为幼儿的成就归因的信念修正。实验中，控制幼儿性别与年龄、三个故事的情节类型和问题中的选项顺序，以免造成干扰。

（二）结果

在本研究中，由于班级、性别和成就归因均为二分变量，因此采用卡方检验进行分析，相关系数则采用 r_ϕ 系数。

1. 幼儿初始判断的一致性

卡方检验表明，中班幼儿在两个情境故事中对自己成功的归因存在显著相关（$p = 0.026 < 0.05$），即成就归因具有较好的一致性；但大班幼儿不管在能力归因还是努力归因上，相关都不显著（$p = 0.343 > 0.05$）。该结果表明，中班幼儿在成就归因上具有较好的一致性，而大班没有。见表6-2。

表 6-2　不同班级幼儿初始判断一致性摘要（$n=38$）

班级	故事一	故事二	
		能力（%）	努力（%）
中班	能力	4（22.2）	3（16.7）
	努力	1（5.6）	10（55.6）
$\chi^2=4.923$，$p=0.026$；$r_\Phi=0.523$，$p=0.026$			
大班	能力	6（30.0）	5（25.0）
	努力	3（15.0）	6（30.0）
$\chi^2=0.900$，$p=0.343$；$r_\Phi=0.212$，$p=0.343$			

注：单元格中，括号外为观察到的样本数，括号内为其占总样本的百分比。下同。

2. 幼儿归因修正的人口学差异

卡方检验表明，相比大班组幼儿，中班组幼儿在接受表扬之后更愿意采纳教师与自己不同的成就归因信息（$\chi^2=4.039$，$p<0.05$），归因修正与年龄之间存在着显著的相关关系（$r_\Phi=0.330$，$p<0.05$）。而从班级内的横向比较看，中班幼儿在归因修正上并不存在显著的差异（$\chi^2=0.889$，$p>0.05$）。相较而言，大班幼儿在接受表扬之后，更愿意坚持自己原有的观点（$\chi^2=11.842$，$p<0.01$），表明大班幼儿在面对不同信息源的表扬时，更看重认识性信息的作用。

此外，不同性别幼儿在归因修正上并不存在显著的差异，相关系数也不显著。但对性别内的归因修正进行比较时发现，女孩中改变与坚持的差异不显著（$\chi^2=2.250$，$p>0.05$），而男孩差异显著（$\chi^2=8.048$，$p<0.01$），该结果表明相比男孩，女孩更容易受到教师表扬信息的影响。见表 6-3。

表 6-3　幼儿归因修正在不同人口学特征上的关系比较（$n = 38$）

组别	归因修正		组内检验	
	改变（%）	坚持（%）	χ^2	p
中班（$n = 18$）	7（18.9）	11（29.7）	0.889	0.346
大班（$n = 19$）	2（5.4）	17（45.9）	11.842	0.001
交叉检验	$\chi^2 = 4.039$，$p = 0.044$；$r_\Phi = 0.330$，$p = 0.044$			
女（$n = 16$）	5（13.5）	11（29.7）	2.250	0.134
男（$n = 21$）	4（10.8）	17（45.9）	8.048	0.005
交叉检验	$\chi^2 = 0.735$，$p = 0.391$；$r_\Phi = 0.141$，$p = 0.391$			

（三）结论与讨论

1. 幼儿成就归因的特点

本研究首先对幼儿的成就归因一致性进行检验，结果表明，相比大班幼儿，中班幼儿在成就归因上更为稳定。该结果可能是幼儿的努力—能力信念导致的。[1][2] 更多年幼的幼儿在成就归因上存在着单调的归因方式，即认为努力是成功的唯一原因，因此在对自己的成功进行归因时，能够被知觉到的原因较少，在不同情境下的归因方式更稳定。而大班幼儿关于能力的概念逐渐凸显，努力不再是导致成功的唯一因素，因此更多地呈现出随情境改变的成就归因。从结果看，中班幼儿不管是故事一还是故事二，都更倾向于做努力取向的成就归因；而大班幼儿，故事一中更多幼儿认为成功是因为能力，到了情境二则反转，更多幼儿认为是努力导致的成功。故我们可以认为，两者之间的稳定性差异是由努力—能力信念差异导致的。

---

① NICHOLLS J G, MILLER A T. Reasoning about the ability of self and others: a developmental study [J]. Child development, 1984, 55 (6): 1990-1999.

② FOLMER A S, COLE D A, SIGAL A B, et al. Age-related changes in children's understanding of effort and ability: implications for attribution theory and motivation [J]. Journal of experimental child psychology, 2008, 99 (2): 114-134.

2. 表扬情境下年龄对幼儿选择性信任的影响

本研究首先考察年龄是否影响幼儿对表扬中成就归因信息的选择性信任。研究结果发现，相较于中班幼儿，大班幼儿更愿意坚持自己的初始判断，这与已有的研究结果相一致。①② 该结果支持了已有的研究假设，即随着年龄的增长，幼儿会出现认知信任与情感依恋的分离。③④ 从双加工模型理论来说，随着年龄的增长，幼儿的认知结构逐渐成熟，认知能力和认知资源使得幼儿能够对互动背景中的信息做充分考量，从而判断已有决策是否正确。⑤ 相较而言，年幼的幼儿的自我意识还不够成熟和完善，因此即使是自己已经完成的任务，仍然愿意相信成人的归因会更加准确。

三、实验二：心理理论能力和努力—能力信念对幼儿选择性信任的作用

（一）方法

1. 被试

本研究于一所民办区一级幼儿园选取幼儿 26 名，其中中班 13 名（男孩 6 名）、大班幼儿 13 名（男孩 7 名），详见表 6-4。

---

① ClÉMENT F, KOENIG M A, HARRIS P L. The ontogenesis of trust [J]. Mind & language, 2004, 19 (4): 360-379.

② ROBINSON E J, MITCHELL P, NYE R. Young children's treating of utterances as unreliable sources of knowledge [J]. Journal of child language, 1995, 22 (3): 663-685.

③ CORRIVEAU K H, HARRIS P L. Choosing your informant: weighing familiarity and recent accuracy [J]. Developmental science, 2009, 12 (3): 426-437.

④ CORRIVEAU K H, FUSARO M, HARRIS P L. Going with the flow: preschoolers prefer nondissenters as informants [J]. Psychological science, 2009, 20 (3): 372-377.

⑤ HERMES J, BEHNE T, BICH A E, et al. Children's selective trust decisions: rational competence and limiting performance factors [J]. Developmental science, 2018, 21 (2): e12527.

表 6-4　被试基本信息（$n=26$）

班级	性别	人数	月龄		月龄范围	
			平均值	标准差	最小值	最大值
中班	男	6	60.17	3.82	55	66
	女	7	57.71	2.56	55	63
大班	男	7	74.71	3.99	67	78
	女	6	74.00	3.35	68	78

2. 实验材料

故事内容结合李婷玉等人[①]的实验设计，在错误信念范式[②③]上进行改编，分别对幼儿的努力—能力信念、心理理论能力进行测查，探究两者对幼儿成就归因的影响。故事情节尽可能贴合幼儿实际生活（预实验表明幼儿能够理解故事发展），总时长不超过 10 分钟。故事中用到的材料有两个小动物手偶（小兔子、小鸭子），一个人物玩偶，配对的红色和黄色积木各 3 块。

3. 实验程序

由本班教师向幼儿介绍主试，并说明会玩一个小游戏。主试将幼儿带到安静的教室中单独进行测评，通过讲故事的形式提问幼儿。故事开始前，让幼儿挑选一个他/她喜欢的小动物手偶，作为故事的主人公；另一个小动物则由主试扮演，作为幼儿的朋友；人物玩偶则是教师。

（1）讲故事

借助手偶、玩偶和积木向幼儿讲故事。

有一天，你（假设幼儿为小鸭子）跟你的好朋友小兔子一起玩积木。你们想要建一座大大的城堡。于是，你们走到林老师面前，对老师说："林老

---

① 李婷玉，刘黎，李宜霖，朱莉琪. 冲突情境下幼儿的选择性信任和信念修正［J］. 心理学报，2018, 50（12）：1390-1399.

② BARON-COHEN S, LESLIE A M, FRITH U. Does the autistic child have a "theory of mind" ［J］. Cognition, 1985, 21（1）：37-46.

③ WELLMAN H M, CROSS D, WATSON J. Meta-analysis of theory-of-mind development：the truth about false belief ［J］. Child development, 2001, 72（3）：655-684.

师，我们可以要一些积木吗？我们想要建一座城堡。"于是，林老师给你发了红色的积木，给小兔子发了黄色的积木，然后老师就走开了。这时候小兔子跟你说："你可以跟我换积木吗？"你说："可以啊。"于是，你们两个换了过来，你用黄色的，他用红色的。你们开始建城堡，没过一会儿小兔子就弄好了，跑去了别的地方玩。你却没那么快。于是，你看了看，这块木头放这里，那块木头放那里，你把城墙给建好了，可是屋顶却老是弄不好，怎么办呢？你不知道怎么办，说："我还是等一下再来好了。"于是你也走开了。

（平衡成功的角色，在一半的被试中，成功的角色为被试本人，后续题目也相应改变对象。）

（2）努力—能力信念测试

向幼儿提出如下问题。

你觉得你们两个谁更努力一点？

你觉得你们两个谁更聪明一点？

为什么小兔子不怎么努力，却盖得更好呢？（当被试在第一个问题中说自己更不努力时，此问题更改为"为什么小兔子没有用太多时间，却盖得更好呢？"）

假如你们都很努力，会不会有个人盖得更好呢？

幼儿对上述四个问题的回答，按照尼科尔斯（Nicholls）等人[①]的编码表进行编码，共分为四个等级，按等级从 1 到 4 计分：等级一的幼儿无法区分努力与能力，并且无法区分两者与成功之间的关系；等级二的幼儿将成功的原因完全归结于努力；等级三的幼儿能够开始区分能力与努力，在归因时会归结于其中之一；等级四的幼儿则能够将能力看作限制努力效价的因素。

（3）心理理论能力测试

这个时候，林老师走了进来，看到红色的城堡已经盖好了，黄色的那个还少了一个屋顶。这个时候，你觉得林老师会去表扬谁？你还是小兔子？

---

① NICHOLLS J G, MILLER A T. Reasoning about the ability of self and others: a developmental study [J]. Child development, 1984, 55 (6): 1990-1999.

被试回答小兔子则记"0"，即没通过错误信念测试；回答自己则记"1"，表示通过错误信念测试。

接着林老师把你叫了过来，指着红色的城堡说："你建的城堡很好看，你真聪明！"（能力取向的表扬）老师表扬你，你觉得开心吗？一点点还是很多？

（4）成就归因测试

老师表扬你之后，就去了别的地方。你又重新回到自己的城堡前面，想要把屋顶盖上去。你想了想，于是你轻轻地把木块放上去。"呀，屋顶盖好了，我的城堡盖好了！"你觉得自己为什么能够把城堡盖好呀？

（二）结果

采用卡方检验和列联相关对变量之间的关系做分析，由于努力—能力信念为三分类别变量，因此此处相关系数采用 Cramer's V 值（CV），而班级与性别为二分变量，依旧使用 Φ 值作为相关系数。结果如下。

1. 心理理论能力、信念等级和成就归因在人口学变量上的比较

相关分析结果表明，幼儿心理理论能力与年龄之间存在边缘显著的相关关系（$p = 0.063$），中班幼儿不通过人数显著多于通过人数（$\chi^2 = 9.308$，$p < 0.05$），而大班幼儿在通过比例上不存在显著差异（$\chi^2 = 0.692$，$p > 0.05$）。相比之下，心理理论能力在性别上不存在差异，各比例均相同。见表6-5。

表6-5　心理理论能力与不同人口学特征的关系（$n = 26$）

组别	心理理论能力		组内检验	
	未通过（%）	通过（%）	χ^2	p
中班	12（46.2）	1（3.8）	9.308	0.002
大班	8（30.8）	5（19.2）	0.692	0.405
交叉检验	$\chi^2 = 3.467$，$p = 0.063$　$r_\Phi = 0.365$，$p = 0.063$			
中班	10（38.5）	3（11.5）	3.769	0.052
大班	10（38.5）	3（11.5）	3.769	0.052
交叉检验	$\chi^2 = 0.000$，$p = 1.000$　$r_\Phi = 0.000$，$p = 1.000$			

相关分析结果表明，年龄与幼儿努力—能力信念等级之间不存在显著的相关关系（$p>0.05$），横向的卡方检验也表明，中班幼儿在不同信念等级上不存在显著差异（$\chi^2 = 1.923$，$p>0.05$），大班幼儿也表现出同样的结果（$\chi^2 = 1.273$，$p>0.05$）。总体而言，大多数幼儿保持在二级到三级的信念水平。

而在性别变量上，相关分析表明，性别与努力—能力信念等级之间不存在显著的相关关系（$p>0.05$）。性别内的横向比较也发现，女孩在信念等级上不存在显著差异（$\chi^2 = 3.846$，$p>0.05$），而男孩在两种归因上存在边缘显著的差异（$\chi^2 = 5.091$，$p>0.05$），等级为三级的人数显著大于等级为四级的人数。见表6-6。

表6-6　努力—能力信念等级与不同人口学特征的关系（$n=24$）

组别	信念等级			组内检验	
	二级（%）	二级（%）	二级（%）	χ^2	p
中班	4（16.7）	9（37.5）	0（0.0）	1.923	0.166
大班	5（20.8）	4（16.7）	2（8.3）	1.273	0.529
交叉检验	$\chi^2 = 3.895$，$p=0.143$；$CV=0.403$，$p=0.143$				
女	6（25.0）	6（25.0）	1（4.2）	3.846	0.146
男	3（12.5）	7（29.2）	1（4.2）	5.091	0.078
交叉检验	$\chi^2 = 3.895$，$p=0.143$；$CV=0.195$，$p=0.632$				

卡方结果显示，幼儿的成就归因与性别存在显著的相关关系（$p<0.05$），不同性别的归因方式之间存在差异。性别内的横向比较发现，女孩在归因方式上不存在显著差异（$\chi^2 = 0.077$，$p>0.05$），而男孩在归因方式上差异显著（$\chi^2 = 6.231$，$p<0.05$）。

而在年龄变量上，成就归因在不同年龄班间存在显著差异（$p<0.05$）。具体而言，中班幼儿在两种归因上差异不显著（$\chi^2 = 0.077$，$p>0.05$），而大班幼儿在两种归因上差异显著（$\chi^2 = 6.231$，$p<0.05$）。见表6-7。

表6-7 成就归因与不同人口学特征的关系 （n=26）

组别	成就归因		组内检验	
	能力（%）	努力（%）	χ^2	p
女	7（26.9）	6（23.1）	0.077	0.783
男	2（7.7）	11（42.3）	6.231	0.013
交叉检验	$\chi^2=4.248$，$p=0.039$；$r_\Phi=0.404$，$p=0.039$			
中班	7（26.9）	6（23.1）	0.077	0.783
大班	2（7.7）	11（42.3）	6.231	0.013
交叉检验	$\chi^2=4.248$，$p=0.039$；$r_\Phi=0.404$，$p=0.039$			

2. 心理理论能力、努力—能力信念与成就归因的关系

相关分析表明，心理理论能力与成就归因并无显著相关（$p>0.05$），不管是否通过，都倾向于努力归因。但纵向比较的结果显示，将成就归因于能力的幼儿中，心理理论能力存在显著差异（$\chi^2=5.444$，$p<0.05$），未通过心理理论测试的幼儿占大多数；而将成就归因于努力的幼儿则不存在心理理论能力上的显著差异（$\chi^2=2.882$，$p>0.05$）。见表6-8。

表6-8 心理理论能力与成就归因的相关关系 （n=26）

成就归因	心理理论能力		组内检验	
	未通过（%）	通过（%）		
能力	8（30.8）	1（3.8）	5.444	0.020
努力	12（46.2）	5（19.2）	2.882	0.090
交叉检验	$\chi^2=1.110$，$p=0.292$；$r_\Phi=0.207$，$p=0.292$			

相关分析结果表明，信念等级与成就归因之间存在显著的相关关系（$p<0.05$），不同归因方式间存在显著差异。具体而言，信念等级为二级的幼儿在成就归因上存在显著差异，更多地将成功归因于努力（$\chi^2=5.444$，$p<0.05$），而信念等级为三级的幼儿则不存在归因方式上的显著差异（$\chi^2=0.692$，$p>0.05$）。见表6-9。

表6-9 信念等级与成就归因的关系（$n=24$）

组别	成就归因		组内检验	
	努力（%）	能力（%）	χ^2	p
二级	8（33.3）	1（4.2）	5.444	0.020
三级	5（20.8）	8（33.3）	0.692	0.405
四级	2（8.3）	0（0.0）	—	—
交叉检验	$\chi^2=7.079$，$p=0.029$；$r_\Phi=0.543$，$p=0.029$			

（三）讨论

1. 幼儿心理理论能力与努力—能力信念的特征

本研究通过对幼儿心理理论能力和努力—能力信念进行测量，考察这两种因素对幼儿在成人表扬信息中的选择性信任的影响。卡方检验结果显示，随着年龄的增加，幼儿的心理理论能力逐渐提高，但年龄对努力—能力信念等级没有影响，该结果与以往研究相类似。[1][2][3]

已有的研究表明，4—6岁是幼儿发展心理理论能力的关键期，此时错误信念是该能力的重要体现。但在刘（Liu）等人[4]的研究中我们也发现，部分幼儿存在延迟的现象。从本研究可以看到，尽管相比中班幼儿，大班通过错误信念测试的人数更多，但并没有达到韦尔曼（Wellman）等人[5]描述的状态。李红认为，这可能是由样本来源不同、幼儿样本所处的经济差异导致

---

① WELLMAN H M，CROSS D，WATSON J. Meta-analysis of theory-of-mind development：the truth about false belief［J］. Child development，2001，72（3）：655-684.

② NICHOLLS J G. The development of the concepts of effort and ability，perception of academic attainment，and the understanding that difficult tasks require more ability［J］. Child development，1978，49（3）：800-814.

③ FOLMER A S，COLE D A，SIGAL A B，et al. Age-related changes in children's understanding of effort and ability：implications for attribution theory and motivation［J］. Journal of experimental child psychology，2008，99（2）：114-134.

④ LIU D，WELLMAN H M，TARDIF T，et al. Theory of mind development in Chinese children：a meta-analysis of false-belief understanding across cultures and languages［J］. Developmental psychology，2008，44（2）：523-531.

⑤ 同①。

的。① 这在以往的中国样本中也出现过。②③ 在中国样本中，幼儿更多来自东部发达地区，因此在认知能力上更为成熟。

而针对努力—能力信念等级的研究表明，年幼的儿童（5—9 岁）会认为越努力的孩子越聪明，而年长（10—13 岁）的儿童才会认为越不努力的孩子意味着越聪明。④⑤ 这一基本规律在本研究中同样出现，但不同的是，本研究中幼儿普遍能够将能力作为成功的前因变量，即能到达等级三的水平。结合前人的研究，我们认为这可能是任务背景导致的。在尼科尔斯的研究中，幼儿是通过观察他人的行为来描述成就差异的原因，因此相比特质描述，幼儿使用行为描述会更加容易；⑥ 福尔默（Folmer）等人重复了这一研究，但在实验中，为了控制幼儿无法知道自己的完成情况，采用了难度很高的拼图游戏，甚至于成人也无法完成。⑦ 而在本研究中，幼儿则是自己直接参与到任务中去，主观经验降低了幼儿特质推断的难度，且任务难度很低，因此幼儿更加容易使用特质词对自己或他人的能力做推断。⑧

2. 表扬情境下幼儿成就归因的选择性信任

当幼儿对自己或他人的成就进行归因时，是否会受到教师表扬信息的影响，这种影响是直接作用于幼儿的决策，还是受到其他因素的调节？这是本

① 李红. 中国儿童推理能力发展的初步研究 [J]. 心理与行为研究，2015，13（5）：637-647.

② 张文新，赵景欣，王益文，等. 3—6 岁儿童二级错误信念认知的发展 [J]. 心理学报，2004，36（3）：327-334.

③ 张婷，张莉，廖渝，等. 冲突抑制对儿童错误信念理解的影响：参与概念建构 [J]. 心理科学，2010，33（5）：1113-1117.

④ NICHOLLS J G. The development of the concepts of effort and ability, perception of academic attainment, and the understanding that difficult tasks require more ability [J]. Child development, 1978, 49（3）：800-814.

⑤ NICHOLLS J G. Development of perception of own attainment and causal attributions for success and failure in reading [J]. Journal of educational psychology, 1979, 71（1）：94-99.

⑥ 同④。

⑦ FOLMER A S, COLE D A, SIGAL A B, et al. Age-related changes in children's understanding of effort and ability：implications for attribution theory and motivation [J]. Journal of experimental child psychology, 2008, 99（2）：114-134.

⑧ 王美芳. 儿童人格特质概念的研究方法 [J]. 心理科学进展，2003，11（4）：417-422.

研究的一个重点。在我们的研究中，幼儿在做成就归因之前会收到教师的能力归因取向的表扬，结果发现并非所有的幼儿都采取了教师的归因方式，因此我们对幼儿的心理理论能力和努力—能力信念等级同时进行检验。

实验二的结果显示，幼儿心理理论能力与成就归因不存在显著相关关系，即成人表扬中的归因信息对不同心理理论能力的幼儿没有影响。尽管已有研究表明，幼儿的心理理论能力与选择性信任之间存在着理论①②与现实③④上的可能，但也有研究者对此提出质疑⑤⑥，本研究结论也支持了后者的观点。丁雪辰等人认为，测量工具、实验范式、语言能力和其他相关认知能力的差异可能是产生不同结论的原因。⑦ 在本研究中，对心理理论能力的测量仅采用单个任务，可能导致效度过低或敏感度过低的问题，相较而言在研究中使用多个故事情境⑧对幼儿心理理论能力进行测量，或许能更好地反映其实际水平⑨。

此外，我们还对幼儿的努力—能力关系信念进行测量，考察该信念是否会影响幼儿的成就归因。结果发现，两者之间存在着显著的相关关系，该结

① KOENIG M A, CLÉMENT F, HARRIS P L. Trust in testimony: children's use of true and false statements [J]. Psychological science, 2004, 15 (10): 694-698.

② SPERBER D, CLÉMENT F, HEINTZ C, et al. Epistemic vigilance [J]. Mind & language, 2010, 25 (4): 359-393.

③ CORRIVEAU K H, HARRIS P L. Choosing your informant: weighing familiarity and recent accuracy [J]. Developmental science, 2009, 12 (3): 426-437.

④ GALINDO J H, HARRIS P L. Mother knows best? how children weigh their firsthand memories against their mothers' reports [J]. Cognitive development, 2017, 44: 69-84.

⑤ MILLS C M. Knowing when to doubt: developing a critical stance when learning from others [J]. Developmental psychology, 2013, 49 (3): 404-418.

⑥ BIRCH S A J, VAUTHIER S A, BLOOM P. Three-and four-year-olds spontaneously use others' past performance to guide their learning [J]. Cognition, 2008, 107 (3): 1018-1034.

⑦ 丁雪辰，桑标，潘婷婷. 幼儿选择性信任与心理理论和执行功能的关联：来自追踪研究的证据 [J]. 心理科学, 2017, 40 (5): 1129-1135.

⑧ WELLMAN H M, CROSS D, WATSON J. Meta-analysis of theory-of-mind development: the truth about false belief [J]. Child development, 2001, 72 (3): 655-684.

⑨ PASQUINI E S, CORRIVEAU K H, KOENIG M, et al. Preschoolers monitor the relative accuracy of informants [J]. Developmental psychology, 2007, 43 (5): 1216-1226.

果也与已有研究相同。①②③ 不同于直接的信念冲突，幼儿在对成就进行归因时，除了考虑任务本身的特征外，也会同时考虑其他的信念线索，如教师提供的意见。④ 研究者从认知冲突理论出发，认为信念系统中的信念总是相互关联的，⑤ 当信念之间发生冲突时，个体倾向于修改其中某个信念，而这种修改会按照最小努力原则进行。相较而言，努力—能力信念作为幼儿先天决定的一种信念，对其调整会更难。例如，坚定认为努力是成功的唯一因素的幼儿（等级二），更难以接受来自教师的归因；但是，认为成功即可能来自努力也可能来自能力的幼儿（等级三），则更容易接受教师的归因，并将其作为自己的最后答案，因为此时两种信息源是可以相互兼容的。

四、总讨论与结论

（一）综合讨论

以往对表扬的研究多集中在表扬类型对幼儿信念、内部动机和应对方式等方面的影响，较少关注幼儿在接受成人表扬信息时的认知加工过程。本研究在选择性信任的研究基础之上展开讨论，对可能产生影响的变量进行检验和分析，认为幼儿对成人表扬信息中的归因方式并非简单地被动接受，而是有选择的，这个认知过程受到幼儿年龄、性别和努力—能力关系信念的影响。

1. 幼儿对成人表扬信息的选择性信任

在现实生活中，幼儿总是面对多个表扬者，但由于教育理念或行为风格

---

① LAM S, YIM P, NG Y. Is effort praise motivational? the role of beliefs in the effort-ability relationship [J]. Contemporary educational psychology, 2008, 33 (4)：694-710.

② XING S, GAO X, JIANG Y, et al. Effects of ability and effort praise on children's failure attribution, self-handicapping, and performance [J]. Frontiers in psychology, 2018, 9：1883.

③ NICHOLLS J G. The development of the concepts of effort and ability, perception of academic attainment, and the understanding that difficult tasks require more ability [J]. Child development, 1978, 49 (3)：800-814.

④ QUINE W V O, ULLIAN J S. The web of belief [M]. New York：Random House, 1978.

⑤ FESTINGER L. A theory of cognitive dissonance [M]. Redwood City：Stanford University Press, 1957.

的影响，成人的表扬信息不尽一致。面对多个表扬者，幼儿如何处理表扬信息不一致的情况，优先加工社会性信息还是认识性信息？

在实验一中，我们通过比较不同年龄组幼儿在面对冲突信息时的选择性信任，发现他们在加工倾向上存在显著的差异，具体表现为中班幼儿更愿意优先加工社会性信息，采纳教师的观点，即使这个观点与自己的初始判断存在差异。相比之下，大班幼儿则优先加工认识性信息，当自己已经有了一个判断时，更愿意坚持已有的判断，尽管这个判断与教师给出的归因方式不同。这与已有的研究相类似。① 这个结果也间接证明了认知加工能力在幼儿选择性信任中的作用，幼儿有较为成熟的认知能力或认知资源时，能够较好地协调背景相关知识，情感与认知能够相互分离，②③ 幼儿更为看重自己的主观判断。

这种选择性信任也可能是因为年幼的幼儿对特质的理解还不成熟。以往研究表明，幼儿对特质词的使用仅停留在较为笼统的范围，④ 将成人表扬信息中的"聪明"及"努力"知觉为相同的积极特质，无法区别，因此更为关注信息传递者的社会性信息。而随着幼儿年龄的增长，他们对不同的特质能够较好地区分，从而能够对信息传递者的归因表扬进行加工，对教师表扬信息中的归因内容做出更准确的判断。

2. 幼儿相关心理结构对表扬信息选择性信任的影响

在实验二中，我们通过对幼儿心理理论能力和努力—能力信念同时测量，检验两者对幼儿选择性信任的影响。结果发现，表扬中的归因信息对不同心理理论能力的幼儿的影响不存在显著差异。

---

① CORRIVEAU K H, HARRIS P L. Choosing your informant：weighing familiarity and recent accuracy [J]. Developmental science, 2009, 12（3）：426-437.

② HARRIS P L, LANE J D. Infants understand how testimony works [J]. Topoi, 2014, 33（2）：443-458.

③ LUCAS A J, LEWIS C, PALA F C, et al. Social-cognitive processes in preschoolers' selective trust：three cultures compared [J]. Developmental psychology, 2013, 49（3）：579-590.

④ LAPAN C, BOSEOVSKI J J, BLINCOE S. "Can I believe my eyes?"：three-to six-year-olds' willingness to accept contradictory trait labels [J]. Merrill-Palmer quarterly, 2016, 62（1）：22-47.

这个结果也支持了已有的研究。①② 以往的研究在幼儿心理理论能力和选择性信任的关系上存在较大的分歧：一些研究者认为，心理理论能力能够帮助幼儿获取更多的任务相关背景知识，从而更加精准地对信息传递者传递的信息进行分析，得出更加理性的判断；另一些研究者则持相反的观点，认为两者之间的相关可能是其他认知能力影响的结果。③ 本研究支持了后者的结论。丁雪辰等人对此展开讨论，认为测量工具、实验范式等可能是导致不同结论的重要因素。④ 而在本研究中，我们仅使用一个情境故事对幼儿的心理理论进行测查，这种方式可能导致效度与敏感度的不足。另一方面，心理理论能力本身可能还不足以影响表扬的效果。尽管心理理论有助于幼儿对他人持有的信念进行推测，但幼儿并非仅考虑这一个因素，任务、已有信念和情境等因素也会产生影响。⑤ 因此，幼儿要准确地评估是否相信成人的表扬信息，或许依赖于更为成熟的认知能力，如执行功能等。⑥

在本研究中，我们还同时测量了幼儿的努力—能力关系信念，考察该信念对幼儿接受成人表扬后的成就归因是否有影响，结果发现幼儿的信念等级与成就归因之间存在显著的相关关系。当教师给予能力取向表扬之后，处于低信念等级的幼儿更倾向于做努力归因，而在信念等级三时，幼儿才开始平衡两种归因方式之间的差异，并向能力归因方向倾斜。这一结果验证了以往

① LUCAS A J, LEWIS C, PALA F C, et al. Social-cognitive processes in preschoolers' selective trust：three cultures compared［J］. Developmental psychology，2013，49（3）：579-590.

② PASQUINI E S, CORRIVEAU K H, KOENIG M, et al. Preschoolers monitor the relative accuracy of informants［J］. Developmental psychology，2007，43（5）：1216-1226.

③ 丁雪辰，桑标，潘婷婷. 幼儿选择性信任与心理理论和执行功能的关联：来自追踪研究的证据［J］. 心理科学，2017，40（5）：1129-1135.

④ 丁雪辰，邓欣媚，桑标，等. 幼儿选择性信任与心理理论的关系：争议与展望［J］. 中国临床心理学杂志，2018，26（5）：872-875.

⑤ 张耀华，朱莉琪. 认识性信任：学龄前儿童的选择性学习［J］. 心理科学进展，2014，22（1）：86-96.

⑥ 同③。

的研究。尼科尔斯等人的研究①发现，幼儿的努力—能力关系信念是随着年龄的增加而变化的，当处于等级二的信念等级时，幼儿只能将努力当作事件成功的唯一标准，此时能力的概念并未发展。而直到等级三的时候，幼儿才开始考虑将能力也作为成功的一个前因变量，但此时只是将其作为努力的一种补充，两者属于平行关系。从认知冲突理论来看，幼儿在接受成人能力取向表扬之后，该信念会尝试进入幼儿的信念系统，而能否成功纳入该系统取决于其他信念与其是否兼容。② 拉姆（Lam）等人的研究③发现，只有当儿童能够意识到努力可以带来能力的上升时，努力取向的表扬才能够帮助幼儿去重视努力的作用，否则可能会被知觉为无能的一种。④ 在本研究中，年幼的幼儿对能力的理解还不成熟，因此教师表扬中的能力取向归因无法与已有的信念（即努力是唯一帮助个体成功的因素）兼容，两者之间存在相互矛盾的关系。相较于抛弃已有的信念，坚持原有的信念更符合最小努力原则，因此处在这个信念等级水平的幼儿更愿意坚持自己的观点。而到了信念等级三的幼儿，则能够将能力作为成功的前因变量，因此在教师对其进行能力归因时，这一归因能够较为顺利地被纳入其信念系统，且两者之间不存在信念上的冲突。

（二）教育建议

本研究从选择性信任的视角，通过对幼儿年龄、心理理论能力和努力—能力关系信念进行考察，分析幼儿对成人表扬信息的理解与采纳特点，获得了一些有价值的研究结果，下面针对这些研究成果的实践意义进行梳理。

首先，本研究发现，年纪较小的幼儿在接受表扬之后，更愿意采纳成人的归因信息。因此，在日常生活或教育活动中，成人应当注意区分幼儿的不

---

① NICHOLLS J G. The development of the concepts of effort and ability, perception of academic attainment, and the understanding that difficult tasks require more ability [J]. Child development, 1978, 49 (3): 800-814.

② FESTINGER L. A theory of cognitive dissonance [M]. Redwood City: Stanford university press, 1957.

③ LAM S, YIM P, NG Y. Is effort praise motivational? the role of beliefs in the effort-ability relationship [J]. Contemporary educational psychology, 2008, 33 (4): 694-710.

④ BRUMMELMAN E, CROCKER J, BUSHMAN B J. The praise paradox: when and why praise backfires in children with low self-esteem [J]. Child development perspectives, 2016, 10 (2): 111-115.

同年龄特点和认知特点。对中班及以下的幼儿，成人的归因信息更容易影响幼儿的观点，因此应当谨慎使用表扬时携带的归因信息，更多地强调努力取向的成就归因，帮助幼儿建立良好的智力成长观。而对大班的幼儿，成人的观点并不一定能够得到他们的接受。大班幼儿更倾向于证据而非证言，因此，教师或家长在表扬他们时，应当具体地描述幼儿成功的原因体现在何处，通过所闻、所见、所感来让幼儿明白自己的优点在哪里，从成功的事件中可以吸取哪些有用的经验。成人还可以通过与幼儿共同讨论，针对已经完成或未完成的任务进行交流，让幼儿自己对自己的成就做出判断，教师再循循诱导、肯定幼儿，从而实现激励的效果。

其次，本研究发现，随着努力—能力关系信念的发展，幼儿更容易受到成人表扬中的归因信息的影响。具体而言，当幼儿只能将自身的成功归因于努力时，更不容易受到成人表扬的影响。而当幼儿开始将能力作为成就的原因时，则更容易受到成人表扬的影响。这个结论提示教育工作者，要关注幼儿的信念转变情况。幼儿开始意识到能力是一种预测高成就的品质时，会有意无意地将自身的成就归因于能力。这种归因方式的扩展固然是好的，但成人应当有意地引导其认识努力在其中的作用，而不是一味地夸奖幼儿聪明，否则只会使幼儿建立起智力的固存观，阻碍其发展。

（三）本研究的局限与未来研究方向

虽然本研究基于选择性信任的视角，从幼儿认知加工的角度对成人表扬信息的作用进行了探讨，但该结论仍然需要进一步的检验，包括研究范式与其他相关变量。

第一，在实验一中，面对两个信息传递者提供的表扬时，年龄较大的幼儿更倾向于选择与自己观点一致的陌生表扬者。但由于本研究中提前测量了幼儿对成就归因的判断，因此无法判断幼儿对该信息的偏好是认知加工的结果还是出于自我认同的需要。以往研究也表明，当被试的信念或态度被提前测量时，归因修正的难度更大。①② 未来可以在本研究的基础上加入认知负荷任务，或是间隔一段时间之后再对幼儿在表扬中的选择性信任进行观察，评估是否会产生不一样的选择偏好。

第二，由于研究者本身时间和精力的限制，本研究没有对小班幼儿进行测量。尽管从当前结果可以预见小班幼儿的行为倾向，但仍然需要进一步的检验。

第三，实验二中对幼儿心理理论能力的测量使用的是单指标的测量方式。有研究表明，这容易产生天花板效应。③ 但与已有研究的结论不一致，在本研究中，不管是大班幼儿还是中班幼儿，大多都无法通过心理理论的测试。本研究在预测试阶段也尝试使用经典错误信念范式④⑤对幼儿心理理论进行测量，结果依旧没有改变。已有研究也表明，幼儿能否通过心理理论能力测试，具有任务相关性。⑥ 研究者建议，采用多个故事进行测量可能会更加精准。⑦因此，未来研究应该考虑采用其他方式进行心理理论能力的测量。

第四，在实验二中，我们并没有对被试的初始判断进行测量。这样减少了幼儿对后续判断的启动效应，但不可避免地混淆了幼儿已有的信念系统与成人表扬操作之间的界限。因此，后续研究可以考虑提前对幼儿的成就归因进行测量，再在表扬情境下对幼儿的选择性信任进行测查。

第五，本研究出于研究的便捷考虑，且考虑到努力—能力关系信念可能会对内隐智力理论的测量造成影响，因此在测量时，采用较为直接的成就归

① HIGGINS E T, RHOLES W S. "Saying is believing": effects of message modification on memory and liking for the person described [J]. Journal of experimental social psychology, 1978, 14 (4): 363–378.

② GOPINATH M, NYER P U. The effect of public commitment on resistance to persuasion: the influence of attitude certainty, issue importance, susceptibility to normative influence, preference for consistency and source proximity [J]. International journal of research in marketing, 2009, 26 (1): 60–68.

③ 丁雪辰. 幼儿对信息提供者的选择性信任研究 [D]. 上海: 华东师范大学, 2016.

④ BARON-COHEN S, LESLIE A M, FRITH U. Does the autistic child have a "theory of mind" [J]. Cognition, 1985, 21 (1): 37–46.

⑤ WELLMAN H M, CROSS D, WATSON J. Meta-analysis of theory-of-mind development: the truth about false belief [J]. Child development, 2001, 72 (3): 655–684.

⑥ 同⑤。

⑦ PASQUINI E S, CORRIVEAU K H, KOENIG M, et al. Preschoolers monitor the relative accuracy of informants [J]. Developmental psychology, 2007, 43 (5): 1216–1226.

因作为因变量，而非对幼儿的内隐智力理论进行检验。已有研究表明，内隐智力理论是影响幼儿行为和心理动力的主要原因，①②③ 后续研究可以考虑对幼儿内隐智力理论进行测量，从而判断其对表扬的心理效应的影响。

（四）总结论

在前人研究的基础之上，本研究通过对表扬信息中的冲突类型、幼儿的年龄、心理理论能力、能力—努力信念和成就归因进行测量与分析，得到以下主要结论。

1. 随着幼儿年龄的增加，幼儿对表扬信息的信任更依赖于认识性信息，而年幼的幼儿更依赖于社会性信息。

2. 表扬中的归因信息对不同心理理论水平幼儿的成就归因不产生显著影响。

3. 能力—努力信念影响了幼儿对成人表扬信息的理解与采纳，信念等级较低的幼儿更难接受成人的能力取向表扬。

---

① DWECK C S, CHIU C, HONG Y. Implicit theories: elaboration and extension of the model [J]. Psychological inquiry, 1995, 6 (4): 322-333.

② KAMINS M L, DWECK C S. Person versus process praise and criticism: implications for contingent self-worth and coping [J]. Developmental psychology, 1999, 35 (3): 835-847.

③ 邢淑芬，林崇德. 表扬对儿童心理效应的调节与中介因素 [J]. 首都师范大学学报（社会科学版），2011 (6)：66-70.

第七章　幼儿教师激励性评价对幼儿心理韧性的影响

心理学家威廉·詹姆斯研究发现：人没有经过激励时，积极性和能力仅发挥 20%—30%；经过充分激励后，可能发挥到 80%—90%。有效的激励能够满足幼儿的内在需求，激发幼儿的内在动机，促进潜能的发展，且发展的程度与激励的有效性成正相关。激励性评价能使幼儿感受到重视、关心和敬佩，体验到成功的快乐。

随着心理学研究的不断发展，积极心理学成为焦点之一，而心理韧性（也称心理弹性）作为其重要组成部分，受到了学者们的格外关注。但是据统计，已有的心理韧性研究侧重于留守儿童、初中生、高中生、大学生，鲜有关注学龄前幼儿的。

《中国儿童发展纲要（2001—2010 年）》中提出，"儿童期是人的生理、心理发展的关键时期"。中国人民公安大学李玫瑾教授提出，要关注幼儿挫折教育，对幼儿实行延迟满足，给幼儿注入良好的心理能量，让幼儿成年后可以获得良好的心理能力，更好地面对社会的挫折，走好人生之路。但据研究统计，目前我国幼儿心理健康状况不容乐观，以社会适应不良、品行障碍为甚，长此以往会影响幼儿心理的健康发展。幼儿在遭遇逆境或生活中的小挫折时，如果不能很好地自我调节，心理困境没有得到及时解决，随着年龄的增长，就可能导致青少年犯罪率、自杀率的提高，给自身、家庭和社会带来极大伤痛。

幼儿心理的健康发展承载着祖国的未来，关系教育事业的发展和社会的全面进步。关注幼儿心理韧性，乃学前教育研究的趋势，迫在眉睫。

一、问题提出

（一）心理韧性

科学家从 20 世纪 50 年代开始进行心理韧性研究，早期主要集中在医学方面，关注健康人格与精神疾患，后来研究范围逐渐扩大，开始研究家庭、经历心理创伤的特殊人群等。心理韧性的概念有多种定义，目前仍没有统一的定论。美国心理学会将其定义为个体对困难经历的反弹能力，是个体面对创伤、悲剧、逆境、威胁或其他重大压力时的良好适应过程。有研究者认为，心理韧性是个体的一种技能和品质，人类面对逆境时的一种良好适应，也是人们普遍具有的一种潜能。[①]

在操作定义的层面，笔者归纳已有的研究，发现对心理韧性的概念界定可大致分为以下几类。

第一类：特质取向，也称能力取向。侧重于个体在经历创伤或挫折时稳定的适应能力和特质，是个人的固有属性。如：康纳（Connor）和戴维森（Davidson）认为，心理韧性是一种个人品质。李（Lee）和克兰福德（Cranford）认为，心理韧性是应对逆境、风险、重要变化的能力。莱波尔德（Leipold）和格雷夫（Greve）认为，心理韧性是稳定性、恢复力、成长。[②]

第二类：过程取向。侧重于个体与环境的相互作用，强调对压力事件应对的过程、适应的过程，不是一成不变的，是动态的。如：拉特（Rutter）提出，心理韧性是充满活力的过程，随着环境的改变而改变。卢塔尔（Luthar）等人提出，心理韧性是动态的过程，可以积极适应不利环境。过程取向的研究者关注个体应对逆境的过程，把逆境不仅仅看作人的被动经验，

---

① 周会娜. 积极心理学视角下的心理弹性研究 [J]. 宁波教育学院学报，2010，12（5）：92-95.

② GARMEZY N. Resiliency and vulnerability to adverse developmental outcomes associated with poverty [J]. American behavioral scientist，1991，34（4）：416-430.

而是看作包含主动应对环境的过程。[①]

第三类：结果取向。侧重于行为的结果或功能，是积极适应的良好结果。如：达朗佩尔（D'lmperior）等人提出，心理韧性是指个体即使在遭遇挫折等各种事件之后，依然能够积极乐观。结果取向的研究者关注自我效能感等，强调应该多关注积极的发展结果。[②]

以上概念界定各有侧重，如果单独割裂，会有片面性；综合考虑，对心理韧性的认识则比较全面、客观。总而言之，心理韧性的条件为：个人曾经经历或者正在经历压力、逆境，但恢复良好。本研究为特质取向，认为心理韧性是个体面对挫折、压力或逆境等不良事件时，能够积极适应或恢复的心理复原力。

（二）心理韧性测量

西方国家日益重视心理韧性的研究。我国从 2000 年左右开始进行心理韧性研究，除了引进国外的心理韧性测量工具，也有不少研究者开始着力于心理韧性测量工具本土化，自制量表或进行不同版本的修订。目前，心理韧性的研究对象主要包括特殊儿童（矮小症患儿、癫痫患儿等）、受灾地区的学生、留守儿童、流动儿童、受艾滋病影响的儿童、吸毒人员子女、中小学生等。使用的研究工具共计 24 种，包括 18 种成熟量表和 6 种自编量表，其评分标准和维度各有不同。据统计，其中胡月琴等研究者编制的青少年心理韧性量表（Resilience Scale for Chinese Adolescent，RSCA）[③]、康纳－戴维森心理韧性量表（Connor-Davidson Resilience Scale，CD-RISC）[④]、RS（Resilience

---

① MASTEN A S，BEST K M，GARMEZY N . Resilience and development：contributions from the study of children who overcome adversity［J］. Development and psychopathology，1990，2（4）：425-444.

② RUTTER M D. Psychosocial resilience and protective mechanisms［J］. American journal of orthopsychiatry，1987，57（3）：316-331.

③ 胡月琴，甘怡群. 青少年心理韧性量表的编制和效度验证［J］. 心理学报，2008，40（8）：902-912.

④ CONNOR K M，DAVIDSON J R. Development of a new resilience scale：the Connor-Davidson Resilience Scale（CD-RISC）［J］. Depression and anxiety，2003，18（2）：76-82.

Scale）-11 心理韧性量表①使用较为广泛。以下是部分有代表性的心理韧性测量工具。

自我心理韧性量表，权威性较高，使用广泛，共 14 个题目，由布洛克（Block）和克雷曼（Kreman）编制。②

心理韧性量表，测量丧偶老年妇女心理韧性的内部保护因素，分为坚持性、自信心、自在感、生活体验及镇定性 5 个维度，共 25 个题目。③

健康青少年心理韧性评定问卷，将心理韧性分为内在和外在保护性因素（内在因素即个人特质因素，外在因素即家庭、同伴群体等因素），涵盖 19 个维度，共 60 个题目。由康斯坦丁（Constantine）等人编制。

特质性心理韧性量表，测量耐受力人格倾向，分为执行、控制、挑战 3 个维度，共 45 个题目，由巴尔托内（Bartone）等人编制。

个人保护因素问卷，分为家庭等 6 个维度，共 61 个题目，由斯普林格（Springer）和菲利普（Philip）编制。

复原技巧和能力量表，分为未来导向、独立和有益技能 3 个维度，共 35 个题目，由格林（Green）和克罗格（Kroger）等人编制。

除青少年心理韧性量表 51 题和心理韧性与青少年发展模型 56 题，其他量表一般 20 个题目左右。相关因素量表主要包括社会支持评定量表、父母教养方式评价量表及一般自我效能感量表等。

本研究采用幼儿心理韧性量表（Devereux Early Childhood Assessment for Preschoolers, Second Edition, DECA-P2），分为 4 个维度，共 38 个题目，由季雨竹等人进行本土化检验。④

① AHERN N R, KIEHL E M, SOLE M L, et al. A review of instruments measuring resilience ［J］. Issues in comprehensive pediatric nursing. 2006, 29（2）：103-125.

② BLOCK J, KREMAN A M. IQ and ego-resiliency: conceptual and empirical connections and separateness ［J］. Journal personality and social psychology, 1996, 70（2）：349-361.

③ WAGNILD G M, YOUNG H M. Development and psychometric evaluation of the Resilience Scale ［J］. Journal of nursing measurement, 1993, 1（2）：165-178.

④ LEBUFFE P A, NAGLIERI J A. Devereux Early Childhood Assessment for Preschoolers Second Edition（DECA-P2）: user's guide and technical manual ［M］. Lewisville, NC: Kaplan Early Learning Company, 2013.

(三) 心理韧性影响因素及模型

心理韧性的影响因素可归为两大类：保护性因素和危险性因素。① 每一类因素都包含个人因素、家庭因素和社会因素。

保护性因素是帮助个体更好地应对逆境、抵抗不利影响的各种因素。其中，个人因素包含高智力、良好气质、高超的社会技能、移情能力、自控力、开朗的性格、毅力、较小的童年压力、积极情感等。家庭因素包含父母和谐相处、家庭经济状况良好、父母高关怀力及高指导力、适度的期望和鼓励、良好的家教、甜蜜的亲子关系等。社会因素包含国家的支持、学校因素、同伴关系、邻居关系、良好的居住环境、有受教育和就业的机会、来自非家庭成员的社会支持等。社会因素中，学校因素包含亲密的师生关系、同伴关系、人文关怀和积极的校园环境等。研究发现，保护性因素有利于心理韧性的培养，发挥正向作用。儿童获得来自家人、亲戚、教师、同伴以及邻居的保护性因素越多，则越能够承受挫折和压力，心理韧性越强。②

危险性因素是增加不利影响、让结果更加消极化、提高受创度的一类因素。其中，个人因素包含自我控制力弱、注意缺陷、缺乏目标、性格柔弱或冲动、智力低下、身体虚弱等。家庭因素包括家庭冲突、亲子依恋关系差、家庭管理差、家人酗酒、父母关系破裂、家庭暴力、家庭贫困、家庭冷漠、家庭条件差等。社会因素包括较差的同伴关系及邻里关系、有反社会倾向、环境嘈杂等。危险性因素危胁着儿童的心理韧性。

有学者对心理韧性的影响因素构建了解释模型，共有如下6类模型。

1. 系统模型。曼德雷尔和皮里认为，心理韧性分为个体内部因素和个体外部因素。个体内部因素又分为生物因素和心理因素，生物因素包含性别、基因、身体健康等因素，心理因素包含人格、智力、认知等因素。个体外部因素又分为家庭内因素和家庭外因素，家庭内因素包含父母、兄弟姐妹、家庭环境等，

① 曾守锤，李其维. 儿童心理弹性发展的研究综述 [J]. 心理科学，2003，26 (6)：1091-1094.

② BANDURA A, BARBARANELLI C, CAPRARA G V, et al. Self-efficacy beliefs as shapers of children's aspirations and career trajectories [J]. Child development, 2001, 72 (1)：187-206.

家庭外因素包含学校、教师、同伴等。各因素相互影响、相互作用。见图 7-1。

图 7-1　心理韧性系统模型①

2. 补偿模型。② 补偿模型理论指出，压力或逆境为危险因子，它和补偿性因子（也称保护性因子）共同作用于个体的发展结果。危险因子起负向作用，补偿性因子起正向作用，两者之间又相互独立。危险因子（如家暴、贫困、患病等）过多，即使个体有支持性的社会环境，他也面临严重压力或逆境，补偿性因子相对较少，个体短期内出现心理问题的可能性较大，易出现消极发展结果。危险因子正向作用于消极发展结果，补偿性因子负向作用于消极发展结果，会减弱危险因子对个体的作用。见图 7-2。

3. 挑战模型。挑战模型认为，危险因子（压力或逆境）与保护性因子为同一类型变量，危险因子与消极发展结果呈曲线关系，只有当危险因子处于中等水平，才对应积极发展结果，否则都对应消极发展结果。压力或逆境为中等水平（即适度），个体才能够克服；高于或者低于中等水平，个体都无法应对，会促成消极发展结果。保护性因子在危险因子与消极发展结果之间

①　WERNER E E, SMITH R S. Vulnerable but invincible: a longitudinal study of resilient children and youth ［M］. New York, NY: McGraw-Hill, 1982.

②　GARMEZY N, MASTEN A S, TELLEGEN A. The study of stress and competence in children: a building block for developmental psychopathology ［J］. Child development, 1984, 55 (1): 97-111.

起到调节的作用，能够一定程度上减少消极发展结果的发生。见图7-3。

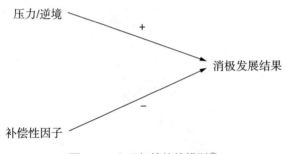

图7-2　心理韧性补偿模型①

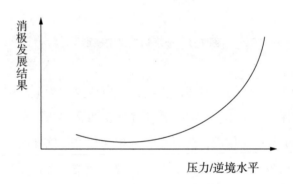

图7-3　心理韧性挑战模型②

4. 条件模型，也称调节模型、保护模型。条件模型认为，特定的保护性因子可以减少危险因子（压力或逆境）的消极发展结果，保护性因子之间存在交互作用，调节危险因子的影响。无论危险因子多或少，保护性因子都起保护作用，总体功能得到保护；但是如果特定的保护性因子不存在，则功能会受到伤害。见图7-4。

---

① GARMEZY N. Resiliency and vulnerability to adverse developmental outcomes associated with poverty [J]. American behavioral scientist, 1991, 34 (4): 416-430.

② LUTHAR S S, CICCHETTI D, BECKER B. The construct of resilience: a critical evaluation and guidelines for future work [J]. Child development, 2000, 71 (3): 543-562.

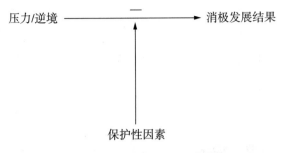

图 7-4　心理韧性条件模型

5. 过程模型。该模型由理查森（Richardson）提出，揭示了个体经历压力源逆境生活事件，在保护性因子和危险因子相互作用下，最终达到适应结果的过程。当压力源逆境生活事件出现、身心健康的平衡状态被打破时，个体的保护性因子就会进行对抗，心理韧性进行重新整合；再次达到平衡时，心理韧性水平提高。但是，当个体的保护性因子无法对抗出现的压力源逆境生活事件时，身心健康的平衡状态被打破，会出现回归性重组、缺失性重组和机能不良重组三种状况。见图 7-5。

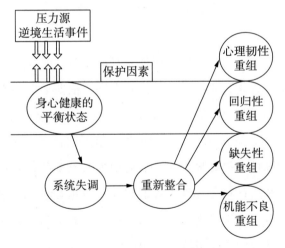

图 7-5　心理韧性过程模型①

①　RICHARDSON G E. The metatheory of resilience and resiliency〔J〕. Journal of clinical psychology，2002，58（3）：307-321.

6. 动态模型。动态模型认为，在个体发展过程中，个体会有安全、爱、归属等心理方面的需要。外部保护因素，如亲密关系、高期望值、积极参与、学校等，可以满足这些需要。如果需要能够得到满足，个体会产生心理韧性特质，如合作、移情、问题解决等，减少危险因素的影响，努力争取达到身体健康、社会认可、学业有成等。见图7-6。

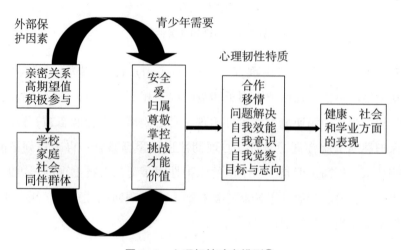

图7-6 心理韧性动态模型①

激励是一种心理过程。人接受某种激励的刺激，就会处于兴奋状态。激励性评价是以学生为本，激励学生，促其发展，根据学生的实际特点，不断总结并反思学生的学和教师的教，从而发挥评价的激励性功能。在所有评价管理中，激励性评价是被许多人所采用的有效的评价方法之一。

幼儿教师激励性评价着眼于幼儿活动动机的激发和自信心的提升，关注幼儿的心理感受和生存状态，具体肯定和鼓励幼儿的创造与进步，不断化解幼儿成长中的危机，善于发现幼儿的闪光点，帮助幼儿去除负面标签，从促进幼儿积极自我评价的角度塑造幼儿积极的自我意识和个性，进而推动幼儿

---

① RICHARDSON G E, NEIGER B L, JENSEN S. The resiliency model [J]. Health education, 1990, 21 (6): 33-39.

健康、全面地发展。①

激励性评价与心理韧性的相关实证研究较为匮乏，本研究拟检验教师激励性评价对幼儿心理韧性的影响。

二、研究设计

（一）研究问题及研究假设

本研究设置实验组和对照组，通过对教师激励性评价、幼儿心理韧性进行实验和行动研究等，研究教师激励性评价对幼儿心理韧性的影响。本研究主要包含两部分：第一部分，研究教师激励性评价对幼儿心理韧性的行动干预；第二部分，研究教师激励性评价对幼儿心理韧性的影响效果，也是本研究的要点。研究的具体问题如下。

问题一：教师激励性评价对幼儿心理韧性有无影响？

问题二：教师激励性评价对幼儿心理韧性的影响是否存在性别差异？

问题三：教师激励性评价与幼儿心理韧性是否存在相关？

基于已有的研究成果，本研究提出如下假设。

（1）教师激励性评价对幼儿心理韧性有显著影响。

（2）教师激励性评价对幼儿心理韧性的影响存在性别差异。

（3）教师激励性评价与幼儿心理韧性存在显著相关。

（二）研究思路

研究者基于幼儿心理韧性和教师激励性评价的文献研究，确定探讨的问题，选择研究对象，选择教师激励性评价和幼儿心理韧性的研究工具，制定研究方案，对实验组教师进行培训干预。本研究主要采取实验法，设定实验组和对照组，实验期为 6 个月，对比幼儿教师实施激励性评价（负向化解和正向肯定）前后幼儿心理韧性的变化。数据处理方面，在实验前使用 SPSS22.0 进行实验组和对照组同质性检验、独立样本 t 检验、相关分析，检

---

① 叶平枝. 照亮当下　照进未来 [J]. 学前教育，2019（9）：19-21.

验实验组和对照组教师激励性评价、幼儿心理韧性是否有显著差异，是否存在相关；确认无显著差异后，进行前后测独立样本 t 检验，以检验实验组和对照组在实施干预前后，教师激励性评价和幼儿心理韧性是否存在显著差异；再对实验前后对照组和实验组进行性别差异检验，以确定是否存在性别差异；对实验前后教师激励性评价与幼儿心理韧性进行相关分析。最后，检验教师激励性评价对幼儿心理韧性的影响效果，形成研究结论，总结研究创新与不足，撰写讨论与建议。

（三）研究方法和研究对象

本研究以实验法为主，文献法和行动研究法为辅，观察法为补充。实验法用于教师激励性评价对幼儿心理韧性影响效果的检验。文献法主要是对幼儿心理韧性、教师激励性评价进行相关研究的梳理和界定，为制定实验方案做理论准备。行动研究法用于幼儿心理韧性、教师激励性评价的实施和修正。观察法是在随机选择研究对象后，进行初步的观察，以确定实验方案，是实行实验法时对研究过程进行的补充。

本研究随机选取广州市某幼儿园为实验场所，小班 4 个班级，教师每班各 3 名、幼儿每班各 31 名为研究对象。其中实验组 1 个班，教师 3 名，幼儿 31 名；对照组 3 个班，教师 9 名，幼儿 93 名。

（四）研究工具

（1）幼儿心理韧性量表

本研究中幼儿心理韧性的测量工具，选用的是季雨竹等修订后的幼儿心理韧性量表（DECA-P2）。量表包含 38 个题目，分成 4 个维度：主动性（9题）、自我调节（9题）、人际关系（9题）、行为问题（11题）。这 4 个维度的题目数量略有差异，其中行为问题的题目最多。行为问题与其他维度不同，不属于保护性因素范畴，仅作为幼儿行为问题的初步筛查。幼儿心理韧性量表采用 5 点李克特量表计分（1—5 分别代表从不、很少、有时、较常、很经常），可以由与幼儿亲密接触的主要抚养人进行评分。将主动性、自我调节与人际关系 3 个分量表的分数加总，即得到总体保护性因素（Total Protective Factors，TPF）分量表的原始分。

幼儿心理韧性量表适用于 3—5 岁幼儿。本研究在对幼儿心理韧性进行测量时选用该量表，并对其进行了信度检验。结果显示，本研究中幼儿心理韧性量表的信度较好。见表 7-1。

表 7-1　幼儿心理韧性量表各分量表的 Cronbach α 系数

信度类型	总表	主动性	自我调节	人际关系	保护性因素	行为问题
内部一致性信度	0.797	0.874	0.885	0.815	0.939	0.826
重测信度	0.824	0.928	0.944	0.849	0.967	0.878

（2）幼儿教师激励性评价问卷

幼儿教师激励性评价问卷由叶平枝、林朝湃与王茜编制，包含负向化解和正向肯定 2 个维度，问卷具有良好的信度（见表 7-2）。负向化解指的是当幼儿处于被动的消极自我认知情境时，教师予以肯定或支持，从而帮助幼儿获得新的积极自我认知。正向肯定则表示当幼儿获得成功时，教师予以具体、过程性指向的反馈，帮助幼儿建立发展性的成功认知。负向化解维度的题目数量为 11 个，正向肯定维度的题目数量为 9 个，采用 5 点李克特计分（1—5 分别代表非常不同意、比较不同意、同意、比较同意、非常同意），直接由教师本人进行纸质版填写。

表 7-2　幼儿教师激励性评价问卷各维度的 Cronbach α 系数

信度类型	总表	负向化解	正向肯定
内部一致性信度	0.920	0.883	0.815
重测信度	0.958	0.917	0.941

（五）研究设计

本研究采用前后测对照组实验设计，研究者给予实验组和对照组不同的实验处理，先对实验组教师进行激励性评价专家培训，再对实验组幼儿进行激励性评价（负向化解、正向肯定）行为干预，共 6 个月，对照组不进行教师激励性评价和幼儿心理韧性的相关干预，以探讨幼儿心理韧性是否因为教师激励性评价行为干预而有所变化。研究假定实验组教师经过专家培训后，已具备运用激励性评价的能力。实验设计见表7-3。

表7-3　教师激励性评价对幼儿心理韧性影响的实验设计

组别	前测	处理	后测
实验组	教师激励性评价行为 幼儿心理韧性	教师培训（实验前） 教师干预（教师培训后）	教师激励性评价行为 幼儿心理韧性
对照组		—	

1. 实验变量

本研究为不相等实验组对照组前后测实验设计，自变量为教师激励性评价，因变量为幼儿心理韧性。干扰变量为教师、幼儿水平，课程设计内容等。为了排除干扰变量，实验前，进行同质性检验，保持实验组和对照组教师、幼儿水平一致；实验过程中，保持课程内容一致、园所活动一致、教师同等关注幼儿等。

2. 实验程序

（1）前测（2018.6.13—2018.7.13）

对实验组、对照组均测试教师激励性评价和幼儿心理韧性水平。具体实施过程如下：与教师协商选择合适的时间、地点，对实验组和对照组进行前测。将幼儿教师激励性评价问卷打印并装订好，选择安静的会议室，请教师填写。另外，研究者编辑幼儿心理韧性量表电子版，让班级教师在班级群转发，让幼儿的主要监护人填写，规定填写结束时间。汇总教师和幼儿问卷，形成前测资料。

实验干预前，对实验组教师进行激励性评价培训，培训专家为叶平枝教授等。对照组教师不参与培训。

（2）实验干预

实验组教师对幼儿进行激励性评价行为干预，为期6个月。实验组教师定期研讨，并向叶平枝教授定期反馈，在实践的基础上不断反思与改进。实验期间，叶平枝教授到幼儿园对实验组教师进行教师激励性评价指导。对照组不进行实验干预。

（3）后测（2019.1.16—2019.2.24）

实验后，分别测试实验组和对照组的教师激励性评价、幼儿心理韧性。具体实施过程同前测。

3. 数据处理

研究者将教师激励性评价和幼儿心理韧性的前后测数据录入，采用SPSS22.0工具，对其进行描述性统计分析、独立样本 t 检验和相关分析，分别呈现教师激励性评价前后测数据差异、实验组和对照组幼儿心理韧性前后测数据差异与描述统计分析、不同性别幼儿心理韧性数据差异与描述统计分析、教师激励性评价与幼儿心理韧性的相关分析。

三、研究结果与分析

（一）教师激励性评价前后测情况

1. 实验前教师激励性评价同质性检验

为了解在进行教师激励性评价专家培训前实验组和对照组教师是否存在水平差异，先对教师激励性评价进行同质性检验，结果见表7-4。

表7-4　实验组和对照组教师激励性评价前测差异比较

维度	组别	平均值	标准差	F	t	p
负向化解	实验组	4.17	0.21	2.914	−1.236	0.245
	对照组	4.45	0.38			
正向肯定	实验组	4.11	0.15	4.748	−1.364	0.202
	对照组	4.35	0.28			

前测数据中负向化解（ $p = 0.245 > 0.05$ ）、正向肯定（ $p = 0.202 > 0.05$ ）两个维度上的差异均未达显著水平。此结果显示，在教师激励性评价方面，实验前实验组与对照组教师不存在显著差异，具有同质性，具备开展实验的前提条件。

2. 实验组和对照组教师激励性评价后测差异比较

实验组教师经过专家培训后，研究者对实验组和对照组教师激励性评价后测进行独立样本 t 检验，结果见表 7-5。

表 7-5　实验组和对照组教师激励性评价后测差异比较

维度	组别	平均值	标准差	F	t	p
负向化解	实验组	4.80	0.31	0.545	4.107	0.002
	对照组	4.13	0.23			
正向肯定	实验组	4.91	0.08	2.796	4.379	0.001
	对照组	4.19	0.27			

后测数据中负向化解（$p=0.002<0.01$）、正向肯定（$p=0.001<0.01$）两个维度上的差异均达非常显著的水平，正向肯定的差异比负向化解的差异更显著。此结果显示，在教师激励性评价方面，专家培训后实验组教师发生显著变化，与对照组存在显著差异。

3. 实验组教师激励性评价前后测差异比较

为了检验实验组教师在接受培训后激励性评价各维度的发展情况，进行实验组前后测数据独立样本 t 检验，结果见表 7-6。

表 7-6　实验组教师激励性评价前后测差异比较

维度	组别	平均值	标准差	F	t	p
负向化解	前测	4.17	0.21	0.934	-2.922	0.043
	后测	4.80	0.31			
正向肯定	前测	4.11	0.15	1.600	-8.126	0.001
	后测	4.91	0.08			

由表 7-6 可知，前后测数据中负向化解（$p=0.043<0.05$）、正向肯定（$p=0.001<0.01$）两个维度上的差异均达显著水平，正向肯定的差异比负向化解的差异更显著，达到非常显著水平。此结果显示，在教师激励性评价方面，培训后实验组教师发生显著变化，与培训前存在显著差异，教师激励性

评价专家培训能较快提高教师激励性评价能力，尤其是对幼儿的正向肯定
能力。

（二）幼儿心理韧性的发展状况

1. 实验前幼儿心理韧性同质性检验

为了解实验组和对照组幼儿在进行教师激励性评价行为干预前是否存在
差异，先对两组幼儿心理韧性进行同质性检验，结果见表7-7。

表7-7　实验组和对照组幼儿心理韧性前测差异比较

维度	组别	平均值	标准差	F	t	p
主动性	实验组	3.60	0.37	7.075	0.719	0.474
	对照组	3.53	0.63			
自我调节	实验组	3.51	0.43	2.042	0.177	0.860
	对照组	3.48	0.63			
人际关系	实验组	4.11	0.46	1.635	0.517	0.606
	对照组	4.05	0.57			
保护性因素	实验组	3.74	0.38	2.471	0.458	0.648
	对照组	3.69	0.55			
行为问题	实验组	2.29	0.39	4.510	0.074	0.941
	对照组	2.28	0.58			

前测数据中实验组和对照组在主动性（$p=0.474>0.05$）、自我调节（$p=0.860>0.05$）、人际关系（$p=0.606>0.05$）、保护性因素（$p=0.648>0.05$）、行为问题（$p=0.941>0.05$）各个维度上的差异均未达显著水平。此结果显示，在心理韧性方面，实验前实验组与对照组幼儿不存在显著差异，具有同质性，具备开展实验的前提条件。

2. 幼儿心理韧性前后测的描述统计结果

实验前，幼儿心理韧性保护性因素中，最小值最低为自我调节，最高为人际关系；最大值最高为主动性；保护性因素总分平均值为3.70，最小值为2.00，最大值为4.78。而行为问题平均值为2.29，最小值为1.36，最大值为4.09。

实验后，实验组幼儿心理韧性保护性因素总分最小值为3.96，最大值为5.00，平均值为4.70，均高于前测的对应分数；行为问题最小值为1.00，最大值为2.18，平均值为1.49，均低于前测的对应分数。结果显示，实验组幼儿心理韧性保护性因素呈上升趋势，行为问题呈下降趋势。详见表7-8和表7-9。

表7-8　幼儿心理韧性前测的描述统计结果（$n=124$）

维度	最小值	最大值	平均值
主动性	1.89	5.00	3.55
自我调节	1.56	4.89	3.49
人际关系	2.44	4.89	4.07
保护性因素	2.00	4.78	3.70
行为问题	1.36	4.09	2.29

表7-9　实验组幼儿心理韧性后测的描述统计结果（$n=31$）

维度	最小值	最大值	平均值
主动性	3.33	5.00	4.64
自我调节	3.78	5.00	4.73
人际关系	4.11	5.00	4.73
保护性因素	3.96	5.00	4.70
行为问题	1.00	2.18	1.49

3. 实验组幼儿心理韧性前后测的等级分布

为了解实验前后实验组幼儿心理韧性的总体情况，基于描述性统计分析，形成实验组幼儿心理韧性的等级分布图，见图7-7和图7-8。其中，保护性因素为主动性、自我调节和人际关系3个维度的总分平均值，"一般水平"为实验组幼儿的平均值。

前测中，实验组幼儿保护性因素等级接近三角形分布，大部分幼儿处于一般水平，占比48.40%；一部分幼儿高于一般水平，占比41.90%，低于一

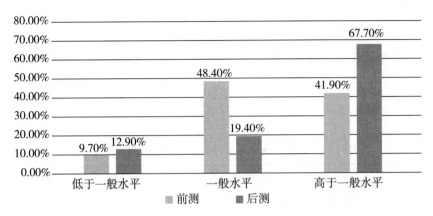

图7-7 实验组幼儿保护性因素等级分布前后测对比

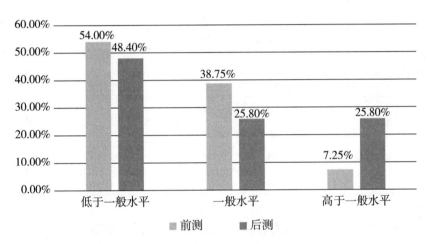

图7-8 实验组幼儿行为问题等级分布前后测对比

般水平的幼儿只有9.70%。而行为问题等级呈现坡度分布，低于一般水平的为多（占比54.00%），一般水平的占比38.75%；较少幼儿高于一般水平，占比7.25%。

后测中，实验组幼儿保护性因素呈梯形上升分布，主要集中在"高于一般水平"，相比前测上升至67.70%，"一般水平"相比前测下降至19.40%，保护性因素上升幅度明显；行为问题等级分布的占比大体呈梯形下降分布，具体要结合描述性统计结果进行分析。

4. 实验组和对照组幼儿心理韧性后测差异比较

在实验组幼儿经过 6 个月的激励性评价（负向化解、正向肯定）行为干预后，对实验组和对照组幼儿心理韧性后测数据进行独立样本 t 检验，结果发现，实验组和对照组幼儿心理韧性在 4 个维度上的差异均达到非常显著水平（$p<0.001$）。见表 7-10。

表 7-10　实验组和对照组幼儿心理韧性后测差异比较

维度	组别	平均值	标准差	F	t	p
主动性	实验组	4.64	0.38	1.575	13.738	0.000
	对照组	3.29	0.50			
自我调节	实验组	4.73	0.32	3.263	14.631	0.000
	对照组	3.29	0.52			
人际关系	实验组	4.73	0.28	4.467	13.213	0.000
	对照组	3.81	0.46			
保护性因素	实验组	4.70	0.28	3.061	14.580	0.000
	对照组	3.46	0.44			
行为问题	实验组	1.49	0.35	0.772	-11.331	0.000
	对照组	2.53	0.47			

此结果显示，在心理韧性方面，经过实验干预后，实验组幼儿与对照组幼儿存在非常显著的差异。

5. 实验组幼儿心理韧性前后测差异比较

为了检验实验组幼儿在干预后心理韧性各维度的发展情况，进行实验组幼儿心理韧性前后测数据独立样本 t 检验，结果见表 7-11。

表 7-11　实验组幼儿心理韧性前后测差异比较

维度	类别	平均值	标准差	F	t	p
主动性	前测	3.60	0.37	0.124	-10.930	0.000
	后测	4.64	0.38			

续表

维度	类别	平均值	标准差	F	t	p
自我调节	前测	3.51	0.43	3.655	-12.832	0.000
	后测	4.73	0.32			
人际关系	前测	4.11	0.46	5.957	-6.407	0.000
	后测	4.73	0.28			
保护性因素	前测	3.74	0.38	2.524	-11.410	0.000
	后测	4.70	0.28			
行为问题	前测	2.29	0.39	0.001	8.492	0.000
	后测	1.49	0.35			

各个维度的前后测差异均达到非常显著水平（$p<0.001$）。幼儿经过干预，主动性、自我调节、人际关系等各维度及保护性因素得分比前测高，行为问题得分比前测低，且数值变化幅度较大。此结果显示，经过干预，实验组幼儿心理韧性发生显著变化，教师激励性评价行为干预有显著效果。

（三）教师激励性评价对幼儿心理韧性影响的性别差异

1. 幼儿心理韧性前测在性别上的描述统计结果与差异比较

为了解实验组和对照组幼儿心理韧性实验前在性别上是否存在差异，进行描述性统计与独立样本 t 检验，结果见表 7-12、表 7-13。

表 7-12　实验组和对照组幼儿心理韧性前测在性别上的描述统计结果

维度	实验组				对照组			
	男（$n=15$）		女（$n=16$）		男（$n=48$）		女（$n=45$）	
	平均值	标准差	平均值	标准差	平均值	标准差	平均值	标准差
主动性	3.56	0.37	3.64	0.37	3.49	0.65	3.58	0.62
自我调节	3.42	0.45	3.58	0.40	3.41	0.67	3.56	0.58
人际关系	4.03	0.36	4.19	0.54	3.93	0.60	4.18	0.51
保护性因素	3.67	0.35	3.80	0.40	3.61	0.59	3.77	0.51
行为问题	2.28	0.35	2.30	0.43	2.33	0.59	2.24	0.58

表 7-13　幼儿心理韧性前测在性别上的差异比较

维度	性别	n	平均值	标准差	F	t	p
主动性	男	63	3.50	0.60	0.561	-0.894	0.373
	女	61	3.60	0.56			
自我调节	男	63	3.42	0.62	1.693	-1.423	0.157
	女	61	3.56	0.53			
人际关系	男	63	3.96	0.55	0.649	-2.358	0.070
	女	61	4.18	0.52			
保护性因素	男	63	3.62	0.54	1.180	-1.701	0.091
	女	61	3.78	0.48			
行为问题	男	63	2.31	0.54	0.142	0.616	0.539
	女	61	2.25	0.54			

全体幼儿心理韧性前测在性别上没有显著差异，但个别维度上存在边缘显著差异：主动性（$p=0.373>0.05$），自我调节（$p=0.157>0.05$），人际关系（$p=0.070>0.05$），行为问题（$p=0.539>0.05$），保护性因素（$p=0.091>0.05$）。实验组幼儿在主动性、自我调节、人际关系、行为问题维度上，女孩比男孩分数稍高；对照组幼儿在主动性、自我调节、人际关系维度上，女孩比男孩分数稍高，行为问题维度上女孩的分数稍低。此结果显示，幼儿心理韧性前测在性别上不存在显著差异，只是在人际关系（$p=0.070$）、保护性因素（$p=0.091$）上存在边缘显著差异。

2. 实验组幼儿心理韧性后测在性别上的差异比较

为了解实验组幼儿心理韧性实验后在性别上是否存在差异，进行了独立样本 t 检验，结果见表 7-14。

表 7-14 实验组幼儿心理韧性后测在性别上的差异比较

维度		n	平均值	标准差	F	t	p
主动性	男	15	4.58	0.51	1.777	-0.825	0.420
	女	16	4.69	0.22			
自我调节	男	15	4.62	0.39	6.458	-1.838	0.081
	女	16	4.83	0.19			
人际关系	男	15	4.64	0.31	2.969	-1.872	0.071
	女	16	4.82	0.23			
保护性因素	男	15	4.61	0.35	9.404	-1.684	0.108
	女	16	4.78	0.17			
行为问题	男	15	1.55	0.38	0.977	0.850	0.402
	女	16	1.44	0.32			

实验组幼儿心理韧性后测在性别上没有显著差异：主动性（$p=0.420>0.05$）、自我调节（$p=0.081>0.05$）、人际关系（$p=0.071>0.05$）、行为问题（$p=0.402>0.05$），保护性因素（$p=0.108>0.05$）。实验组幼儿主动性、自我调节、人际关系维度上，女孩比男孩分数稍高；行为问题上，女孩的分数稍低。此结果显示，幼儿心理韧性后测在性别上不存在显著差异，只在自我调节（$p=0.081$）、人际关系（$p=0.071$）上存在边缘显著差异。

（四）教师激励性评价与幼儿心理韧性的相关分析

1. 教师激励性评价与幼儿心理韧性前测的相关分析

为具体了解实验前教师激励性评价与幼儿心理韧性在哪些维度上存在相关，进行相关分析，结果见表 7-15。

表 7-15 教师激励性评价与幼儿心理韧性前测相关分析（$n=124$）

维度	平均值	标准差	主动性	自我调节	人际关系	行为问题	负向化解	正向肯定
主动性	3.55	0.58	1.000					
自我调节	3.49	0.58	0.786**	1.000				

维度	平均值	标准差	主动性	自我调节	人际关系	行为问题	负向化解	正向肯定
人际关系	4.07	0.54	0.722**	0.667**	1.000			
行为问题	2.29	0.54	-0.568**	-0.715**	-0.458**	1.000		
负向化解	4.38	0.34	-0.083	-0.045	-0.040	0.008	1.000	
正向肯定	4.29	0.26	0.002	0.012	-0.003	-0.010	0.827**	1.000

** $p<0.01$

幼儿心理韧性 4 个维度与教师激励性评价 2 个维度在实验前测时均不存在相关关系。

2. 教师激励性评价与幼儿心理韧性后测的相关分析

为了解实验后教师激励性评价与幼儿心理韧性是否存在相关、在哪些维度上存在相关，进行相关分析，结果见表 7-16。

表 7-16　教师激励性评价与幼儿心理韧性后测相关分析 ($n=124$)

维度	平均值	标准差	主动性	自我调节	人际关系	行为问题	负向化解	正向肯定
主动性	3.63	0.75	1.000					
自我调节	3.65	0.78	0.883**	1.000				
人际关系	4.04	0.58	0.856**	0.859**	1.000			
行为问题	2.27	0.63	-0.786**	-0.863**	-0.765**	1.000		
负向化解	4.30	0.37	0.602**	0.623**	0.541**	-0.561**	1.000	
正向肯定	4.37	0.38	0.653**	0.666**	0.597**	-0.581**	0.853**	1.000

** $p<0.01$

实验后，幼儿心理韧性的主动性、自我调节、人际关系维度与教师激励性评价的负向化解、正向肯定维度均呈正相关，相关系数较高，关系较为紧密；可见教师激励性评价的负向化解、正向肯定越多，保护性因素越多，幼儿的心理韧性越强。幼儿心理韧性的行为问题维度与教师激励性评价的负向化解、正向肯定维度呈负相关，相关系数较高，关系较为紧密；可见负向化解、正向肯定越多，行为问题越少，幼儿的心理韧性越强。总而言之，实验后教师激励性评价与幼儿心理韧性存在相关，且关系紧密。

四、讨论与建议

（一）讨论

1. 教师激励性评价对幼儿心理韧性的影响

本研究经过前后测的数据资料对比，发现在教师激励性评价方面，实验后实验组教师发生显著变化，与实验前存在显著差异，表明教师激励性评价专家培训能较快提高教师激励性评价能力，尤其是对幼儿的正向肯定能力。实验后，在心理韧性方面，经过实验干预，实验组幼儿心理韧性发生显著变化，与对照组幼儿存在显著差异，表明教师激励性评价行为干预有显著效果。具体结果如下。

（1）实验前，对幼儿心理韧性进行同质性检验，实验组和对照组幼儿的心理韧性无显著差异，具有同质性。

（2）据描述性统计及等级分布，实验组幼儿心理韧性保护性因素呈上升趋势，行为问题呈下降趋势。

（3）实验后，实验组和对照组幼儿心理韧性的差异在各个维度上均达到非常显著的水平，表明经过实验干预，实验组与对照组幼儿心理韧性存在显著差异。

（4）实验组幼儿心理韧性的前后测差异，在主动性、自我调节、人际关系、保护性因素、行为问题上均达到非常显著的水平，表明经过实验干预，实验组幼儿心理韧性发生显著变化。

以往的研究当中，研究者着力于加强教师的评价能力，让评价发挥显著作用，提高青少年的成绩等，尤其注重在课堂上教师激励性语言的使用，对学生多使用鼓励性语言。具体讨论如下。

第一，从激励教育理论而言，教师评价能发挥激励功能。心理学家威廉·詹姆斯研究发现：人没有经过激励时，积极性和能力仅发挥 20%—30%；

经过充分激励后，可能发挥到80%—90%。有效的激励能够满足幼儿的内在需求，激发幼儿的内在动机，促进幼儿潜能的发展，且发展的程度与激励的有效性成正相关。目前已有的研究表明，教师的激励性评价可以激发幼儿的内在动机，让幼儿处于积极自我的状态，增强幼儿的自信心，发展幼儿的潜能。比如有研究者提出，教师的鼓励性语言能够促进幼儿的成功，让幼儿体验成功的快乐。如："宝贝，你再尝试一次，相信你可以做到的。""如果你能够再多想一想，答案可能不一样哦。"幼儿会努力按照教师积极性语言的提示去尝试，去实现成功。王桂平等人提出，教师评价的有效性可提高幼儿的自我效能感。[①] 这与本研究的结果一致。

第二，从心理韧性的动态模型而言，教师激励性评价能促进幼儿心理韧性特质的产生。在个体发展过程中，个体会有安全、爱、归属等心理方面的需要，外部保护因素（如亲密关系、高期望值、积极参与、学校等）可以满足这些需要。如果需要能够得到满足，个体会产生合作、移情、问题解决等心理韧性特质，减少危险因素的影响，努力争取达到身体健康、社会认可、学业有成等。正如本研究所发现的，教师作为外部保护因素——学校因素中的关键因素，其激励性评价能够直接满足幼儿的心理需要，促使幼儿产生心理韧性特质，促进幼儿心理韧性的增强。

第三，从适应理论而言，适应的过程就是心理发展的动力。教师激励性评价主要通过对幼儿的心理产生作用力，促使其复原能力增强。蔡伟提出，如果把幼儿比作一只鸟，那么，鸟的双翅应当是由心理和观念构成。作为双翅，其作用在于保持平衡和推动飞行。因此，心理与观念的改变，会使鸟向不同的方向飞行。而可以改变双翅的三个气流层分别是学校、家庭和社会。[②]正如本研究所发现的，教师激励性评价通过对幼儿的作用力，使得幼儿在同化和顺应的过程中保持心理的平衡，促进心理韧性的发展。

---

① 王桂平，陈会昌，牛宙，等. 促进儿童自我控制的学校纪律 [J]. 教育理论与实践，2004（22）：41-44.

② 蔡伟. 论教师评价对学生行为养成的影响及其评价技巧的优化 [J]. 教学与管理，1997（11）：6-8.

第四，从皮格马利翁的期待效应而言，教师激励性评价成为幼儿心理韧性发展的诱因。皮格马利翁期待效应实验表明，给予实验组学生深切的期望，会导致其成绩突飞猛进，显示出期待效应。教师的激励性评价，正如对幼儿的皮格马利翁效应，通过期望和激励的方法，增强幼儿的心理韧性。本研究通过教师激励性评价行为干预，极大地促进了实验组幼儿保护性因素的增长，保护性因素越多，幼儿的心理韧性越强。

综上所述，教师激励性评价对幼儿发挥激励功能，促进幼儿心理韧性特质的产生，让幼儿在期望中不断增强心理复原力。

2. 专家培训对教师激励性评价的影响

本研究的专家培训干预由于专家主持国家级激励性评价课题，水平非常高，对如何提高教师的激励性评价能力有切实可行的方法策略，极大地提高了教师的激励性评价能力。可见，专家培训是非常行之有效的途径。同时，实验组的教师本身也非常重视对自身能力的培养和提高，对实验开展非常重视，参加专家培训后能够落实到教育实践当中。具体结果如下。

（1）实验前，实验组与对照组教师激励性评价不存在显著差异，具有同质性。

（2）后测时，实验组与对照组教师在负向化解、正向肯定上均存在非常显著的差异，正向肯定上的差异比负向化解上更显著。这表明，在教师激励性评价方面，经过培训干预，实验组教师发生显著变化，与对照组存在显著差异。

（3）实验组教师激励性评价前后测的差异在负向化解、正向肯定上均存在显著的差异，正向肯定上的差异比负向化解上更显著，达到非常显著的水平。这表明，专家培训能较快提高教师激励性评价能力，尤其是正向肯定能力。

有研究者提出，教师职业的特殊性、学生的向师性，决定了教师的言行直接影响到学生的发展，作为“人类灵魂的工程师”的教师对激励理论的掌握程度，直接影响到评价的实效性。经过指导的教师，掌握激励理论的教师，会注重评价的深层性，不只是单纯表扬学生，如“你好棒”“你是最棒的”，以免产生晕轮效应。因此，对教师进行激励性评价培训，让教师掌握激励理论，在教育过程中合理运用激励性评价，可以激发幼儿内在动机，促进幼儿学习兴趣最大化，促进幼儿心理韧性的发展，让幼儿更加积极主动。教师只有在坚持正确的理论导向的基础上，才能最大限度地发挥激励教育的作用，让幼儿沿正确的轨迹行进。可见，专家培训有益于教师运用激励理论、掌握评价技能，不仅有利于系统的激励性评价理论体系的建立，也有利于更好地促进幼儿的发展。这与本研究得出的结果一致。

综上所述，专家培训干预对教师激励性评价的影响明显，有利于提高教师激励性评价的能力。

3. 教师激励性评价行为对幼儿心理韧性影响的性别差异

对实验组幼儿进行实验干预，对实验组前后测进行性别差异比较，结果表明：实验前，实验组幼儿在主动性、自我调节、行为问题、人际关系上，女孩比男孩分数稍高，但不存在显著差异，只在人际关系和保护性因素上存在边缘显著的差异。实验后，实验组幼儿在主动性、自我调节、人际关系上，女孩比男孩分数稍高，与前测相比，三个维度的分数都增长了。在行为问题上，实验前，女孩的分数比男孩高，实验后女孩的分数比男孩低；与前测相比，男孩、女孩行为问题分数都降低了，但差异未达到显著水平，只在自我调节和人际关系上存在边缘显著的差异。这表明，经过实验，幼儿心理韧性发生变化，保护性因素增长，行为问题因素降低，幼儿整体的心理韧性增强，但在性别上不存在显著差异，只在个别维度上存在边缘显著的差异，如自我调节、人际关系、保护性因素。

目前心理韧性的测量工具众多，不同的研究者使用不同的测量工具在不同的文化背景下对不同群体的心理韧性进行测量，得出的研究结果不具有可比性，这表明了心理韧性研究的复杂性，也反映了心理韧性研究需要进一步整合。

本研究结果与国内外的研究结果有相同之处，也有不同之处。本研究发现，同龄层女孩的人际关系比男孩的好。有的研究者认为，同龄层的青少年女性的心理韧性比男性的心理韧性高。也有研究表明，男性的主动性比女性的强，行为问题上男性更突出，女性的人际关系比男性好。还有研究表明，随着年龄增长，性别差异越来越突出，女性的心理韧性越来越强。但同时，也有研究表明，在心理韧性方面，男女不存在明显的性别差异，尤其是不同民族文化背景下。宋辉和杨丽珠的研究中提出，女性的自我控制能力比男性强。[①] 于肖楠和张建新认为，青少年群体在对社会支持水平的知觉上女性高于男性，而在其他维度上并没有显著差异。[②]

结合本研究的结果，可以从两个方面进行考虑：第一，以往大部分的研究都是针对特殊儿童群体或普通青少年，年龄均高于 5 岁，而本研究针对的是 3—5 岁年龄层的幼儿，性别差异在低龄段表现得不明显。这些幼儿处于小中班年龄层，主动性、自我调节、人际关系以及行为问题虽然因人而异，不完全一致，但也不存在显著差异，只在人际关系等个别维度存在边缘显著的差异。第二，学前阶段，幼儿的心理发展相对不成熟，经过干预，容易引起幼儿心理韧性的发展变化，但由于年龄小，男女变化的幅度相当，只在个别维度存在边缘显著的差异。

4. 教师激励性评价与幼儿心理韧性的相关分析

对实验前后教师激励性评价与幼儿心理韧性的相关分析，研究结果如下。

（1）实验前，幼儿心理韧性的 4 个维度与教师激励性评价的 2 个维度均不存在相关，不存在紧密关系。

（2）实验后，幼儿心理韧性的主动性、自我调节、人际关系维度都与教师激励性评价的负向化解、正向肯定呈正相关，相关系数较高，关系较为紧密；可见负向化解、正向肯定越多，保护性因素越多，幼儿的心理韧性越强。行为问题与负向化解、正向肯定呈负相关，相关系数较高，关系较为紧密；可见负向化解、正向肯定越多，行为问题越少，幼儿的心理韧性越强。总而言之，实验后教师激励性评价与幼儿心理韧性存在相关，且关系紧密。

本研究从以下角度进行讨论。

①　宋辉，杨丽珠. 儿童自我控制发展研究综述 ［J］. 辽宁师范大学学报，1999（6）：35-38.

②　YU X N，ZHANG J X. Factoranalysis and psychometric evaluation of the Connor-Davidson Resilience Scale（CD-RISC）with Chinese people ［J］. Social behavior and personality，2007，35（1）：19-30.

第一，从心理韧性系统模型而言，个体内部因素和外部因素相互影响、相互作用，紧密相关。有研究表明，良好的师生关系、教师对学生的肯定和支持，是学生心理韧性的保护性因素中的外部因素。教师肯定越多，学生心理韧性越强，越能克服困难、做好榜样。这与本研究结果一致：教师激励性评价能促进幼儿心理韧性的发展。没有干预，教师激励性评价与幼儿心理韧性的发展不相关；当实验加入干预后，教师有效的激励性评价与幼儿心理韧性产生了紧密联系。

第二，从马斯洛的需要层次理论而言，教师激励性评价与幼儿保护性因素正相关，与危险性因素负相关。教师最大限度地尊重幼儿、肯定幼儿、赏识幼儿，促进幼儿的自我实现，就能最大限度地发挥评价的激励功能。有研究表明，教师关心儿童对儿童的心理韧性有正向影响。这与本研究的研究结果一致。

第三，在之前的研究当中，研究者提出心理韧性受到家庭因素、学校因素等的影响，而有的研究者会在策略当中提出学校应当加强对青少年的心理健康教育，加强挫折教育，增强青少年的心理韧性。本研究通过激励性评价的专家培训，促使教师的激励性评价水平增长，作用于幼儿的心理韧性，让两者从不相关到紧密相关，直接促进幼儿心理韧性的发展。同时，可能由于幼儿的心理韧性缺乏稳定性、可变化性较大，教师的激励性评价容易产生影响、与之发生紧密相关，因此教师可以发挥极大的作用。

5. 研究创新

（1）研究视角。以往的研究大都着力于家庭教育对幼儿心理韧性的影响，即使有部分研究提及学校，目前国内也尚没有研究证明教师评价对幼儿心理韧性的影响。

（2）研究结论。本研究通过实验证明教师激励性评价对幼儿心理韧性的影响，能为其他研究提供一些参考。

（3）研究方法。目前在心理韧性的研究中甚少使用实验法，只有拉扎勒斯（Lazarus）和福尔克曼（Folkman）用实验法研究了情绪调控对心理韧性的影响①。本研究通过统计和实验，设置对照组和实验组，并对幼儿进行追踪观察记录，从而将定性研究和定量研究相结合。

（4）研究对象。目前国内心理韧性的研究集中在特殊群体、青少年等，对幼儿研究甚少，本研究拓展了研究对象的范围。

6. 研究不足与展望

（1）研究范围。本研究只随机抽取了某幼儿园的小班进行行动研究，研究范围相对狭窄。后续研究可对不同幼儿园和不同年龄阶段进行比较研究。

（2）国内幼儿心理韧性研究较少，相对不够成熟，后续研究可以更加深入，挖掘心理韧性的特性，探讨心理韧性的干预机制，争取更加系统化。

（3）实验时间相对较短。本研究实验时间为 6 个月，考察实验干预下幼儿从小班到中班的心理韧性的变化。后续研究可以延长实验时间，对比实验干预下幼儿从新生入园到幼小衔接心理韧性的变化，会更加全面。

（二）研究结论

本研究得出的结论如下。

1. 教师激励性评价对幼儿心理韧性有显著影响。实验组教师激励性评价在实验前后存在显著差异，表明通过专家培训，可以提高教师激励性评价水平。实验组幼儿心理韧性在实验前后存在显著差异，表明教师激励性评价能促进幼儿心理韧性的发展。

2. 教师激励性评价对幼儿心理韧性的影响不存在显著的性别差异，只在幼儿心理韧性的自我调节、人际关系、保护性因素上存在边缘显著的性别差异。

3. 教师激励性评价与幼儿心理韧性存在显著相关。结果显示，负向化解、正向肯定越多，保护性因素越多，幼儿的心理韧性越强；负向化解、正向肯定越多，行为问题越少，幼儿的心理韧性越强。

---

① LAZARUS R S, FOLKMAN S. Cognitive theories of stress and the issue of circularity ［M］//APPLEY M H, TRUMBULL R. Dynamics of stress. Boston, MA：Springer, 1986：63-80.

（三）建议

1. 重视教师影响力，增强教师激励性评价能力

教师是"人类灵魂的工程师"，教师职业的特殊性、学生的向师性，决定了教师的言行直接影响到学生的发展，教师良好的职业道德、系统的专业知识和专业技能是学生全面发展的催化剂。如今，部分教师对学生的评价单一，仅以成绩论英雄，过度注重结果，相对忽视评价的努力取向与过程取向，长此以往，学生的潜能易被埋没，心理韧性会越来越弱，师生关系也会变得紧张。

教师对学生的一生发展影响深远，如本研究结论所显示的，教师激励性评价对幼儿心理韧性有显著影响。有效的激励能够满足幼儿的内在需求，激发幼儿的内在动机，促进幼儿潜能的发展，且发展的程度与激励的有效性成正相关。教师的激励性评价行为，正如对幼儿的皮格马利翁效应，通过期望和激励的方法，增强幼儿的心理韧性。

因此，要重视教师的影响力，增强教师激励性评价能力。应为教师提供专业培训，提升教师的激励性评价能力，引导教师关注幼儿表现，对幼儿进行赏识教育，激发幼儿的自信心，全面地了解和评价幼儿。

2. 遵循基本原则，树立灵活多样的评价观

幼儿心理韧性可塑性较强，干预后可变化性较大，教师的激励性评价水平的高低直接影响到幼儿心理的健康发展。研究者认为，教师进行激励性评价应该遵循以下原则。

（1）差异性。根据每名幼儿的性格特点和发展水平，因人而异，进行具体评价。

（2）即时性。幼儿的成长就在每一个瞬间，比如"哇时刻"给幼儿带来的视觉和心理的冲击是极大的，要把握每一个评价的节点，给予幼儿即时的"心灵鸡汤"。

（3）针对性。简短有力的评价往往更加有效，要注重评价的深度和广度，不泛泛而谈，不总是把"你好棒"挂在嘴边，要针对幼儿的行为具体评价；当幼儿出现行为偏差时，要给予有针对性的批评，帮助幼儿正确面对自身的缺点和优点。

（4）把握"量度"和"坡度"。给予幼儿足够的期待和赞赏，扩大幼儿的自信源。根据幼儿的发展情况，对幼儿进行有层次性的评价。激励行为要不多不少，恰到好处。

（5）优先情感评价。幼儿有情感需要，要对幼儿进行爱的智慧引导，而不只是机械化的行为评价。与幼儿进行情感的交流，更利于幼儿接受教师的评价，达到激励性评价的效果。

3. 培养心理品质，提高幼儿抗逆力

在当今社会，成绩不再是唯一的度量标准，智力发展不再是独轮车，多元智能理论让人们意识到全面发展是教育的最终目标，其中个人的品质伴随人的一生，影响深远。幼儿园应当充分尊重幼儿的个体差异，根据幼儿不同的心理发展水平，研究有效的教育形式和方法，注重培养幼儿良好的个性和心理品质，规范幼儿的行为习惯，增强幼儿的心理韧性，让幼儿不再是温室中的花朵，能够勇敢面对困难、挫折，提高逆商，让他们的明天即使面对风雨，也能终见彩虹。

第八章　幼儿教师激励性评价
对幼儿社会退缩的影响

在 20 世纪 70—80 年代，研究者们对儿童社会退缩概念的界定主要是从行为描述和社会测量这两个角度切入。从行为描述角度而言，研究者主要是以儿童在同伴交往中主动发起交往行为的频率来进行界定的，认为社会退缩指的是儿童与同伴交往频次较低的独处行为；从社会测量角度而言，研究者主要是以儿童在同伴交往中的社会地位来进行界定的，认为儿童社会退缩行为是低水平的同伴接纳和高水平的同伴拒绝。

奥康纳（O'Connor）认为儿童社会退缩是儿童与同伴互动频率较低的行为[①]，这是从行为描述的角度而言。当时，有的研究者认为社会交往频率低的儿童就是社会孤独儿童，同时也是社会退缩儿童。这样实际上混淆了"社会退缩"和"社会孤独"，因为这两者的外在行为表现是相似的，都表现为在社会环境中的独处行为，但社会孤独行为是指儿童由于受到同伴的忽视抑或排斥而采取的无奈之举，其同伴交往行为的频率可能并不低；而社会退缩行为所表现出的独处行为可能是儿童的主动孤独，如不爱和同伴交往，喜欢自己玩，也可能是被同伴排斥的被动孤独，这两者不等同。鲁宾（Rubin）在奥康纳界定的概念上，对"儿童与同伴互动频率较低的环境"做出限定，指出是"同伴在场情况下的自由游戏环境"；将儿童在自由游戏环境中的非社

---

① O'CONNOR R D. The relative efficacy of modeling, shaping, and combined procedures for modification of social withdrawal [J]. Journal of abnormal psychology, 1972 (79)：327-334.

交行为（如单独游戏行为）称作"非社交游戏"，等同于"社会退缩"。[①] 道奇（Dodge）等学者则从社会测量的角度界定，认为社会退缩儿童相当于那些被忽视儿童，他们在社会测量中很少被正性或负性提名。[②]

到了20世纪90年代，在鲁宾和阿森道夫（Asendorpf）的影响下，社会退缩逐渐从社会测量角度的研究中独立。研究者提出，不能将社会测量中的被忽视儿童和被拒绝儿童直接等同于社会退缩儿童，并在鲁宾[③]的相关概念基础上进行了修订，统一命名为"儿童社会退缩"，将之界定为个体在社会情境中不与他人互动交往而是一个人独处的行为。在此之后，儿童社会退缩的概念基本确定。郑淑杰等人认为，社会退缩指的是个体在熟悉或陌生的社会情境下表现出来的独自游戏、独处行为。[④] 叶平枝将幼儿社会退缩界定为在社会情境下或在同伴环境下，幼儿所表现出的跨时间情境的各种独处行为，可以是主动的独处，也可以是被动的独处，表现为较低的社会交往频率，是一种内隐性行为问题。[⑤]

本研究将幼儿社会退缩界定为：幼儿在社会情境下表现出具有跨时间情境一致性的独处行为，常存在自卑、孤独、焦虑、沮丧等心理困扰。

一、问题提出

（一）幼儿社会退缩分型研究

关于儿童社会退缩类型的研究，经历了从单一维度到多维度的发展。早期的研究没有区分社会退缩的不同类型，认为儿童社会退缩行为是单维的，

---

① RUBIN K H. Nonsocial play in preschoolers：necessarily evil？[J]. Child development，1982，53（3）：651-657.

② DODGE K A，MURPHY R R，BUCHSBAUM K. The assessment of intention-cue detection skills in children：implications for developmental psychopathology [J]. Child development，1984（55）：163-173.

③ 同①。

④ 郑淑杰，陈会昌，陈欣银. 儿童社会退缩行为影响因素的追踪研究 [J]. 心理科学，2005（4）：833-836.

⑤ 叶平枝. 幼儿社会退缩的特征及教育干预研究 [M]. 北京：中国社会科学出版社，2007.

仅仅以儿童的交往频率较低界定社会退缩行为。这样的研究没有区分不同亚型，不可避免地导致了研究结果比较混乱。后来随着研究的深入开展，研究者们发现社会退缩是多维度的，能够依据成因和表现形式等划分不同亚型。亚型的进一步划分，有助于推动社会退缩行为的发生发展机制、影响因素和干预方案的制定与实施等方面的深入研究。

鲁宾等人将社会退缩划分为两种亚型——安静退缩（主动退缩）和活跃退缩（被动退缩）。① 安静退缩指的是儿童主动脱离群体的行为，在自由游戏观察中可发现其常常进行建构游戏和探索游戏，此类儿童一般不会产生适应问题；活跃退缩指的是儿童被动脱离群体的行为，在自由游戏观察中可发现其常常无所事事，游戏多以假想游戏和机械运动为主，此类儿童常伴随适应不良的问题。鲁宾对于社会退缩类型的划分为此后儿童社会退缩分型的研究奠定了基础，在后来得到了大量研究结果的验证。

阿森道夫从交往趋避动机的视角对儿童社会退缩进行研究，将儿童在社会交往时的"趋近动机"和"回避动机"趋向进行组合与研究，由此划分社会退缩的三种亚型：安静孤独型、活跃孤独型和害羞型。② 在社会交往中，安静孤独型儿童的趋近动机和回避动机都较弱，相对于同伴而言，他们对物体更感兴趣。③ 此类儿童喜欢独处，经常表现为单独的探索活动和建构游戏。活跃孤独型儿童在社交中表现为高趋近动机、低回避动机倾向，他们在与同伴互动中具有较高的攻击性，因而常被同伴排斥、拒绝，被动地选择独处或单独游戏。害羞型儿童的趋近动机与回避动机都比较高，他们有与他人交往的意向，但同时又害怕交往，矛盾而拘谨，在自由游戏中表现为无所事事、旁观他人等行为。

---

① RUBIN K H . Nonsocial play in preschoolers：necessarily evil？［J］. Child development，1982，53（3）：651-657.

② ASENDORPF J B . Beyond social withdrawal：shyness，unsociability，and peer avoidance［J］. Human development，1990（33）：250-259.

③ COPLAN R J，RUBIN K H，FOX N A，et al. Being alone，playing alone，and acting alone：distinguishing among reticence and passive and active solitude in young children［J］. Child development，1994，65（1）：129-137.

阿森道夫所提出的社会退缩三种亚型划分得到广泛的认可,我国不少学者在此基础上研究而提出了划分维度。郑淑杰等研究者进行了一项长达两年的追踪研究,以 110 名 2 岁幼儿为被试进行观察,一直追踪至被试 4 岁。他们把幼儿社会退缩划分为三种亚型,即矛盾型退缩行为、弱社交退缩行为和被拒绝退缩行为,并考察了不同类型的社会退缩行为的影响因素及其路径。[①]叶平枝基于我国的文化背景,通过自行编制问卷探查了幼儿社会退缩的不同亚型,研究探索出三种亚型——害羞沉默型、主动退缩型和被动退缩型,[②]其编制的问卷具有良好的信效度,被广泛应用。

(二) 幼儿社会退缩干预的研究

关于儿童社会退缩干预的研究中,社会技能训练(Social Skill Training,SST)是最早采用、使用最广泛的方法。该干预方法的基本假设是:儿童社会退缩行为表现出社交匮乏,而这主要是缺少社会技能所致,社会技能是可以经由后天习得的。因此,社会技能训练可以帮助儿童提高社会交往能力,减轻社会退缩。刘易斯(Lewis)和休格(Sugai)研发了有效人际关系技能方案(Procedures for Establishing Effective Relationship Skills,PEERS),该方案涵盖了社会技能训练、自我管理、合作任务和小组活动四部分。他们对 3 名社会退缩儿童进行了相关干预,发现该方案可以有效提高社会退缩儿童的社交时间,改善互动的质量,丰富他们的社交策略。[③]

另外,有研究者采用暴露疗法和系统脱敏疗法对儿童的社会退缩行为进行干预。[④] 该方法基于行为主义思想,强制 6—19 岁的社会退缩儿童参与游泳、游戏等团体性活动,并通过想象和现实的系统脱敏训练,降低他们的焦虑情绪。经过为期 6 个月的实验,教师评价实验组儿童的胆怯行为明显改善,

---

① 郑淑杰,陈会昌,陈欣银. 儿童社会退缩行为影响因素的追踪研究 [J]. 心理科学,2005 (4):833-836.

② 叶平枝. 幼儿社会退缩的特征及教育干预研究 [M]. 北京:中国社会科学出版社,2007.

③ LEWIS T J, SUGAI G. Teaching communicative alternatives to socially withdrawn behavior: an investigation in maintaining treatment effects [J]. Journal of behavioral education, 1993, 3 (1): 61-75.

④ LOWENSTEIN L F. Treatment of extreme shyness in maladjusted children by implosive, counselling and conditioning approaches [J]. Acta Psychiatrica Scandinavica, 1982, 66 (3): 173-189.

问卷报告也显示其个性具有明显的外倾性变化。

幼儿园以游戏为基本活动，游戏是幼儿最喜爱的活动形式，对幼儿身心发展具有重要意义。因此，有学者提出：在有效干预幼儿的社会退缩行为方面，游戏不失为操作性较强、效果明显的方法之一。叶平枝通过生态化和半结构化的幼儿园游戏，注重重建师幼关系和同伴关系，以同伴为中介进行干预与强化，致力于提升社会退缩幼儿的自我效能感，研究发现，该干预方案有效改善了幼儿的社会退缩行为。[1][2] 有学者研究了体育游戏干预对社会退缩幼儿的影响。吕晓昌通过倒返实验设计，实验得出，系列的体育游戏能够对幼儿的社会退缩行为起到矫正作用。[3] 李淑娟通过前后测对照组实验，研究发现，篮球游戏团体教学能够有效改善幼儿的社会退缩行为。[4] 张文文采用沙盘游戏疗法，对 38 名 4—5 岁社会退缩幼儿进行干预，研究结果表明，沙盘游戏疗法能够有效降低幼儿的社会退缩倾向，并且幼儿的进步表现还能够迁移至日常生活中。[5] 昝丛丛运用音乐游戏活动（包括个人游戏、小组游戏和团体游戏）对 3 名社会退缩幼儿进行干预，干预取得良好的成效。[6] 可见，以游戏为手段对社会退缩幼儿进行干预的研究较为丰富，且干预基本取得一定成效，值得幼儿教师借鉴与运用。

（三）激励性评价类型研究

不同学者用不同的视角看待激励性评价，且研究对象不同，因而对激励性评价的类型划分也有不同的观点，主要有以下几个方面。

第一，将激励性评价看作一种评价方法，认为激励性评价是一种培养中小学生学习习惯的有效方法，并进一步将其分为语言激励性评价、分层激励性评价和情感激励性评价。其中，语言激励性评价具有多种形式，包括即时

---

① 叶平枝. 幼儿社会退缩游戏干预的个案研究 [J]. 学前教育研究，2006（4）：10-15.
② 叶平枝. 幼儿社会退缩的特征及教育干预研究 [M]. 北京：中国社会科学出版社，2007.
③ 吕晓昌. 体育游戏对矫正学龄前儿童社交退缩行为的个案研究 [J]. 山东体育学院学报，2006（2）：59-61.
④ 李淑娟. 篮球游戏团体教学对幼儿社会退缩的干预研究 [D]. 南京：南京师范大学，2019.
⑤ 张文文. 社会退缩幼儿的沙盘游戏特征与干预研究 [D]. 上海：华东师范大学，2010.
⑥ 昝丛丛. 运用音乐游戏干预社交退缩幼儿的个案研究 [D]. 济南：山东师范大学，2019.

评语、作业评语、试卷评语、日（周）记评语、学科评语等；分层激励性评价着眼于评价对象的个体差异，按照不同的标准和等级对其进行评价，使他们获得相应的不同发展层次的评价；情感激励性评价主要是提倡教师使用肢体语言，如点头、微笑、抚摸、目光交流等，对评价对象进行激励。①

第二，将激励性评价看作一种评价策略。例如，将教师在课堂教学中的激励性评价划分为口头语言与体态语言，且提倡将两者有机结合，认为这样才能充分发挥激励性评价的作用，激发学生的学习热情，促进其全面发展。②又如，将激励性评价分为具体肯定、化解与去标签三方面的具体策略：具体肯定是对幼儿值得赞赏的行为给予有针对性的、具体而肯定的言语或非言语评价；化解是当幼儿出现发展危机或境遇危机时，教师及时识别并采取措施化解，帮助幼儿重拾信心的过程；去标签是对已经被贴上标签的幼儿去除标签的过程，主要的方法是消除他人对被贴上标签的幼儿的刻板印象，创造机会让幼儿表现自己的长项，让幼儿开放自己，进而恢复自信。③

（四）教师激励性评价与幼儿社会退缩研究

积极的师幼关系对幼儿的身心健康发展非常关键，对于有社会退缩倾向的幼儿更是极其重要。豪斯（Howes）等学者通过一项对1—4岁幼儿的追踪研究发现，在幼儿早期抚养阶段，师幼关系会直接影响幼儿的社会能力以及同伴交往能力，并且这一影响会持续至幼儿进入小学，对其同伴交往能力仍会发生作用。④ 还有研究印证了上述结论，发现教师与幼儿之间的关系质量会对幼儿的同伴交往能力和社会行为产生直接的影响。⑤ 社会退缩幼儿不愿

---

① 白文飞. 应用激励性评价方法　促进中小学生学习习惯的养成［J］. 教育理论与实践，2004（14）：45–46.

② 鲁家宝. 刍议"激励性评价"［J］. 中小学教师培训，2004（2）：58–59.

③ 叶平枝. 照亮当下　照进未来［J］. 学前教育，2019（9）：19–21.

④ HOWES C，HAMILTON C E. The changing experience of child care：changes in teachers and in teacher-child relationships and children's social competence with peers［J］. Early childhood research quarterly，1993，8（1）：15–32.

⑤ SETTE S，SPINRAD T L，BAUMGARTNER E. Links among Italian preschoolers' socioemotional competence，teacher-child relationship quality，and peer acceptance［J］. Early education & development，2013，24（6）：851–864.

也不善于与他人交往，他们自我效能感低下，适应不良。而有研究发现，幼儿教师的激励性评价行为与幼儿的自我效能感、自我提升目标取向、自我增强目标取向以及他人目标取向之间存在正相关关系。[①] 也有研究表明，高质量的师幼互动能够对处境不利幼儿的教育起到一定补偿作用。[②] 在幼儿园一日生活频繁的师幼互动中，教师的日常评价贯穿始终，激励性评价作为积极正向的反馈，导向幼儿长远持久的良性发展，对减少幼儿的社会退缩行为更是不可或缺。

尽管关于教师激励性评价与幼儿社会退缩的研究颇丰，但关于教师激励性评价的研究多从经验性反思与总结入手进行探讨，鲜有针对性的激励性评价培训对教师激励性评价行为的干预研究，且鲜有教师的日常评价这单一因素对幼儿社会退缩行为的干预研究，因此本研究拟从这两方面入手进行相关探究。

二、研究一：教师激励性评价能力提升的干预实验

（一）研究问题及研究假设

本研究探究激励性评价培训对教师激励性评价行为的影响，具体有以下两个研究问题。

第一，激励性评价培训能否持续提升教师的激励性评价行为？

第二，被试教师接受不同时长激励性评价培训的效果有无差异？

研究假设如下。

假设一：激励性评价培训能够有效提升教师的激励性评价行为。

假设二：被试教师接受的激励性评价培训时长不同，干预效果存在差异，表现为被试接受的培训时间越长，激励性评价行为提升的效果越好。

---

① 罗凯琪. 幼儿教师激励性评价行为对幼儿目标取向的影响：幼儿自我效能感的中介作用 [D]. 广州：广州大学，2019.

② DOWNER J T，RIMM-KAUFITNAN S E，PIANTA R C. How do classroom conditions and children's risk for school problems contribute to children's behavioral engagement in learning? [J]. School psychology review，2007，36（3）：413-432.

（二）研究设计

1. 研究对象

本研究在广州市一所公办幼儿园大班年级中随机选取了 3 个班，包括 6 名（主、副班）教师作为研究对象。被试教师的基本情况见表 8-1。

表 8-1　被试教师的基本情况

被试教师	性别	职位	学历	职称
被试一	女	主班教师	大专	一级教师
被试二	女	副班教师	中专	未评
被试三	女	主班教师	本科	一级教师
被试四	女	副班教师	本科	一级教师
被试五	女	主班教师	大专	一级教师
被试六	女	副班教师	大专	二级教师

2. 研究变量

本研究采用跨被试多重基线实验设计。若实验结果表明，被试的激励性评价行为变化均是在培训干预之后发生的，在基线期基本没有改变，则可以认为，被试行为发生的改变是自变量对行为干预作用的结果，而非其他无关因素造成的。[1]

本研究自变量为激励性评价培训，培训采取线上线下相结合的方式，通过现场讲座、网络培训课程、教研活动、线上研讨会，讲解激励性评价的理论依据、概念、特征和意义，激励性评价的三种策略（具体肯定、化解和去标签），以及对激励性评价行为进行案例分析和针对性指导等。现场讲座为 2.5 小时/场，共 2 场；网络培训课程为 20-60 分钟/讲，共 4 讲；教研活动为 2 小时/次，共 6 次；线上研讨会为 1 小时/次，共 12 次。培训将理论与实践紧密结合，建立教师激励性评价的理念和心向，提升其激励性评价行为。（培训方案详见附录三）

---

[1]　王爱民，金洪源，刘勇. 心理干预实验中的单个或少量被试小样本实验设计 [J]. 辽宁师范大学学报（自然科学版），2008（1）：107-110.

本研究因变量为教师激励性评价行为，通过事件取样观察法进行观察记录，采用的研究工具为幼儿教师激励性评价行为观察记录表。

实验中的无关变量主要有被试教师对录像的注意，被试教师对实验结果的一定期待等。为减少无关变量的干扰、保证干预结果的客观性，在实验录像过程中，研究者使用的是迷你录像仪，且研究者尽量不进行近距离（小于1米）录像，尽可能不使被试教师感到不舒适；对实验结果不提出预先的期待，以尽量减少实验者效应；在实验期间，6名被试教师均未参与其他干预研究以及学历提升等培训学习。

3. 研究方法及工具

本研究主要采用个案研究法和观察法。

（1）个案研究法

本研究以3个被试班共6名幼儿教师和93名幼儿为研究对象，采用跨被试多重基线设计，对6名教师进行激励性评价的培训干预，对师幼互动进行录像，并分析激励性评价培训对教师激励性评价行为的影响。

（2）观察法

本研究采用事件取样观察法，主要通过拍摄被试教师在自主游戏中与幼儿互动的录像，观察分析教师在接受激励性评价培训干预前后的激励性评价行为。

本研究所采用的工具为幼儿教师激励性评价行为观察记录表，是由叶平枝编制的教师评价行为观察表①改编而成。观察的内容主要为师幼互动中教师激励性评价行为的类型，包括言语行为与非言语行为2个维度。言语行为包括客观描述（镜像对话）、表示关注或兴趣、请教、参与（模仿/协助/配合/支持）、具体肯定、化解、复述、表达感受（感谢/感动/很高兴看到/很高兴听到等）、启发、鼓励、提出期待、分享、师幼约定、引导幼儿分享、总结/传播等15个观察项目，非言语行为包括靠近/走近/参与、观察、倾听、

---

① 叶平枝.幼儿教师日常教学评价行为的现状及存在的问题［J］.学前教育研究，2010（6）：19-24.

微笑、点头、等待、竖起大拇指、抚摸/拍肩膀、拥抱/搂抱、击掌、惊叹、拉钩、鼓掌、拍照/录像、创设情境等 15 个观察项目，共计 30 个观察项目。研究时，从即时还是事后、近距离还是远距离、对个体还是对集体、私下还是当众 4 个维度进行观察与记录。观察中使用频次记录法，以"正"字来记录，超过 10 秒钟的激励性评价行为记录为 2 次，超过 20 秒的激励性评价行为则记为 3 次，以此类推。以教师特定行为的一个连续过程为计次单位，例如，教师的一段话是在鼓励幼儿，则记为言语评价中的一次"鼓励"行为。

本研究在正式编码前，为确认编码者的评价一致性，随机抽取 6 段 5 分钟的师幼互动录像，由包括研究者在内共 3 名观察记录员进行观察记录，而后通过 SPSS 22.0 计算肯德尔和谐系数，结果为 0.861，内部一致性较理想。

4. 研究步骤

第一，选取被试班，确定研究对象。

第二，进行跨被试多重基线实验研究，收集资料与数据。研究持续时间为 14 周，以 4 周为一个干预周期（见图 8-1）。

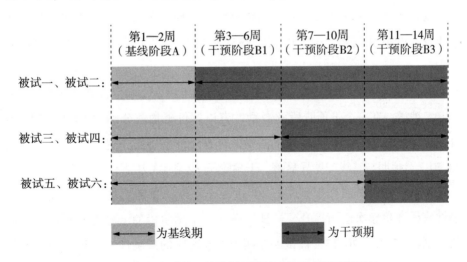

图 8-1 教师激励性评价培训干预的跨被试多重基线设计

第 1—2 周（基线阶段 A）：为 6 名被试教师共同的基线期。

第 3—6 周（干预阶段 B1）：被试一和被试二于第 3 周开始接受激励性评

价培训的干预，一直持续至干预阶段 B3 结束，此时被试三、被试四、被试五、被试六仍处于基线期。

第 7—10 周（干预阶段 B2）：被试三和被试四于第 7 周开始接受激励性评价培训的干预，一直持续至干预阶段 B3 结束，此时被试五、被试六仍处于基线期。

第 11—14 周（干预阶段 B3）：被试五和被试六于第 11 周开始接受激励性评价培训的干预，持续至干预阶段 B3 结束。

在实验期间，持续对 6 名被试教师分别进行每周两次的师幼互动录像，录像时间为每周二和周四的上午 9：00—10：00，是幼儿园固定的自主游戏时间，每次录像时间为 25—30 分钟，而后利用幼儿教师激励性评价行为观察记录表进行观察记录，每次有效观察时间为 20 分钟。

第三，采用 SPSS22.0 统计处理数据，分析干预的成效。

（三）研究结果

1.6 名被试激励性言语评价频次的比较与分析

通过图 8-2 和表 8-2，可以比较直观地发现 6 名被试在实验期间激励性言语评价的变化趋势。6 位被试在各自基线阶段的激励性言语评价均较为稳定。

被试一和被试二最早并同时进入干预期（B1），激励性言语评价频次逐渐提升。被试一在三个干预阶段的激励性言语评价平均值分别为 18.00、20.50、21.63，被试二在三个干预阶段的激励性言语评价平均值分别为 17.88、20.13、20.50，干预期与基线期差异显著，干预阶段 B2 和 B3 差异不显著。

被试三和被试四在干预阶段 B2 进入干预期，在随后的两个干预阶段激励性言语评价频次逐渐提升。被试三在两个干预阶段的激励性言语评价平均值分别为 17.13、20.13，被试四在两个干预阶段的激励性言语评价平均值分别为 15.00、17.88，干预期与基线期差异显著。

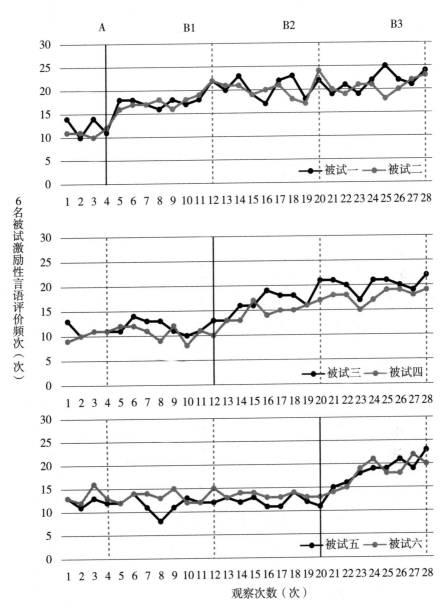

图8-2　6名被试不同阶段激励性言语评价频次的横向比较

表 8-2　6 名被试不同阶段激励性言语评价频次的方差分析及多重比较

研究对象	阶段	平均值	标准差	F	p	事后比较
被试一 （B1 进入干预）	A	12.25	2.06	20.128	0.000	B1>A*
	B1	18.00	1.77			B2>A*
	B2	20.50	2.33			B3>A*
	B3	21.63	2.13			B3>B2
被试二 （B1 进入干预）	A	11.00	0.82	28.084	0.000	B1>A*
	B1	17.88	1.96			B2>A*
	B2	20.13	2.17			B3>A*
	B3	20.50	1.60			B3>B2
被试三 （B2 进入干预）	A	11.25	1.26	37.815	0.000	B2>A*
	B1	12.00	1.41			B3>A*
	B2	17.13	2.42			B2>B1*
	B3	20.13	1.55			B3>B1*
被试四 （B2 进入干预）	A	10.25	0.96	44.473	0.000	B2>A*
	B1	10.63	1.51			B3>A*
	B2	15.00	1.60			B2>B1*
	B3	17.88	1.36			B3>B1*
被试五 （B3 进入干预）	A	12.25	0.96	26.904	0.000	B3>A*
	B1	11.63	1.77			B3>B1*
	B2	12.13	1.13			B3>B2*
	B3	18.75	2.55			
被试六 （B3 进入干预）	A	13.50	1.73	14.771	0.000	B3>A*
	B1	13.38	1.30			B3>B1*
	B2	13.38	0.52			B3>B2*
	B3	18.38	2.77			

*$p < 0.05$

被试五和被试六最后一个阶段进入干预期（B3），激励性言语评价频次在此阶段有明显提升。被试五的激励性言语评价平均值从基线期的 12.00 次左右提升到 18.75 次，被试六的激励性言语评价平均值从基线期的 13.00 次左右提升到 18.38 次，干预期与基线期差异显著。

比较被试干预最后阶段 B3 与各自基线期的激励性言语评价平均值发现，被试一、被试二均提升 9.40 次左右，被试三提升 8.50 次左右，被试四提升 7.40 次左右，被试五提升 6.70 次左右，被试六提升 5.00 次左右。激励性言语评价行为的提升效果呈现被试一、被试二优于被试三、被试四，被试三、被试四优于被试五、被试六的趋势。可见，进入干预期的时间越长，被试激励性言语评价行为提升效果越好。

2. 6 名被试激励性非言语评价频次的比较与分析

通过图 8-3 和表 8-3，可以比较直观地发现 6 名被试在实验期间激励性非言语评价的变化趋势。6 位被试在各自基线阶段的激励性非言语评价行为均较为稳定。

被试一和被试二最早并同时进入干预期（B1），激励性非言语评价频次逐渐提升。被试一在三个干预阶段的激励性非言语评价平均值分别为 15.38、16.88、17.25，被试二在三个干预阶段的激励性非言语评价平均值分别为 12.88、14.13、15.13，干预期与基线期差异显著，干预阶段 B2 和 B3 差异不显著。

被试三和被试四在干预阶段 B2 进入干预期，随后的两个干预阶段激励性非言语评价频次逐渐提升。被试三在两个干预阶段的激励性非言语评价平均值分别为 14.25、14.75，被试四在两个干预阶段的激励性非言语评价平均值分别为 12.38、14.25，干预期与基线期差异显著。

被试五和被试六最后一个阶段进入干预期（B3），激励性非言语评价频次在此阶段有所提升。被试五的激励性非言语评价平均值从基线期的 11.00 次左右提升到 13.75 次，干预期与基线期差异显著；被试六的激励性非言语评价平均值从基线期的 9.00 次左右提升到 11.50 次。

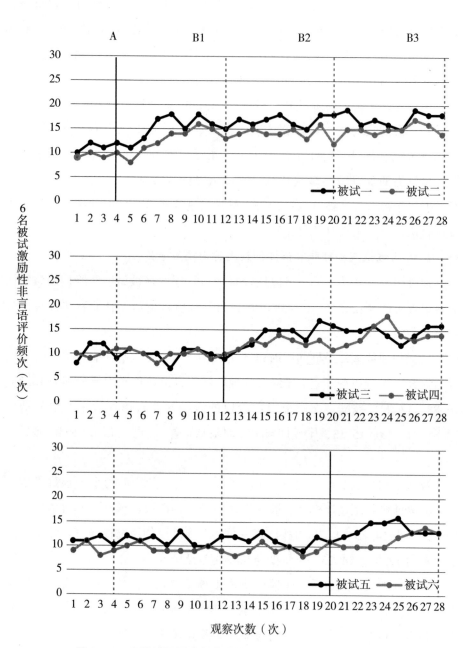

图8-3 6名被试不同阶段激励性非言语评价频次的横向比较

表8-3 6名被试不同阶段激励性非言语评价频次的方差分析及多重比较

研究对象	阶段	平均值	标准差	F	p	事后比较
被试一 （B1 进入干预）	A	11.25	0.96	12.783	0.000	B1>A*
	B1	15.38	2.45			B2>A*
	B2	16.88	1.13			B3>A*
	B3	17.25	1.49			B3>B2
被试二 （B1 进入干预）	A	9.50	0.58	11.449	0.000	B1>A*
	B1	12.88	2.53			B2>A*
	B2	14.13	1.25			B3>A*
	B3	15.13	0.99			B3>B2
被试三 （B2 进入干预）	A	10.25	2.06	16.348	0.000	B2>A*
	B1	9.88	1.36			B3>A*
	B2	14.25	2.05			B2>B1*
	B3	14.75	1.39			B3>B1*
被试四 （B2 进入干预）	A	10.00	0.82	17.643	0.000	B2>A*
	B1	9.88	0.99			B3>A*
	B2	12.38	1.06			B2>B1*
	B3	14.25	1.91			B3>B1*
被试五 （B3 进入干预）	A	11.00	0.82	8.653	0.000	B3>A*
	B1	11.25	1.17			B3>B1*
	B2	11.13	1.25			B3>B2*
	B3	13.75	1.39			—
被试六 （B3 进入干预）	A	9.25	1.26	5.256	0.006	B3>A*
	B1	9.50	0.76			B3>B1*
	B2	9.38	1.19			B3>B2*
	B3	11.50	1.69			—

*$p<0.05$

比较被试干预最后阶段 B3 与各自基线期的激励性非言语评价平均值发现，被试一提升 6.00 次左右，被试二提升 5.60 次左右，被试三提升 4.70 次左右，被试四提升 4.30 次左右，被试五提升 2.60 次左右，被试六提升 2.10 次左右。激励性非言语评价行为的提升效果呈现被试一、被试二优于被试三、被试四，被试三、被试四优于被试五、被试六的趋势。可见，进入干预期时间越长，被试激励性非言语评价行为提升效果越好。

综合被试两种形式的激励性评价行为频次在干预前后的变化曲线和数据分析可知，6 名被试激励性言语评价行为的提升效果均优于非言语评价行为。

3. 6 名被试激励性评价行为总频次的比较与分析

激励性评价包括激励性言语评价和非言语评价。通过图 8-4 和表 8-4 可以比较直观地发现 6 名被试在实验期间激励性评价行为的变化趋势。6 位被试在各自基线阶段，激励性评价行为均较为稳定。

被试一和被试二最早并同时进入干预期（B1），激励性评价行为频次逐渐提升。被试一在三个干预阶段的激励性评价总频次平均值分别为 33.38、37.38、38.88；被试二在三个干预阶段的激励性评价总频次平均值分别为 30.75、34.25、35.63，干预期与基线期差异显著。

被试三和被试四在干预阶段 B2 进入干预期，随后的两个干预阶段激励性评价行为频次逐渐提升。被试三在两个干预阶段的激励性评价总频次平均值分别为 31.38、34.88，被试四在两个干预阶段的激励性评价总频次平均值分别为 27.38、32.75，干预期与基线期差异显著。

被试五和被试六最后一个阶段进入干预期（B3），激励性评价行为频次在此阶段有明显提升。被试五的激励性评价总频次平均值从基线期的 23.00 次左右提升到 32.50 次，被试六的激励性评价总频次平均值从基线期的 23.00 次左右提升到 29.88 次，干预期与基线期差异显著。

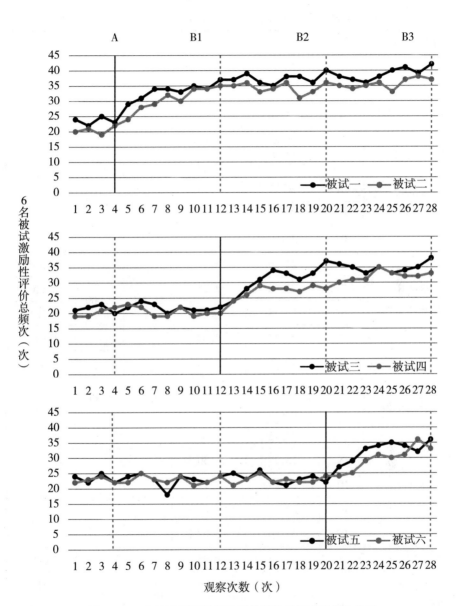

图8-4 6名被试不同阶段激励性评价总频次的横向比较

表 8-4　6 名被试不同阶段激励性评价总频次的方差分析及多重比较

研究对象	阶段	平均值	标准差	F	p	事后比较
被试一 （B1 进入干预）	A	23.50	1.29	59.606	0.000	B1>A*
	B1	33.38	2.45			B2>A*
	B2	37.38	1.69			B3>A*
	B3	38.88	2.03			—
被试二 （B1 进入干预）	A	20.50	1.29	37.524	0.000	B1>A*
	B1	30.75	3.73			B2>A*
	B2	34.25	1.83			B3>A*
	B3	35.63	1.69			—
被试三 （B2 进入干预）	A	21.50	1.29	51.810	0.000	B2>A*
	B1	21.88	1.25			B3>A*
	B2	31.38	3.96			B2>B1*
	B3	34.88	1.64			B3>B1*
被试四 （B2 进入干预）	A	20.25	1.50	94.033	0.000	B2>A*
	B1	20.50	1.60			B3>A*
	B2	27.38	1.69			B2>B1*
	B3	32.75	1.67			B3>B1*
被试五 （B3 进入干预）	A	23.25	1.50	32.325	0.000	B3>A*
	B1	22.88	2.17			B3>B1*
	B2	23.25	1.67			B3>B2*
	B3	32.50	3.07			—
被试六 （B3 进入干预）	A	22.75	0.96	16.830	0.000	B3>A*
	B1	22.88	1.36			B3>B1*
	B2	22.75	1.28			B3>B2*
	B3	29.88	3.94			—

*$p<0.05$

比较被试干预最后阶段 B3 与各自基线期的激励性评价平均值发现，被试一提升 15.40 次左右，被试二提升 15.10 次左右，被试三提升 13.20 次左右，被试四提升 12.40 次左右，被试五提升 9.40 次左右，被试六提升 7.10 次左右。激励性评价行为的提升效果呈现被试一、被试二优于被试三、被试四，被试三、被试四优于被试五、被试六的趋势。可见，进入干预期时间越长，被试激励性评价行为提升效果越好。

（四）研究讨论

本研究通过跨被试多重基线实验设计，探究激励性评价培训对教师激励性评价行为的影响。

经过线上线下相结合、理论与实践相结合的培训干预，6 名被试教师的激励性评价行为均得到显著提高。对 6 名被试教师在基线期和干预期师幼互动中激励性评价行为进行观察记录后，分别对其各个阶段激励性评价总频次、激励性言语评价频次、激励性非言语评价频次进行差异分析和多重比较分析，结果表明，6 名教师的激励性评价行为相比各自基线期均有不同程度的提升。所得研究结果与多重基线实验假设的规律相吻合，且排除了其他因素对实验结果的影响，说明教师激励性评价行为的改变源于培训干预。

其中，激励性言语评价的提升效果均优于激励性非言语评价的提升效果。原因应该在于，参与培训的教师均来自省一级幼儿园，教师在以往师幼互动中，激励性非言语评价行为（如参与、倾听、微笑、点头、击掌、竖大拇指、鼓掌、拉钩、拥抱、拍肩膀、等待等）已经较为充分，现状较理想，因此提升难度相对言语评价而言较大。

另外，被试接受培训干预时长不同，激励性评价行为的提升效果呈现被试一、被试二优于被试三、被试四，被试三、被试四优于被试五、被试六的趋势。录像观察中也可发现，教师逐渐有意识地注意和斟酌自己对幼儿行为随口而出的评价，评价幼儿时情感更加投入，也更有针对性。

综上所述，激励性评价培训能够持续提升教师的激励性评价行为，且干预时长影响干预效果，主要表现为被试接受干预时间越长，激励性评价行为提升效果越好，验证了研究假设。

三、研究二：教师激励性评价对幼儿社会退缩行为的干预实验

（一）研究问题及研究假设

研究二在研究一的基础上，探究教师的激励性评价对幼儿社会退缩行为的影响，具体有以下研究问题。

第一，教师激励性评价能否减少幼儿的社会退缩行为？

第二，被试幼儿接受不同时长的教师激励性评价干预的效果有无差异？

研究假设如下。

假设一：教师的激励性评价能够有效减少幼儿的社会退缩行为。

假设二：被试幼儿接受的教师激励性评价干预时长不同，干预效果存在差异，表现为被试接受的干预时间越长，社会退缩行为减少的效果越好。

（二）研究设计

1. 研究对象的筛选

本研究的被试是从研究一的 3 个被试班 93 名幼儿（研究时已升入大班）中筛选确定的。研究者向 3 个被试班发放 93 份幼儿社会行为教师评价问卷，回收 93 份，回收率为 100%。而后，利用 SPSS22.0 对问卷数据进行统计分析，初步在每个班中各选出总得分最高（即社会退缩倾向最严重）的 1 名幼儿；接着，分别对这 3 名幼儿进行 12 分钟的自主游戏录像，利用鲁宾编制的儿童游戏观察量表（Play Observation Scale，POS）[①] 对其进行观察记录；再分别访谈 3 名主班教师，了解这 3 名幼儿的亲子关系、幼儿在园一日生活的相关表现、同伴关系等情况，并与问卷的得分、自主游戏中相关表现的观察记录结果相结合，确定这 3 名幼儿为研究对象。以下是个案的具体情况。

个案甲，男，5 岁 3 个月。其父亲是培训机构教师，母亲是全职妈妈，

---

① RUBIN K H, HYMEL S, MILLS R S. L. Sociability and social withdrawal in childhood：stability and outcomes ［J］. Journal of personality, 1989, 57 （2）：237-255.

父母的性格都较为温和。该幼儿有个学习成绩优异的哥哥，父母在日常生活中可能对他的亲子陪伴较少，对其要求也较低，教养方式属于放任型。教师反映，该幼儿身体健康，普通话发音不标准，说话声音较小，理解能力正常，性格较为内敛，创造性较弱。该幼儿在一日生活中遵守常规，集体活动中较为专注，但与教师互动极少；当教师发起互动时，该幼儿基本上是沉默、回避和疏远的状态，教师反映存在容易忽视该幼儿的倾向。在自主游戏中，该幼儿经常独自游戏和旁观他人游戏，极少主动与其他幼儿集体游戏，但当别的幼儿找他一同游戏时，大多数时候他也能顺利加入。该幼儿同伴交往能力较弱，经常被同伴忽略。

　　个案甲在幼儿社会行为教师评价问卷上的原始总分为 26 分，将之转化为 Z 分数为 3.32。他在三个子问卷上的得分均较高，"害羞沉默"维度得分为 12 分，转化为 Z 分数为 2.70；"主动退缩"维度得分为 8 分，转化为 Z 分数为 2.39；"被动退缩"维度得分为 6 分，转化为 Z 分数为 2.61。另外，个案甲 12 分钟的自主游戏观察记录显示，总共 72 个编码单位中，他的主要行为分布百分比依次为单独游戏，占比 51.38%；旁观，占比 26.39%；无所事事，占比 11.11%。独处行为占全部观察行为的 88.88%。该幼儿的退缩总分相对较高，大于平均值 3 个标准差，而筛选幼儿社会退缩时中班和大班幼儿的临界标准为 20 分，且 Z 值大于 0。[1] 这些均表明，个案甲的社会退缩行为较为严重。因此，该幼儿被选为被试。数据见表 8-5、表 8-6。

表 8-5　个案甲幼儿社会行为教师评价问卷原始分数及 Z 分数

维度	原始分数	Z 分数
退缩总分	26	3.32
害羞沉默	12	2.70
主动退缩	8	2.39
被动退缩	6	2.61

---

[1]　叶平枝. 幼儿社会退缩的特征及教育干预研究［M］. 北京：中国社会科学出版社，2007.

表 8-6 个案甲自由游戏观察记录中各类行为的次数和百分比

类别		次数	百分比（%）
无所事事		8	11.11
旁观		19	26.39
交谈		4	5.56
单独游戏	机械运动	0	0.00
	探索活动	0	0.00
	建构活动	0	0.00
	假想游戏	0	0.00
	规则游戏	37	51.38
独处总分		64	88.88
集体游戏		4	5.56
总计		72	100.00

　　个案乙，男，5 岁 5 个月。该幼儿是独生子，其父亲是一名公司职员，母亲是一名教师。父亲平时沉默寡言，由于性格原因及工作原因，在日常生活中对他的亲子陪伴和教育可能较少。母亲相对开朗一些，平时奶奶接送较多，母亲和奶奶一般较为配合教师的工作。教师反映，该幼儿身体健康，胆子较小、自信心不足，做事动作慢，说话声音较小，理解能力正常，但在集体活动中专注力低、注意力较差，与教师互动少。在自主游戏中，该幼儿喜欢独自游戏，合作行为较少，游戏水平不高。其同伴交往能力较弱，有固定的两个朋友，但他们在同伴中都存在一定的负面评价。

　　个案乙在幼儿社会行为教师评价问卷上的原始总分为 25 分，将之转化为 Z 分数为 3.01，他在三个子问卷上的得分均较高，"害羞沉默"维度得分为 11 分，转化为 Z 分数为 2.19；"主动退缩"维度得分为 8 分，转化为 Z 分数为 2.39；"被动退缩"维度得分为 6 分，转化为 Z 分数为 2.61。另外，个案乙 12 分钟的自主游戏观察记录显示，总共 72 个编码单位中，他的主要行为分布百分比依次为：单独游戏，占比 55.55%；旁观，占比 27.78%；无所事事，占比 8.33%。独处行为占全部观察行为的 91.66%。该幼儿的退缩总分相对较高，大于平均值 3 个标准差，而筛选幼儿社会退缩时中班和大班幼儿的临界标准为 20 分，且 Z 值大于 0。这些均表明，个案乙的社会退缩行为较为严重。因此，该幼儿被选为被试。数据见表 8-7、表 8-8。

表 8-7　个案乙幼儿社会行为教师评价问卷原始分数及 Z 分数

维度	原始分数	Z 分数
退缩总分	25	3.01
害羞沉默	11	2.19
主动退缩	8	2.39
被动退缩	6	2.61

表 8-8　个案乙自由游戏观察记录中各类行为的次数和百分比

类别		次数	百分比（%）
无所事事		6	8.33
旁观		20	27.78
交谈		3	4.17
单独游戏	机械运动	0	0.00
	探索活动	0	0.00
	建构活动	40	55.55
	假想游戏	0	0.00
	规则游戏	0	0.00
独处总分		66	91.66
集体游戏		3	4.17
总计		72	100.00

个案丙，男，5 岁 6 个月。该幼儿家庭为单亲家庭，母亲是个体商户；该幼儿有一个比他大 3 岁左右的姐姐，与其关系融洽。其母亲工作较忙，在日常生活中对他的亲子陪伴相对较少；爷爷奶奶较为宠溺，经常事事包办。教师反映，该幼儿身体健康，性格内敛，沉默寡言，做事动作较慢，说话声

音小，理解能力正常，大肌肉动作发展较好，精细动作发展较差。该幼儿在集体活动中不爱表现，与教师互动少。在自主游戏中，该幼儿喜欢独自游戏，或者与一个固定好朋友一起玩，其同伴交往能力较差。

个案丙在幼儿社会行为教师评价问卷上的原始总分为 27 分，将之转化为 Z 分数为 3.63。他在三个子问卷上的得分均较高，"害羞沉默"维度得分为 14 分，转化为 Z 分数为 3.73；"主动退缩"维度得分为 8 分，转化为 Z 分数为 2.39；"被动退缩"维度得分为 5 分，转化为 Z 分数为 1.48。另外，个案丙 12 分钟的自主游戏观察记录显示，总共 72 个编码单位中，他的主要行为分布百分比依次为：单独游戏，占比 47.22%；旁观，占比 34.72%；无所事事，占比 12.50%。独处行为占全部观察行为的 94.44%。该幼儿的退缩总分相对较高，大于平均值 3 个标准差，而筛选幼儿社会退缩时中班和大班幼儿的临界标准为 20 分，且 Z 值大于 0。这些均表明，个案丙的社会退缩行为较为严重。因此，该幼儿被选为被试。数据见表 8-9、表 8-10。

表 8-9　个案丙幼儿社会行为教师评价问卷原始分数及 Z 分数

维度	原始分数	Z 分数
退缩总分	27	3.63
害羞沉默	14	3.73
主动退缩	8	2.39
被动退缩	5	1.48

表 8-10　个案丙自由游戏观察记录中各类行为次数和百分比

类别	次数	百分比（%）
无所事事	9	12.50
旁观	25	34.72
交谈	2	2.78

续表

类别		次数	百分比（%）
单独游戏	机械运动	6	8.33
	探索活动	0	0.00
	建构活动	28	38.89
	假想游戏	0	0.00
	规则游戏	0	0.00
独处总分		68	94.44
集体游戏		2	2.78
总计		72	100.00

2. 研究变量

本研究采用跨被试多重基线实验设计。自变量为教师激励性评价，包括教师的激励性言语评价和非言语评价。因变量包括幼儿社会退缩得分和自由游戏观察中幼儿的行为。实验中无关变量的控制同研究一。此外，在本研究中，家长的影响也属于无关变量。对此，研究者在实验前发放被试家长知情同意书，向家长说明对幼儿录像的相关事宜，但未透露实验细节，在实验过程中也对家长进行保密。

3. 研究方法与工具

本研究主要采用个案研究法、问卷调查法、访谈法和时间取样观察法，研究工具为幼儿社会行为教师评价问卷和儿童游戏观察量表。

（1）个案研究法

本研究在研究一的 3 个被试班的幼儿中筛选出 3 名社会退缩行为较为严重的幼儿，以他们为个案，探究教师激励性评价对幼儿社会退缩的干预效果。

（2）问卷调查法

本研究采用问卷调查法，调查 3 个被试班的幼儿的社会退缩情况，旨在从 93 名幼儿中发现、筛选出具有明显较为严重社会退缩行为的幼儿作为本研究的被试，并对其进行干预后的后测。所采用的工具为叶平枝编制的幼儿社会行为教师评价问卷。研究验证，该问卷总问卷和子问卷的 α 系数均超过 0.6，具有较高的结构效度和效标效度，其信度指标满足心理测量学的相关要求。问卷共 12 道题目，包含三个子问卷：害羞沉默，共 5 道题；主动退缩，共 4 道题；被动退缩，共 3 道题。该问卷采用 4 点计分标准，以"从不"（1 分）、"有时"（2 分）、"经常"（3 分）、"频繁"（4 分）的方式正向计分，问卷得分越高，表明幼儿的社会退缩倾向越严重。

（3）访谈法

本研究采用访谈法，访谈 3 名主班教师，主要作为问卷调查后的补充，了解个案的家庭背景及其在幼儿园一日生活中的相关表现情况，以便更加准确地筛选出具有较为严重社会退缩行为的幼儿。

（4）观察法

本研究采用时间取样观察法，采用的工具为鲁宾编制的儿童游戏观察量表，以观察记录被试幼儿在自主游戏过程中的表现，主要用于被试的筛选、干预开始的基线测量、干预过程中的数据收集，以分析干预效果。该量表作为幼儿社会退缩行为观察研究中最常采用的观察量表，在国际上具有较高的权威性。它对儿童的游戏行为进行编码，按照游戏的社会交往参与水平，具体分为不参与游戏行为、单独游戏、平行游戏、集体游戏等维度，其中不参与游戏行为分为无所事事、旁观行为和交谈行为，各类游戏行为均按照认知水平细分为机械运动、探索活动、建构活动、假想游戏和规则游戏。在儿童游戏行为观察中，一个编码单位时间为 10 秒（即 1 分钟有 6 个编码单位），记录在每个编码单位中时间占比最高的活动。本研究选取了不参与游戏行为（无所事事、旁观和交谈）、单独游戏、集体游戏作为观察的指标。

4. 研究步骤

第一，发放问卷，初步筛选社会退缩行为较为严重的幼儿，而后进行自主游戏观察记录，再访谈教师，确定研究个案。

第二，进行跨被试多重基线实验研究，收集资料与数据。研究持续时间为 14 周，以 4 周为一个干预周期（见图 8-5）。

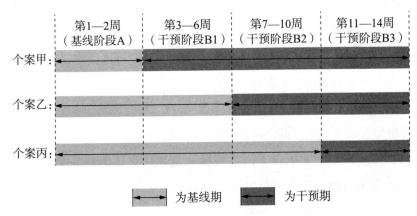

图8-5　幼儿社会退缩行为干预的跨被试多重基线设计

第1—2周（阶段A）为3名个案共同的基线期。

第3—6周（阶段B1），个案甲于第3周开始接受其教师的激励性评价干预，一直持续至阶段B3结束。此时，个案乙和个案丙仍处于基线期。

第7—10周（阶段B2），个案乙于第7周开始接受其教师的激励性评价干预，一直持续至阶段B3结束。此时，个案丙仍处于基线期。

第11—14周（阶段B3），个案丙于第11周开始接受其教师的激励性评价干预，一直持续至阶段B3结束。

在实验期间，分别对3名个案持续进行自主游戏录像，每周两次，每次录像时间为15—20分钟，然后运用儿童游戏观察量表进行观察编码。每次有效观察编码时间为10分钟，每次共有60个有效编码单位。

第三，采用SPSS22.0统计处理数据，分析干预的成效。

（三）研究结果

1. 个案甲的干预过程与效果分析

个案甲的教师（研究一中的被试一与被试二）针对个案甲的日常表现，总结出幼儿偏内敛、拘谨的性格特点，经常独处、与教师和同伴互动贫乏的行为表现，容易被同伴和教师忽略、语言表达和社交能力较弱、出现社会退缩行为等发展危机，据此采取相应的针对性激励性评价策略，主要有：增加对幼儿的关注与关怀；积极表达对幼儿表现和作品的感受；具体肯定幼儿的纵向进步；提出期待，并进行师幼之间的约定；引导幼儿循序渐进地表达；创设情境，为幼儿提供同伴交往的契机；在集体面前肯定、鼓励幼儿；让幼儿无意中听到教师对他的正面评价等。

个案甲在结束了为期两周的基线期观察后，率先随着其班级教师接受激励性评价培训而进入其教师激励性评价的干预过程。

图8-6显示了个案甲在不同阶段游戏观察中集体游戏、交谈行为和独处行为的变化趋势。从中可见，在基线阶段A，个案甲独处行为与集体游戏、交谈行为呈现出明显的分野态势，独处行为占明显优势。在阶段B1，个案甲的独处行为随着时间推移呈明显下降的趋势；与此同时，交谈行为与集体游戏行为缓慢增加。在阶段B2，独处行为和集体游戏行为大体呈曲折而平行发展的态势。阶段B2至阶段B3期间，个案甲的独处行为延续阶段B1末期的趋势，继续逐渐下降；而交谈行为与集体游戏行为也继续呈现上升趋势。从整体来看，个案甲的集体游戏行为的增长幅度稍高于交谈行为。

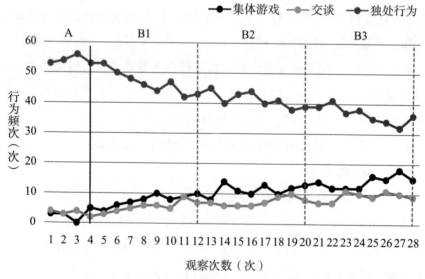

图8-6　个案甲游戏观察中集体游戏、交谈、独处行为的变化

游戏观察中的独处行为包括无所事事、旁观和单独游戏。图 8-7 显示了个案甲在不同阶段游戏观察中 3 类独处行为的变化趋势。观察可知，单独游戏行为在每个阶段都占有优势，从阶段 B1 的中后期开始至实验结束，呈波浪式下降态势；而旁观行为在基线期占有一定的比例，在阶段 B1 中后期开始略有下降，阶段 B2 与阶段 B3 维持稳定，在 8 次左右；整个观察期，个案甲的无所事事行为占比均比较小，且变化起伏不大，自阶段 B1 的中后期开始有微弱减少的趋势，一直持续至阶段 B3，在阶段 B3 的末期呈轻微继续下降的态势。

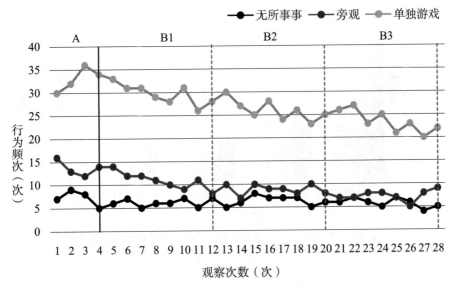

图 8-7 个案甲游戏观察中独处行为类型的变化

从表 8-11 和图 8-8 可知，个案甲在干预后幼儿社会行为教师评价问卷的社会退缩总分和三维度的得分均有所下降。在干预前，社会退缩总分为 26 分，害羞沉默、主动退缩、被动退缩的得分均高于大班的平均值；干预后，社会退缩总分为 19 分，相比干预前减少了 7 分，其中害羞沉默维度减少了 3 分，主动退缩维度和被动退缩维度均减少了 2 分，被动退缩维度干预后的得分十分接近大班的平均值。以上数据与个案甲游戏观察中各类行为的变化情况相符合，均说明个案甲的社会退缩行为有所减少，表明教师激励性评价行为对幼儿社会退缩行为有一定的干预效果。

表 8-11　个案甲幼儿社会行为教师评价问卷得分的变化

维度	干预前	干预后
社会退缩总分	26	19
害羞沉默	12	9
主动退缩	8	6
被动退缩	6	4

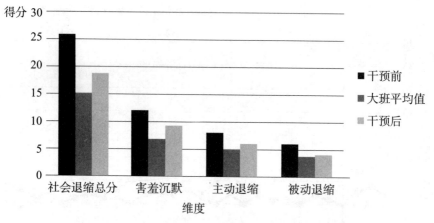

图 8-8　个案甲幼儿社会行为教师评价问卷干预前后得分的变化

2. 个案乙的干预过程与效果分析

个案乙的教师（研究一中的被试三与被试四）针对个案乙的日常表现，总结出幼儿胆小、内向的性格特点，喜欢独自游戏和旁观他人游戏、较为依赖两个固定同伴、与教师互动极少的行为表现，合作能力和社交能力较弱、游戏水平不高、同伴排斥、出现社会退缩行为等发展危机，据此采取相应的针对性激励性评价策略，主要有：增加对幼儿的关注与关怀；积极参与幼儿的活动；创设同伴交往的情境与机会；在集体面前肯定、鼓励幼儿；具体肯定幼儿的纵向进步；对幼儿提出积极期待；引导幼儿表达情绪与想法等。个案乙经历为期 6 周的基线期后，随着其教师接受激励性评价的培训而进入其教师的激励性评价干预期。

图 8-9 显示了个案乙在不同阶段游戏观察中集体游戏、交谈和独处行为的变化趋势。从中可见,独处行为在各个阶段都占有绝对优势,和集体游戏与交谈行为呈现明显的分野;独处行为在前 6 周的基线期整体起伏不大,于干预阶段 B2 后期开始有所下降,但下降幅度不大,阶段 B3 继续保持下降趋势。集体游戏和交谈行为在基线期较为稳定,大体上集体游戏行为略高于交谈行为,随后两者均在干预阶段 B2 后期有所上升,并随着时间推移在干预阶段(B3)继续缓慢上升,其中集体游戏行为在阶段 B3 的增长幅度高于交谈行为。观察可发现,游戏过程中,由于个案乙社会交往行为增加,其独处行为随之减少。

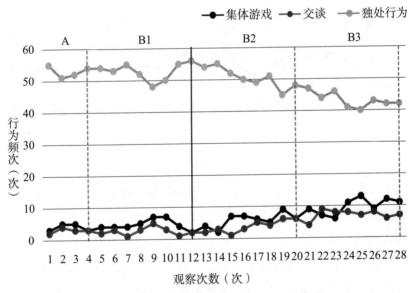

图8-9 个案乙游戏观察中集体游戏、交谈、独处行为的变化

图 8-10 显示了个案乙在不同阶段游戏观察中三类独处行为的变化趋势。从中可以看到,单独游戏在各个阶段均占据上风,在第一个干预阶段 B2 的末段有所下降,随后在下一阶段继续缓慢下降。而值得注意的是,在第一个干预阶段 B2,旁观行为与基线期相比几乎没有多少变化,直至干预

阶段 B3 中后期才呈小幅度下降趋势；同样地，整个观察期，无所事事的行为虽然占比不大但一直存在，前三个阶段变化不大，于干预阶段 B3 稳定在 5 次左右。由此可见，个案乙独处行为频率的降低很大程度上是由单独游戏行为减少所致。

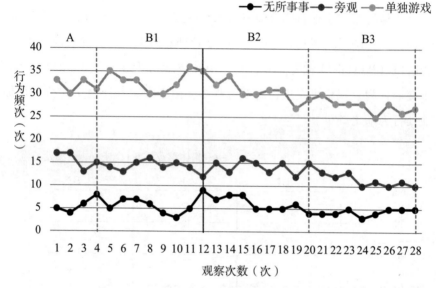

图 8-10　个案乙游戏观察中独处行为类型的变化

表 8-12 和图 8-11 显示了个案乙干预前后幼儿社会行为教师评价问卷得分的变化情况。干预后，社会退缩总分为 20 分，相比干预前减少了 5 分。其中，在害羞沉默维度减少了 2 分，和个案乙游戏观察中交谈行为和集体游戏行为增加相符合；主动退缩维度减少了 2 分，与个案乙游戏观察中旁观行为和单独游戏行为有所减少相呼应；被动退缩维度减少了 1 分。干预前后得分的变化，说明教师的激励性评价对个案乙社会退缩行为的干预起到一定的作用。

表 8-12　个案乙幼儿社会行为教师评价问卷得分的变化

维度	干预前	干预后
社会退缩总分	25	20
害羞沉默	11	9
主动退缩	8	6
被动退缩	6	5

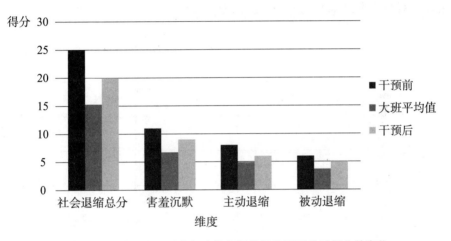

图 8-11　个案乙幼儿社会行为教师评价问卷干预前后得分的变化

3. 个案丙的干预过程与效果分析

个案丙的教师（研究一中的被试五与被试六）针对个案丙的日常表现，总结出幼儿沉默内敛、容易害羞的性格特点，喜欢单独游戏、不喜言谈、与教师和同伴互动贫乏的行为表现，语言表达和社交能力较弱、同伴关系不良、出现社会退缩行为等发展危机，据此采取相应的针对性激励性评价策略，主要有：增加对幼儿的关注与关怀；积极表达对幼儿表现和作品的感受；引导幼儿分享作品和表达想法；具体肯定幼儿的纵向进步；提出期待，并进行师幼之间的约定；创设情境，为幼儿提供同伴交往的契机；在集体面前肯定、鼓励幼儿；一对一进行激励与化解等。

　　个案丙经历为期 10 周的基线期后，随着其教师接受激励性评价的培训而进入其教师的激励性评价的干预过程。

　　图 8-12 显示了个案丙在不同阶段游戏观察中集体游戏、交谈行为和独处行为的变化趋势。从中可见，独处行为在整个观察期都独占上风，与集体游戏和交谈行为泾渭分明；独处行为在基线期没有明显变化，在干预阶段 B3 中后期逐渐下降。而集体游戏与交谈行为在基线期占比均较小，但几乎每次都会出现，两者难分伯仲，在干预阶段 B3 中后期开始稍有抬头趋势，其中集体游戏行为上升幅度稍大于交谈行为。

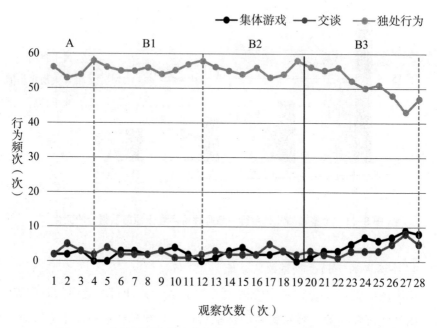

图 8-12　个案丙游戏观察中集体游戏、交谈、独处行为的变化

　　图 8-13 显示了个案丙在不同阶段游戏观察中三类独处行为的变化趋势。观察可知，三类独处行为中占比最大的是单独游戏行为，且整个观察期都占有明显优势，只在干预阶段 B3 中后期出现减少趋势；旁观行为占有一定比例，无所事事行为占比相对较小但时有发生，两者在整个观察期内起伏不大。可见，个案丙在干预阶段 B3 独处行为频率的降低一定程度上是其集体游戏

和交谈行为的增加、单独游戏的减少所致。

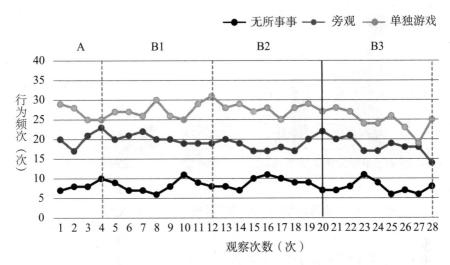

图 8-13　个案丙幼儿游戏观察中独处行为类型的变化

从表 8-13 和图 8-14 可知，个案丙干预前后幼儿社会行为教师评价问卷得分的变化情况。进行 4 周的干预后，个案丙社会退缩总分减少了 4 分，其中害羞沉默维度减少了 2 分，主动退缩维度减少了 1 分，被动退缩维度减少了 1 分。个案丙接受干预时间较短，但后期出现的一定程度上主动参与集体游戏、在教师激励下与教师和同伴的交流有所增加等现象，均说明教师的激励性评价对个案丙社会退缩行为的干预产生了一定的效果。

表 8-13　个案丙幼儿社会行为教师评价问卷得分的变化

维度	干预前	干预后
社会退缩总分	27	23
害羞沉默	14	12
主动退缩	8	7
被动退缩	5	4

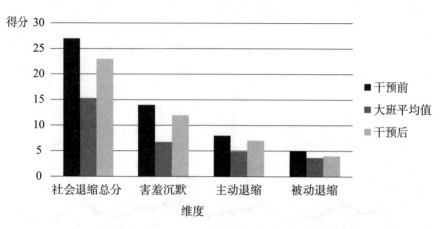

图 8-14　个案丙幼儿社会行为教师评价问卷干预前后得分的变化

4.3 名个案干预效果的比较与分析

（1）3 名个案游戏观察中独处行为的比较与分析

游戏观察中的独处行为包括无所事事、旁观行为和单独游戏行为。通过图 8-15、表 8-14、表 8-15 可知 3 名个案在实验期间独处行为频次的变化趋势。3 名个案在共同基线期（即阶段 A）的独处行为都较为稳定，频次较高，平均值分别为 54.00、53.00、55.25。个案甲最早进入干预期（B1），三个干预阶段的独处行为平均值依次为 46.63、41.25、36.50，干预期与基线期差异显著。个案乙在干预阶段 B2 进入干预期，随后两个干预阶段的独处行为逐渐减少，平均值分别为 50.50、43.13，干预期最后阶段 B3 与基线期差异显著。个案丙最后一个阶段（B3）进入干预期，独处行为的平均值从 55.00 次左右减少到 50.25。可见，进入干预期时间越长，独处行为减少得越明显。在共同干预阶段 B3，独处行为的频次呈现个案甲<个案乙<个案丙的趋势，差异显著。

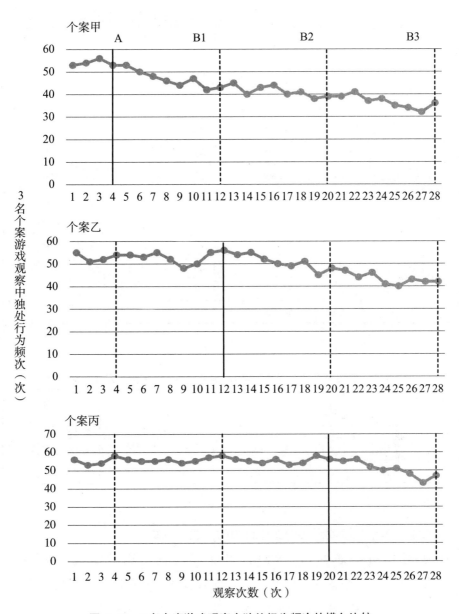

图8-15　3名个案游戏观察中独处行为频次的横向比较

表 8-14 3 名个案不同阶段独处行为的方差分析及多重比较

研究对象	阶段	平均值	标准差	F	p	事后比较
个案甲 （B1 进入干预）	A	54.00	1.41	37.364	0.000	B1<A*
	B1	46.63	3.70			B2<A*
	B2	41.25	2.49			B3<A*
	B3	36.50	2.88			——
个案乙 （B2 进入干预）	A	53.00	1.83	21.293	0.000	B3<A*
	B1	52.88	2.75			B3<B1*
	B2	50.50	3.25			B2<A
	B3	43.13	2.42			B2<B1
个案丙 （B3 进入干预）	A	55.25	2.22	7.274	0.001	B3<B2
	B1	55.75	1.28			B3<B1*
	B2	55.25	1.58			——
	B3	50.25	4.27			

*$p<0.05$

表 8-15 3 名个案共同干预阶段 B3 独处行为的方差分析及多重比较

阶段	研究对象	平均值	标准差	F	p	事后比较
B3	个案甲	36.50	2.88	35.093	0.000	个案甲<个案乙*
	个案乙	43.13	2.42			个案甲<个案丙*
	个案丙	50.25	4.27			个案乙<个案丙*

*$p<0.05$

（2）3 名个案游戏观察中交谈行为的比较与分析

通过图 8-16、表 8-16、表 8-17 可知 3 名个案在实验期间交谈行为频次的变化趋势。3 名个案在共同基线期（即阶段 A）的交谈行为都较为稳定，平均值分别为 3.25、3.00、3.00。个案甲最早进入干预期（B1），三个干预阶段的交谈行为平均值依次为 5.63、7.38、9.25，干预期与基线期差异显著。个案乙在干预阶段 B2 进入干预期，随后两个干预阶段的交谈行为逐渐增加，平均值分别为 3.75、7.13，干预阶段 B3 与基线期差异显著。个案丙最后一个阶段（B3）进入干预期，交谈行为有所增加。可见，进入干预期时间越长，交谈行为增加得越明显。在共同干预阶段 B3，交谈行为的频次呈现个案甲>个案乙>个案丙的趋势，差异显著。

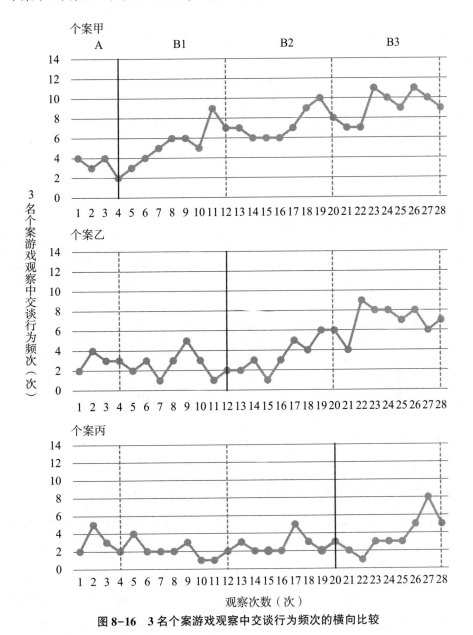

图8-16 3名个案游戏观察中交谈行为频次的横向比较

表8-16　3名个案不同阶段交谈行为频次的方差分析及多重比较

研究对象	阶段	平均值	标准差	F	p	事后比较
个案甲 （B1进入干预）	A	3.25	0.96	14.948	0.000	B1>A*
	B1	5.63	1.85			B2>A*
	B2	7.38	1.51			B3>A*
	B3	9.25	1.58			——
个案乙 （B2进入干预）	A	3.00	0.82	14.547	0.000	B3>A*
	B1	2.50	1.31			B3>B1*
	B2	3.75	1.83			B2>A
	B3	7.13	1.55			B2>B1
个案丙 （B3进入干预）	A	3.00	1.41	1.604	0.215	B3>A
	B1	2.13	0.99			B3>B1
	B2	2.75	1.04			B3>B2
	B3	3.75	2.19			——

*$p<0.05$

表8-17　3名个案共同干预阶段B3交谈行为频次的方差分析及多重比较

阶段	研究对象	平均值	标准差	F	p	事后比较
B3	个案甲	9.25	1.58	19.041	0.000	个案甲>个案乙*
	个案乙	7.13	1.55			个案甲>个案丙*
	个案丙	3.75	2.19			个案乙>个案丙*

*$p<0.05$

（3）3名个案游戏观察中集体游戏行为的比较与分析

通过图8-17、表8-18、表8-19可知3名个案在实验期间集体游戏行为频次的变化趋势。3名个案在共同基线期（即阶段A）的集体游戏行为都较为稳定，平均值分别为2.75、4.00、1.75。个案甲最早进入干预期（B1），三个干预阶段的集体游戏行为平均值依次为7.75、11.38、14.25，干预期与基线期差异显著。个案乙在干预阶段B2进入干预期，随后两个干预阶段

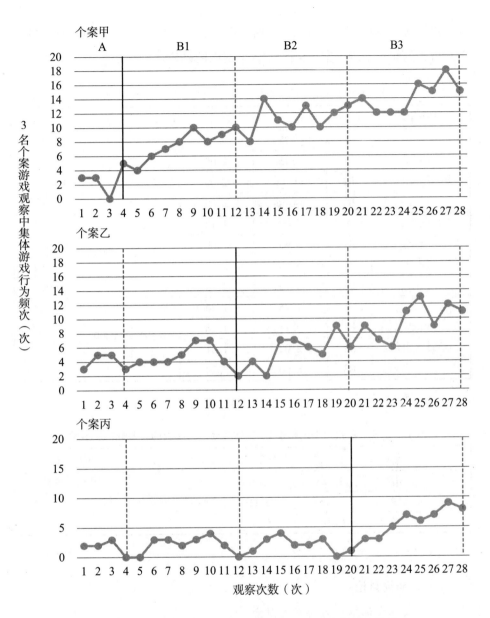

图8-17 3名个案游戏观察中集体游戏行为频次的横向比较

的集体游戏行为逐渐增加，平均值分别为5.75、9.75，干预期最后阶段B3
与基线期差异显著。个案丙最后一个阶段（B3）进入干预期，集体游戏行为
平均值从2.00次左右增加至6.00次，干预期与基线期差异显著。可见，进

入干预期时间越长，集体游戏行为增加得越明显。在共同干预阶段 B3，集体游戏行为的频次呈现个案甲>个案乙>个案丙的趋势，差异显著。

表 8-18　3 名个案不同阶段集体游戏行为频次的方差分析及多重比较

研究对象	阶段	平均值	标准差	F	p	事后比较
个案甲 （B1 进入干预）	A	2.75	2.06	31.671	0.000	B1>A*
	B1	7.75	2.05			B2>A*
	B2	11.38	2.00			B3>A*
	B3	14.25	2.19			—
个案乙 （B2 进入干预）	A	4.00	1.16	11.663	0.000	B3>A*
	B1	4.63	1.69			B3>B1*
	B2	5.75	2.12			B2>B1
	B3	9.75	2.44			B2>A
个案丙 （B3 进入干预）	A	1.75	1.26	11.191	0.000	B3>A*
	B1	2.13	1.46			B3>B1*
	B2	2.00	1.31			B3>B2*
	B3	6.00	2.20			—

*$p<0.05$

表 8-19　3 名个案共同干预阶段 B3 集体游戏行为频次的方差分析及多重比较

阶段	研究对象	平均值	标准差	F	p	事后比较
B3	个案甲	14.25	2.19	26.298	0.000	个案甲>个案乙*
	个案乙	9.75	2.44			个案甲>个案丙*
	个案丙	6.00	2.20			个案乙>个案丙*

*$p<0.05$

（四）研究讨论

1. 个案社会退缩行为的影响因素

根据干预前对教师们的访谈以及对 3 名个案的观察，研究者发现，这 3 名个案都存在不理想的亲子关系、同伴关系和师幼关系。

亲子关系方面，个案甲的家长对幼儿的教养方式属于放任型，认为幼儿的社会退缩是暂时性的，可以随着时间推移、个体成长而消失，没有过多放在心上。个案乙是父亲参与教养较少，存在亲子陪伴缺失，父亲沉默寡言的性格也可能潜移默化影响了幼儿，同时母亲也对幼儿的社会退缩行为不够重视。个案丙则是父亲身故、母亲工作繁忙导致亲子陪伴缺失，而爷爷奶奶对幼儿过度宠爱从而事事包办。

　　家长的教育观念以及对幼儿社会退缩行为的认识，都会影响他们自身对幼儿的教育行为。放任型的家长对幼儿社会退缩行为不够重视，容易错过对幼儿的干预时机，导致幼儿社会退缩行为日渐恶化。家长的压抑、焦虑等心理状况，也会加重幼儿的社会退缩行为[1]。而如个案丙这样过度保护的隔代教育则因事事包办，一定程度上限制了幼儿社会能力的发展，容易导致幼儿独立性弱，离开家长在幼儿园时容易出现独自操作的失败经历，从而降低自我效能感[2]，进而消极归因，加剧社会退缩行为。

　　同伴关系方面，3 名个案的同伴关系均不佳，存在一定的同伴忽略或排斥。社会退缩幼儿的社会能力较弱，容易导致不良的同伴交往经历，这会使其倾向于认为自己的社交失败经历是自身原因所造成的；经常被同伴忽略或拒绝的经历又会逐渐加深这种信念，导致幼儿更加回避交往，选择独处。[3]而社会退缩幼儿鲜有的固定依赖的同伴往往也是受到同伴排斥的幼儿或社会退缩幼儿，他们容易相互影响，进而加重社会退缩，[4] 个案乙就存在此类危机。

　　师幼关系方面，个案甲的教师在干预前谈及该幼儿的日常表现时，多次谈到容易忽视该幼儿。由于该幼儿沉默寡言，也很少违反纪律，教师主动发起的师幼互动也相对较少；即使教师主动发起，幼儿的反馈也是回避、消极的，师幼关系因此并不亲密。个案乙的教师干预前提及该幼儿时，同样也是反映师幼关系并不理想，由于该幼儿存在做事动作较慢、说话声音小、有时候受到同伴排斥等特点，教师有时会介入，但其余时间主动发起的互动较少。

---

① 叶平枝.幼儿社会退缩的特征及教育干预研究 [M].北京：中国社会科学出版社，2007.

② Rubin K H，COPLAN R J . Paying attention to and not neglecting social withdrawal and social isolation [J]. Merrill Palmer quarterly，2004，50（4）：506-534.

③ 郑淑杰，张永红.学前儿童社会退缩行为研究综述 [J].学前教育研究，2003（3）：15-17.

④ 同①。

个案丙的教师则反映，由于该幼儿的家庭原因，教师们对他给予积极关注与关爱，师幼关系比较乐观。

研究指出，积极的师幼关系对幼儿的成长极其关键，对社会退缩幼儿来说影响更加深远。①② 在我国传统文化影响之下，社会退缩幼儿沉默、安静，经常被教师认为是"乖孩子""不会捣乱"，行为表现也是适宜的甚至是被鼓励的，因此较少关注幼儿的安静独处行为背后的原因，更不会去实施干预。这将强化幼儿的社会退缩行为，长此以往会对其发展造成负面影响。同时，教师的忽略也会在一定程度上影响其他幼儿对社会退缩幼儿的态度，进而影响其择伴行为，减弱与社会退缩幼儿互动的倾向性。因此，作为幼儿的重要他人之一，教师应重视在幼儿园一日生活中对社会退缩幼儿的关注与关爱，积极在师幼互动中利用日常评价对社会退缩幼儿进行行为干预。

2. 教师激励性评价干预对幼儿社会退缩行为的影响

本研究在研究一的基础上，同样采取跨被试多重基线实验设计，探究教师激励性评价对幼儿社会退缩行为的影响。教师通过培训，实现对激励性评价理论的理解与吸收、对运用策略的学习与内化，并对班级中有社会退缩倾向的幼儿的日常行为表现进行相关的剖析，反思并调整自身对幼儿的相关惯性评价，随后将之运用于实际的师幼互动之中，对个案采取有针对性的激励性评价。

实验结果表明，教师激励性评价干预起到了一定的效果。通过幼儿社会行为教师评价问卷前后测得分可以发现，3 名个案的社会退缩总分和各维度得分均有不同程度的降低，干预时长最长的个案甲得分降低最多，其后依次是个案乙、个案丙。利用儿童游戏观察量表对 3 名个案自主游戏行为所做的观察记录显示，3 名个案的社会退缩行为均有所减少，表现为各种独处行为均有所减少，而社会性行为（包括交谈行为和集体游戏行为）均有不同程度

---

① HAMRE B K, PIANTA R C. Early teacher-child relationships and the trajectory of children's school outcomes through eighth grade [J]. Child development, 2001, 72 (2): 625-638.

② THIJS J T, KOOMEN H M Y, LEIJ A V D. Teacher-child relationships and pedagogical practices: considering the teacher's perspective [J]. School psychology review, 2008, 37 (2): 244-260.

的增加。研究者通过录像观察发现，3 名个案与同伴和教师的互动频率逐渐增加；其中，集体游戏行为的改善效果稍优于交谈行为；同伴接纳程度相对提高，同伴交往的对象增多，范围扩大；合作、协商、分享能力有所提高；说话声音相对提高等。观察记录结果的图表直观地说明，3 名个案社会退缩行为减少的效果呈现个案甲优于个案乙、个案乙优于个案丙的趋势，与其接受干预的时长成正比。

综上所述，本研究所得研究结果与跨被试多重基线实验假设的规律相吻合，且排除了其他因素对实验结果的影响，说明幼儿社会退缩行为的减少源于教师激励性评价干预，且干预时长影响效果，主要表现为个案接受干预时间越长，社会退缩行为减少的效果越好，验证了研究假设。

四、总讨论

通过跨被试多重基线实验设计，研究一探究激励性评价培训对教师激励性评价行为的影响，结果表明，干预取得良好效果，有效提升了教师的激励性评价行为；研究二在研究一的基础上，探究教师激励性评价对幼儿社会退缩行为的影响，结果表明，教师的激励性评价能够减少幼儿的社会退缩行为。在此，研究者结合实验的实施过程与结果进行相关讨论。

（一）教师激励性评价培训能够有效提升教师的激励性评价行为

激励性评价培训通过现场讲座、网络培训课程、教研活动、线上研讨会等形式，采取线上线下相结合的方式，有效提升了教师的激励性评价行为。以下将从培训方案的设计与实施角度出发进行讨论。

1. 转变教师教育观念是提升激励性评价行为的前提

教师的教育观念体现其对教育现象、教育问题的价值判断与价值选择，会对其教育行为产生重要影响。已有学者研究指出，教师的教育观念在其进行教学活动、选择和采取教学方法或教学策略时起导向性的关键作用，他们会结合自己的教育观念对所面对的信息进行联系与分析，并由此影响其教育实践。①② 积极有效的培训应当重视引进新型教育观念、丰富教师的知识，由此引发教师"自身已有观念"和"社会倡导的观念"之间的冲突，引起教师的深刻反思，进而转变其教育观念。③ 而讲座、教导以及书报杂志等培训学习，能够在一定程度上对教师教育观念的转变产生作用。④

本研究的激励性评价培训方案正是注重转变教师的教育观念，通过专家现场讲座、系列网络培训课程等途径，由浅入深地为教师讲解科学的儿童观、教育观，从词源学、管理学、心理学和教育学等多学科角度切入，阐述激励性评价的内涵与外延，分析其特征、意义以及三种主要策略，促使教师们对其日常评价行为、对激励性评价行为产生更加深刻的认识与理解，进而转变其原有观念，明白平时看似稀松平常的评价行为实际上对幼儿的发展举足轻重，领悟激励性评价的重要意义，为提升激励性评价行为的具体实践打下了坚实的基础。

2. 理论与实践相结合是提升激励性评价行为的关键

转变教师观念是提升其激励性评价行为的前提，然而这些"应该如何做"的观念（即如何评价与激励幼儿的观念）属于"倡导的理论"（espoused theories），很难直接对教师的评价行为产生较大的改善作用。因而在对相关的理论进行系统学习后，教师需要回归教育实践，在实践中进行探讨与分析，在专家引领下改善与总结，在实际运用中反思与改进，逐渐将"倡导的理论"向"运用的理论"（theories-in-use）转变，⑤ 真正实质性地实现激励性评价观念的内化与实践的提升。

在教师培训中，案例教学不失为连接抽象理论与生动实践的桥梁。在教育学界，案例的收集、开发和教学始于 20 世纪 70 年代。教学案例通过多元

---

① 辛涛，申继亮.论教师的教育观念［J］.北京师范大学学报（社会科学版），1999（1）：14-19.

② 高潇怡，庞丽娟.论教师教育观念的本质与结构［J］.社会科学战线，2009（3）：250-253.

③ 高潇怡，庞丽娟.论教师教育观念的作用［J］.教育科学，2003（2）：23-26.

④ 庞丽娟，叶子.论教师教育观念与教育行为的关系［J］.教育研究，2000（7）：47-50+70.

⑤ OSTERMAN K F，KOTTKAMP R B . Reflective practice for educators：improving schooling through professional development［M］. Thousand Oaks，CA：Corwin Press，1993.

化的叙述形式，展现了包含教师与学生的典型观念、感情和行为的故事，具有过程性、完整性、典型性、真实性和启发性。[1][2] 而案例教学法就是基于这样的案例来展开教学培训的一种方法。专家、教师会通过展现出于教学培训目的而挑选出来的典型实际案例，引导学员进行自学研究、小组讨论、整体分析等，融合教育观念与理论知识，归纳总结案例的关键问题和解决方法，提高学员理论联系实际、分析问题与解决问题的能力。

本研究的激励性评价培训方案正是在充分了解教师群体的学习方式与工作环境的基础上，运用案例教学的方法展开培训，主要有两部分。

一是"具体评价""化解""去标签"三种激励性评价主要策略的应用学习。在教师们初步理解和吸收相关的教育理论后，通过录像、课题通讯等方式展现对应激励策略的真实、鲜活案例，从激励性评价行为发生的背景、事件过程、具体的策略使用步骤与效果、案例中教师的反思等方面引导教师进行设身处地的分析探讨，在各抒己见中碰撞思维，对接理论与实践。

二是教师在前一步培训基础上进行实践，然后通过定期的线上案例研讨和线下案例教研，围绕教师实践中亲身经历的案例进行激励性评价行为的自我分析和集体研讨，而后专家进行有针对性的案例指导，帮助教师学会发现教育契机、抓住关键事件对幼儿进行激励性评价，深化与再认识事件背后的观念，从中凝练激励性教育案例、总结策略，不断反思、再应用于新的教育情境并再研讨，在情境化和具身化的培训干预中实现激励性评价行为螺旋式的提升。

3. 唤醒教师的主体意识是提升激励性评价行为的核心

唤醒教师的主体意识，充分调动教师自我发展的积极性，激发教师的内生学习力，这是提升教师激励性评价行为的核心。

在专业发展的道路上，教师只有充分发挥主体性，才能变被动为主动，激发动机与热情，积极进行自我认识与改造，逐渐形成"自我更新取向"的

---

① 郑金洲. 案例教学：教师专业发展的新途径 [J]. 教育理论与实践，2002（7）：36-41.

② 张家军，靳玉乐. 论案例教学的本质与特点 [J]. 中国教育学刊，2004（1）：51-53+65.

专业发展意识,① 最终实现其自我价值。传统的教师培训往往采取自上而下的方式培训,将教师当作"被培训者",教师主体意识匮乏、内驱力不足,被动参与培训,且在培训过程中处于失语状态,这样的培训效果堪忧。

本研究的激励性评价培训方案则充分尊重教师在培训中的主体地位,重视在整个过程中不断唤醒教师的主体意识,帮助教师认识到其在此次培训中是参与互动的主体,亦是合作反思的主体。② 前者是指在培训中,除了需要专家讲解的部分,其他部分(如定期的线下教研和线上研讨)都强调教师的主体参与,营造平等、宽松的氛围,促使教师就自身的激励性评价行为或事件自由分享、提问、讨论。后者是指培训不止"授人以鱼"——讲述相关的理论知识,还"授人以渔"——在案例分析中帮助教师认识、梳理其实践中的激励性评价事件蕴含的教育智慧,引导教师将自身的缄默性知识显性化,使其个体散乱的经验转化为能够表述的系统的普遍性知识,并在反思中迁移运用于新的实践。整个培训聚焦于改变教师的生命状态、精神世界和思维模式③,持续唤醒教师的主体意识,力求教师能够在提升激励性评价行为的过程中成长为充满生命关怀、拥有教育智慧和成长型思维的激励性教师,力求其激励性评价行为能够对幼儿的发展产生持续积极的影响。

本研究的激励性评价培训能够有效提升教师激励性评价行为的原因,除了培训方案本身,还有教师个人的人格特征、专家的专业引领、幼儿园管理者的支持等,是多方面因素共同作用的结果。

(二) 教师激励性评价能够有效减少幼儿的社会退缩行为

本研究中,教师的激励性评价行为在培训中持续提升,并对幼儿的社会退缩行为起到了一定的干预作用。以下对此进行探讨。

1. 教师的同理心与情感投入为幼儿营造了安全温馨的心理氛围

人本主义心理学家罗杰斯提倡,教育应当是"非指导性的",主张舍弃

---

① 叶澜. 教师角色与教师发展新探 [M]. 北京:教育科学出版社,2001.

② 高巍. 教师在培训中主体意识及主体价值的生成 [J]. 武汉理工大学学报(社会科学版),2010,23 (6):909-912.

③ 叶平枝. 照亮当下 照进未来 [J]. 学前教育,2019 (9):19-21.

"教师"这一角色定位，代之以学习的"促进者"；[①] 认为促进幼儿发展的关键在于师幼关系中的心理气氛因素，这些心理气氛因素主要包括真诚一致相待、无条件尊重以及设身处地的理解。[②] 真诚一致相待，指的是学习的促进者对幼儿要坦诚而真实地表露自己，不掩饰、不粉饰，表里如一，投入真情实感。无条件尊重，指的是尊重每一名幼儿的情感、观念和见解，尊重每一名幼儿作为独立个体的独立人格。设身处地的理解，也称"移情理解"，即从幼儿视角出发，理解幼儿的内心世界，了解幼儿的想法，体会幼儿的感受。罗杰斯相信，在这样的心理氛围中，能够构建良好的师幼关系，促进幼儿的积极发展。

　　教师的激励性评价体现了浓厚的人本主义思想，强调教师对幼儿的评价是在尊重幼儿个体差异的基础上，用同理心去换位思考，充分理解幼儿的想法与感受，用发展的眼光看待幼儿，相信每名幼儿有自己的闪光点和自己成长的步伐，没有不可改变的幼儿；在评价幼儿时，拒绝敷衍式的泛泛评价，而是强调要积极投入情感，让幼儿感受到教师对他的尊重与理解，真心为他一点一滴的进步而欢愉。社会退缩幼儿常常伴有自卑、焦虑、沮丧、孤独感等困扰。教师应站在幼儿的角度，移情理解他们容易害羞、焦虑、自信心不足等境况，在此基础上进行评价。如，幼儿用极其微弱的声音发言，教师全程认真倾听，用坚定的眼神鼓励、抚摸一下幼儿的头或者手轻轻搭在幼儿肩膀上，听罢微笑着说："宝贝，你的想法好有趣啊！老师看你刚才观察得很仔细，一定很认真地思考了！你下次如果再大点声音就更好了，这样其他小朋友也能听到你的奇妙发现哦！"这样的激励能让幼儿体会到教师在关注他，而且肯定了他的认真观察和想法，加之教师的微笑、眼神等，都给予其强大的安全感和信任感。教师持续的激励性评价营造了班集体安全、温馨的心理氛围，能够在一定程度上缓解幼儿为避免焦虑无措而选择逃避交往、独处的心理困扰。

---

　　① 陈琦，刘儒德. 当代教育心理学 [M]. 北京：北京师范大学出版社，2007.

　　② 唐淑云，吴永胜. 罗杰斯人本主义心理学述介 [J]. 哲学动态，2000（9）：31-34.

2. 非言语评价的适时运用促使幼儿有效知觉到教师的期望

罗森塔尔效应揭示了教师的期望会对幼儿的行为、人格和社会性发展等产生重要的作用，而幼儿知觉的教师期望也逐渐引起学者们的关注与研究。幼儿知觉的教师期望指的是在师幼互动中幼儿所知觉到的教师期望。研究发现，儿童能够敏锐知觉到教师对他们的期望，并且可以稳定、一致地描述出来;① 学生知觉到的教师期望，与其自我效能感、自我价值感、学业成就、同伴接纳、自我概念具有一定的相关性;②③ 提高幼儿知觉到的教师期望，并进行积极的教师期望支持行为，能够显著地促进幼儿的自我控制。④ 教师对幼儿的合理期望，需要让幼儿有效地知觉到，这样才能更好地发挥作用。

教师的非言语评价主要包括面部表情、手势语、姿势语等表现形式的评价。非言语评价能够通过幼儿的视觉、触觉、听觉等感官刺激直接产生作用，具有情境性和连续性的特征，对言语评价起到一定的辅助性作用，⑤ 有的时候还能达到"此时无声胜有声"的效果，如：通过温和目光的注视，让幼儿知晓教师的关怀与重视；教师的微笑能将积极情绪传达、感染到幼儿等。

本研究中，幼儿的社会退缩行为使其经常遭到同伴排斥或忽视而无奈地独处。教师要通过符合幼儿特点的行为来传递期望，而激励性评价中的非言语评价（如点头、微笑、注视、拉钩、击掌、等待、拍肩膀等）能够在更多场合、更适时地向有社会退缩倾向的幼儿传递教师积极的期望，激励其克服自卑与焦虑，以保证幼儿更加有效地知觉到教师的期望，体会教师对他的信任与关注，进而回应教师寄予的期望，逐渐做出退缩行为的相关改变，缓和压抑与退缩的心理状态。

---

① WEINSTEIN R S. Perceptions of classroom processes and student motivation：children's views of self-fulfilling prophecies [J]. Goals and cognitions，1989（3）：187-211.

② 郑海燕，刘晓明，莫雷. 初二学生知觉到的教师期望、自我价值感与自我效能的关系研究 [J]. 应用心理学，2004（3）：23-27+52.

③ 范丽恒，李婕，金盛华. 学生知觉的教师行为在教师期望效应中的作用 [J]. 中国临床心理学杂志，2008（4）：364-367.

④ 满晶. 幼儿知觉到的教师期望对幼儿自我控制影响的实验研究 [J]. 现代中小学教育，2013（5）：83-87.

⑤ 王丽梅. 教师课堂非语言行为及其应用策略 [J]. 教学与管理，2018（26）：13-15.

3. 教师对危机的识别与化解有利于幼儿自信心的树立

幼儿在成长与发展过程中难免会面临发展危机，如焦虑、退缩、自卑等，解决危机的方式对个体的成长具有长远、深刻的影响。[①] 如果能够妥善处理，就能够转危为机。社会退缩幼儿自信心缺乏、自卑，在幼儿园中沉默不语或声音微弱，害怕与人交往等，这样会衍生不良的同伴关系，而不良的同伴关系又会进一步强化幼儿的社会退缩行为。激励性评价中的化解策略，就是幼儿教师对幼儿危机进行敏感识别与积极化解，利用成长型思维，发挥教育智慧，帮助幼儿重新拾得信心的过程。

在本研究中，通过问卷筛选出有社会退缩倾向的幼儿后，研究者对教师进行了访谈，发现教师对幼儿日常行为表现有一定的关注和了解，特别是幼儿的沉默害羞、独处行为和同伴关系。因而教师在培训中特别注重化解策略的学习与运用，在实施评价的过程中注意化解幼儿的固化思维，用自身的成长型思维影响幼儿，帮助其看到自身的闪光点，改变消极的内部归因，获得自信心，同时去除其他幼儿因对社会退缩幼儿固有负面印象而不经意贴上的标签，从而在一定程度上缓解幼儿因不良同伴关系导致的心理创伤。

4. 教师具体而有针对性的评价帮助幼儿形成积极的自我概念

幼儿社会退缩常常与其消极的自我概念有关，消极的自我概念会使幼儿陷入自我怀疑的困境，将自己的失败经历扩大化，进而又加剧原有的消极自我概念，陷入恶性循环。学前期是自我概念的萌芽期，由于幼儿的认知水平有限，他们对自身的认识与评价往往是通过成年人，特别是身边的重要他人的评价而逐渐建立起来的。教师作为幼儿的重要他人之一，其评价对幼儿自我概念的影响不言而喻。研究指出，教师分析性的评价更加有利于幼儿积极自我概念的发展。[②] 教师正面的泛泛评价，如"真不错""你真棒"，没有针对性，难以让幼儿明白自己行为的进步，甚至有时候会让幼儿产生教师"敷衍应付"之感。而教师负面的泛泛评价，如"你这样不行的""你怎么也学

---

① 陈琦，刘儒德. 当代教育心理学［M］. 北京：北京师范大学出版社，2007.
② 韩春红，武建芬. 教师的评价风格对幼儿自我概念发展的影响［J］. 上海教育科研，2005（4）：46-48.

不会""没有小朋友想跟你玩的",一方面没有说明幼儿的行为哪里不对,幼儿无从改进,另一方面容易将幼儿"标签化",觉得自己就是能力不行、没有同伴愿意亲近,就连老师也不喜欢他。如此评价的负面影响对于社会退缩行为严重的幼儿来说更加深刻,容易使他们原本消极的自我概念进一步得到强化。

激励性评价中的具体肯定是教师基于对幼儿的观察与了解,情感投入地针对幼儿的行为或作品进行的言语和非言语结合的具体描述性评价,表达教师对幼儿行为或作品的主观感受,并对幼儿的表现进行总结,提出期待。① 这样的评价能够让社会退缩幼儿感受到教师来自心底真情实感的赞赏,从而转变消极的自我认知,激发内部动机,有利于其建立积极自我概念,从而形成良性转化与发展。

5. 教师激励性评价助推幼儿自我效能感的提升

班杜拉的自我效能感理论指出,个体的自我效能感会影响个体活动时的情绪,影响其面对困难的态度,还会决定个体对于活动的选择和对活动的坚持。个体的自我效能感是其行为维持与发展的强大动力。

自我效能感形成的信息源主要有四个:直接经验、替代经验、言语说服以及情绪唤醒。② 其一,直接经验,是指个体亲身经验。成功的经验会提高个体的自我效能感,多次的成功经验还能帮助个体产生稳定的积极自我效能感,并迁移至其他的境况;多次失败的经验则会降低个体的自我效能感,严重低下的自我效能感会使个体一蹶不振,选择逃避与退缩。其二,替代经验。个体观察他人的行为经历而获得的间接经验,会对自身的效能感产生影响。当对方的水平、情况与自己相似时,对方的成功经验会提高个体的自我效能感;反之,对方的失败经验会削弱个体的自我效能感。其三,言语说服。这是通过劝导性的信息,如说服性的劝告、建议、解释,来改变个体的自我效能感。说服者对于说服对象而言的身份、心理地位、信任度等,会影响说服

---

① 叶平枝. 照亮当下　照进未来 [J]. 学前教育,2019(9):19-21.
② 陈琦,刘儒德. 当代教育心理学 [M]. 北京:北京师范大学出版社,2007.

效果。其四，情绪唤醒。情绪状态和生理状态会影响自我效能感。消极情绪会加剧生理上的不适反应，不适反应又会进一步强化消极情绪，高强度的情绪唤醒加之紧张焦虑的生理状态会使个体感觉无法胜任，降低自我效能感。

社会退缩倾向严重的幼儿自我效能感低下，与他人的互动常常采取逃避的举措，长此以往不利于其习得社交技巧，导致社会能力较弱，常伴有焦虑紧张，进而自我效能感再次降低，形成恶性循环。教师的激励性评价正是着眼于提升幼儿的自我效能感，依据自我效能感形成的四大信息源来进行的。

第一，通过情感投入和富有同理心的评价，营造温馨和谐的氛围，为社会退缩幼儿提供心理支持，唤起幼儿与人交往的动机，使其参与到集体游戏中，当幼儿有所进步时及时给予幼儿具体肯定的评价，使其收获成功体验。

第二，教师在班级里经常使用激励性评价，同伴们因受到教师的激励性评价而欢欣的成功经验，能够间接提高幼儿的自我效能感。

第三，在言语说服方面，教师作为幼儿的重要他人，幼儿极其信服教师的评价；加之在师幼互动中教师给予他们具体、详细的激励性评价，是教师努力挖掘社会退缩幼儿的闪光点，发现一点一滴的进步都为之雀跃的真实评价，并且不是与其他幼儿比较而言，而是基于幼儿自身的纵向进步、发展而言，进而被幼儿所接受，便能推动其自我效能感的提升。[①]

第四，激励性评价是充满温情的关怀教育，导向的情绪是积极的。在激励性评价下，幼儿能够受到鼓舞，体验成功，克服紧张，舒缓不安，缓解不适的生理状态，而心境的弥散性使幼儿能将积极的情绪和身体反应扩散至其他场景。

总之，教师的激励性评价行为对减少幼儿的社会退缩行为发挥了一定的作用。教师的激励性评价饱含同理心且投入真挚情感，为幼儿营造了安全温馨的心理氛围，非言语评价适时传递了教师的期望而被幼儿有效感知，并在化解幼儿发展危机中融化其不自信的积雪，在具体而有针对性的评价中帮助

---

① 叶平枝. 师幼关系对幼儿自我效能感的影响 [J]. 幼儿教育（教育科学），2007（9）：13-16.

幼儿形成积极的自我概念，整个过程聚焦于提升幼儿的自我效能感，导向长远、可持续的发展。

五、研究结论与教育建议

（一）研究结论

本研究通过跨被试多重基线实验设计，运用问卷调查法、访谈法、观察法等方法，探究激励性评价培训对教师激励性评价行为的影响，以及教师激励性评价对幼儿社会退缩行为的影响，得出以下结论。

第一，激励性评价培训能够有效提升教师的激励性评价行为。被试教师在接受培训后，激励性评价行为均有不同程度的提升。其中，言语评价的提升效果均优于非言语评价的提升效果。

第二，被试教师接受的激励性评价培训时长不同，干预效果存在差异，表现为被试教师接受的培训时间越长，激励性评价行为提升的效果越好。

第三，教师激励性评价能够有效减少幼儿的社会退缩行为。被试幼儿社会退缩总分和各维度得分均有不同程度的减少，观察记录的各种独处行为均有所减少，社会性行为（包括交谈行为和集体游戏行为）均有不同程度的增加。

第四，被试幼儿接受的教师激励性评价干预时长不同，干预效果存在差异，表现为被试幼儿接受的干预时间越长，社会退缩行为减少的效果越好。

（二）教育建议

基于本研究的实施过程与结果，提出如下教育建议。

1. 重视教师激励性评价培训，提升教师专业能力

本研究虽培训时间较短，但通过灵活运用线上线下结合的方式、理论与实践相结合的内容，培训发挥了一定的功效。教师的日常评价行为对幼儿发展的重要性不言而喻，激励与评价是幼儿教师专业能力之一，应当予以重视，并为教师提供适当的培训。以下就提升教师激励性评价行为的培训提出相关建议。

首先，教师激励性评价提升培训应当明确培训目标。培训目标应当建立于教师专业化发展理论基础上，以促进参训教师的可持续发展。而教师专业化发展在教育实践中集中体现于专业能力上①，因此培训目标的制定要致力于提升教师的激励与评价能力，应当兼顾提升教师关于激励与评价的理论水平和实际运用，注重转变教师原有不科学的日常评价观念，促使教师在理解、内化新型教育观念的基础上将其落实于师幼互动实践之中。

其次，教师激励性评价提升培训应当制定适宜、科学的培训内容。培训应当基于教师的现状，满足教师的内在需求，紧密结合幼儿成长发展的现实需要，并且能够引领教师发展。②③ 如，本研究中培训项目的内容就是基于教师日常评价和教师激励与评价能力的现实状况，教师提升评价能力的内在需求，幼儿自我概念、自信心培养、学习动机发展的需要等方面制定的。培训内容聚焦于解决教师专业能力发展中的困惑与瓶颈，引领教师专业化的自主发展。

最后，教师激励性评价提升培训的实施应当注重参训教师的主体参与。培训形式要与培训内容相匹配，改变以往自上而下的形式，注重教师的参与性与实践性，④ 将专业自主权交还给教师主体。培训可以灵活采用现场讲座、教研活动、现场观摩、网络课程、线上研讨等形式，运用随机通达教学，即针对同一内容的学习安排于不同时间、不同情境进行，着眼于问题的不同方面，以达到对相关知识的深入把握，⑤ 促进参训教师对学习内容的多角度理解。要充分利用案例分析法联结理论与实践的优势，在开放式、具身化的培训过程中唤醒教师的主体意识，激发教师的内生学习力，促进教师问题意识与反思意识的发展，真正解决实践中关于激励与评价的问题，提升教师的专

---

①　刘占兰. 幼儿园教师的专业能力 [J]. 学前教育研究, 2012 (11): 3-9.

②　王冬凌. "以师为本"的教师培训模式: 内涵与策略 [J]. 现代教育管理, 2010 (10): 69-71.

③　庞丽娟, 叶子. 论教师教育观念与教育行为的关系 [J]. 教育研究, 2000 (7): 47-50+70.

④　张虹, 刘建银. "国培计划"实施中农村小学教师的培训需求分析: 以重庆市农村小学教师培训为例 [J]. 教育理论与实践, 2012, 32 (11): 30-32.

⑤　姚本先. 心理学 [M]. 2版. 北京: 高等教育出版社, 2009.

业能力。

2. 充分发挥激励性评价功能，实现高质量师幼互动

激励性评价作为一种凝聚着教师教育智慧的行为，能够助推高质量师幼互动的实现。合理运用激励性评价以充分发挥其功能，教师需要做到以下几方面。

首先，教师需要拥有成长型思维。教师的思维影响其教育观念，教育观念指导其教育行为。教师需要不断锻炼自己的成长型思维，尊重幼儿，用发展的眼光看待幼儿，笃定地相信幼儿是有思想、有主观能动性的个体，没有不可改变的幼儿，没有一成不变的幼儿。教师还要有一定的教学效能感，相信通过自己科学的努力，能够促进幼儿身心健康成长，能够影响和帮助发展不利的幼儿。在成长型思维指引下的幼儿教师能够发挥教育机智，其日常评价充满激励，导向幼儿以及教师自身长远的发展。

其次，教师需要拥有教育敏感性，包括对幼儿的敏感性和对教育情境的敏感性。对幼儿的敏感性，指的是教师能够在幼儿园一日生活中心里有幼儿、眼中有幼儿、耳边有幼儿，敏锐发现幼儿肢体语言、情绪等方面的变化，洞察幼儿行为蕴含的信息，进而积极采取相关的评价，如，敏锐察觉幼儿眼神闪烁蕴含的犹豫、迟疑和不自信后，教师及时给予眼神鼓励，自然地拍拍幼儿肩膀，给予支持的暗示。对教育情境的敏感性，指的是教师能够敏锐知觉到所处教育情境与幼儿身心发展特点的关联，把握教育契机，适时进行过程性评价，发挥评价的激励功能。

最后，教师应当在师幼互动中积极投入情感。情感投入有助于教师进行积极正面的评价①，有效传递教师期望，激发幼儿的学习热情。激励性评价正是教师情感投入而发自内心的评价行为，体现了教师浓厚的教育爱。教师的情感投入主要表现为三方面：一是对幼儿的责任感；二是不断提升自我，为幼儿做表率；三是信任与友好的师幼关系。② 教师对幼儿的责任感使之明

---

① 周洁. 幼儿教师情感投入的价值与必要性 [J]. 学前教育研究，2009 (7)：68-70.

② AGNE K J, GREENWOOD G E, MILLER L D . Relationships between teacher belief systems and teacher effectiveness [J]. Journal of research & development in education, 1994, 27：141-152.

白身为教师其言行举止对幼儿的深刻意义，明白泛泛评价的敷衍和随意对幼儿造成的负面影响，因而其非正式评价是基于观察与思考后的斟酌，且不断督促自己反思与改进，以身作则，用爱感染幼儿，传递激励的温暖，用尊重、信任、亲近与同理心架起师幼之间的桥梁。

3. 重视幼儿社会退缩行为，创设激励性成长环境

幼儿社会退缩常常与不佳的人际关系相伴，这些幼儿在幼儿园中往往受到同伴的忽视或排斥，师幼关系不亲密，常常伴有自我效能感低、焦虑、自卑等困扰。本研究中，教师的激励性评价为幼儿营造了安全温馨的氛围，能够在一定程度上缓解他们的焦虑、自卑，改善其社会退缩行为。教师应当避免陷入传统文化观念中关于"乖孩子"的误区，甚至进一步强化幼儿的社会退缩行为，而应当通过科学手段及时识别幼儿的发展危机，重视幼儿的社会退缩行为。

布朗芬布伦纳的人类发展生态学理论强调了环境对个体发展的重要性。教师应当为幼儿创设激励性的成长环境，包括物理环境和心理环境。教师要合理利用幼儿园的物理环境，例如，墙面主题可以充满教师和同伴的友爱、互助，以及一起游戏的快乐；图书区角可以放置关于勇敢、合作、分享等主题的图画书，潜移默化地熏陶和影响幼儿。心理环境指的是教师通过与幼儿的交往行为、态度和对幼儿的交往引导等所营造的心理氛围。[①] 教师要积极主动向社会退缩幼儿发起互动，巧用正面激励性评价给予幼儿强有力的心理支持，帮助幼儿去掉如"孤僻""小朋友不喜欢和他/她玩""不会说话""胆小鬼"等由于幼儿的社会退缩行为影响而被同伴贴上的标签，用班级、幼儿园的和谐友爱引导幼儿走出一味的"独处"，克服焦虑、自卑，减轻身体的不适反应，在体验成功中、在游戏互动中提升自我效能感，重拾信心，享受与教师和同伴交往的快乐。

（三）研究创新之处

激励性评价培训对教师激励性评价行为干预的相关研究甚少，本研究创

---

① 庞丽娟，叶子，颜洁. 论教师影响儿童社会性发展的途径 [J]. 学前教育研究，1997（2）：34-38.

新性地选择跨被试多重基线设计，探究了激励性评价培训对教师激励性评价行为的影响，并进一步进行教师激励性评价对幼儿社会退缩行为干预的实验研究，具有一定的创新性。

（四）研究不足与展望

本研究属于个案研究，样本量较少，没有设置对照组，研究结果具有一定的局限性。由于研究者本人的时间和精力有限，研究的干预时间较短，没有进行追踪研究，未能检验培训项目对教师激励性评价行为提升的持续效果以及教师激励性评价对幼儿社会退缩行为干预的持续效果。在未来研究中，需要增加大样本随机对照组进行实验设计与实施，还应当相对延长干预的时长，增加追踪研究，以更加全面地检验干预内容的有效性和持续效应。

附　　录

附　录　一

幼儿教师日常教学评价行为观察记录表

维度	项目	教师						幼儿反应
		次数	对象	情感投入	对个体	私下	近距离	
言语	真棒							感谢
	最××							
	感谢							积极
	喜欢××							
	具肯							
	化解							其他
	复述							
	发奖品							
	提醒							
	讽刺							自语
	训斥							小话
	具否							辩解
	反问							对抗
	打断							其他
	褒贬							

续表

维度	项目	教师						幼儿反应
		次数	对象	情感投入	对个体	私下	近距离	
非言语	微笑							喜悦
	点头							积极
	抚摸							投入
	拥抱							倾听
	击鼓掌							点头
	惊异							启发
	OK/V							举手
	关/倾							击鼓掌
	提醒							其他
	远离							沮丧
	皱眉							无奈
	摇头							停止
	无奈							发呆
	严肃							生气
	忽视							攻击
	轻视							默然
	生气							不应
	盛怒							走开

描述性记录表

幼儿园：　　　　　　　班级：　　　　　　　教师：

具肯	特别关注是否对幼儿做出评价性结论，是否指出幼儿的纵向进步，是否指出幼儿对他人的积极影响，是否关注幼儿的努力而不仅是结果，是否实事求是、令人可信等几个方面
具否	注意是全面否定，先褒后贬，充满希望，还是十分无奈
其他评价行为	描述表中不好记录的评价行为
典型的评价行为	描述该教师典型的评价行为：积极还是消极，横向还是纵向，具体还是泛泛，即时还是事后等
备注	教师容易和不容易进行评价的时段

附 录 二

幼儿教师激励性评价问卷

编号	题目
N1	我常常换种角度去鼓励沮丧的孩子
N2	当孩子焦虑时，我总能关注到他的情绪和反应
N3	我总是试图让孩子知道他的努力是有价值的
N4	我总会耐心地帮助孩子改正自己的缺点
N5	即使孩子没有达到要求，我也总会肯定他的成果
N6	当孩子沮丧时，我总是会提起孩子的优秀表现
N7	当孩子失败时，我会通过肯定他来缓解他的糟糕情绪
N8	我总是试图让孩子记住他那些成功的时刻
N9	当孩子焦虑时，我总能让他知道他好的地方
N10	我总是想办法让其他人也鼓励孩子
N11	当孩子表现不佳时，我总是先去体会他的感受
P1	我会由衷地欣赏孩子的优秀表现
P2	我总能在孩子的作品中找到他的闪光点
P3	我对孩子的肯定总是发自内心的
P4	我常常创造机会让孩子表现自己
P5	我总会挖掘孩子的闪光点
P6	我常常用欣赏的表情来表扬孩子
P7	我总能发现孩子好的一面
P8	我总是试图具体地总结孩子的良好表现
P9	我总能帮助孩子发现自己的闪光点

注：
1. 5点计分，从"非常不同意"到"非常同意"。
2. 编号中，N代表负向化解，P代表正向肯定。

附　录　三

教师激励性评价培训方案

一、培训目标

通过讲解激励性评价的理论依据、概念、特征和意义，激励性评价的三种策略（具体评价、化解和去标签），以及对激励性评价行为进行案例分析和针对性指导等，建立幼儿教师激励性评价的理念和心向，提升其激励性评价行为。

二、培训内容

（一）网络培训课程

第一讲：激励性评价与师幼互动（韩春红）

第二讲：激励性评价行为的多学科视角（朱细文）

第三讲：激励性评价策略（叶平枝）

第四讲：激励者母亲的一天（洪浩才）

（三）现场讲座

第一场：幼儿园教师专业发展的核心素养（叶平枝）

第二场：激励性评价策略的运用与反思（叶平枝）

（三）教研活动

激励性评价策略实践中的问题探讨

（四）线上研讨会

1. 具体肯定案例分析

2. 化解案例分析

3. 去标签案例分析

参 考 文 献

边玉芳，许爱红．在"棒棒棒、你真棒"现象的背后：对教育实践中表扬运用的多视角透析 ［J］．上海教育科研，2006（7）：30-32.

丁雪辰，桑标，潘婷婷．幼儿选择性信任与心理理论和执行功能的关联：来自追踪研究的证据 ［J］．心理科学，2017，40（5）：1129-1135.

高凌飚，黄韶斌．教学中的非正式评价 ［J］．学科教育，2004（2）：1-6.

古德，布罗菲．透视课堂：第10版 ［M］．陶志琼，译．北京：中国轻工业出版社，2009.

韩春红，武建芬．教师的评价风格对幼儿自我概念发展的影响 ［J］．上海教育科研，2005（4）：46-48.

韩春红．教师评价风格和认可程度对幼儿自我概念影响的研究 ［D］．上海：华东师范大学，2005.

韩春红．上海市二级幼儿园师幼互动质量研究 ［D］．上海：华东师范大学，2015.

胡春梅，岳彩镇，何华敏，等．师范生对教学能力的自我评价、他人评价和反射性评价的关系研究 ［J］．心理发展与教育，2014，30（5）：520-526.

黄韶斌．再探教学中的非正式评价 ［J］．当代教育科学，2005（6）：22-25.

黄晓婷，宋映泉．学前教育的质量与表现性评价：以幼儿园过程性质量评价为例 ［J］．北京大学教育评论，2013，11（1）：2-10+189.

姜硕媛，李建军，王焐，等．视力障碍儿童的心理韧性与情绪—行为问题的关系 ［J］．中国特殊教育，2015，（2）：22-26.

教育部基础教育司．《幼儿园教育指导纲要（试行）》解读 ［M］．南京：江苏教育出版社，2002.

李婷玉，刘黎，李宜霖，朱莉琪．冲突情境下幼儿的选择性信任和信念修正 ［J］．心理学报，2018，50（12）：1390-1399.

李永鑫. 工作倦怠及其测量 [J]. 心理科学, 2003 (3)：174-175.

李祖超. 教育激励理论探讨 [J]. 教育评论, 2001 (5)：9-12.

连榕. 新手—熟手—专家型教师心理特征的比较 [J]. 心理学报, 2004, 36 (1)：44-52.

林逢祺, 洪仁进. 教师不可不知的哲学 [M]. 上海：华东师范大学出版社, 2009.

刘娟, 李红, 张婷. 儿童对自我报告和教师报告两种特质信息源的选择性信任 [J]. 中国健康心理学杂志, 2013, 21 (12)：1870-1872.

刘伟伟, 汪海彬, 李梅, 等. 心理弹性的国内外研究回顾及展望 [J]. 宁波大学学报（教育科学版）, 2017, 39 (1)：18-23.

刘文婧, 许志星, 邹泓. 父母教养方式对青少年社会适应的影响：人格类型的调节作用 [J]. 心理发展与教育, 2012, 28 (6)：625-633.

刘霞. 托幼机构教育质量评价概念辨析 [J]. 学前教育研究, 2004 (5)：5-7.

刘占兰. 幼儿园教师的专业能力 [J]. 学前教育研究, 2012 (11)：3-9.

吕凤清. 激励性教师评价与幼儿学习品质发展 [J]. 学前教育研究, 2019 (7)：89-92.

马伟娜, 桑标, 洪灵敏. 心理弹性及其作用机制的研究述评 [J]. 华东师范大学学报（教育科学版）, 2008, 26 (1) 89-96.

满晶. 幼儿知觉到的教师期望对幼儿自我控制影响的实验研究 [J]. 现代中小学教育, 2013 (5)：83-87.

彭兵, 刘秀华. 幼儿园美术活动中教师评价行为的现状与改进 [J]. 学前教育研究, 2008 (1)：42-44.

彭珊珊. 我国近十年幼儿教师评价行为研究的文献综述 [J]. 教育实践与研究（C）, 2015 (11)：5-7.

秦旭芳, 谢果凤. 激励性评价的内涵及其实践探寻：兼谈在幼儿科学探究活动中的运用 [C] // 沈阳市科学技术协会. 第八届沈阳科学学术年会论文集. [出版地不详]：[出版者不详], 2011：895-897.

沈烈敏. 学业不良学生的心理弹性研究初探 [J]. 心理科学, 2009, 32 (3)：1189-1191.

时蓉华. 社会心理学词典 [M]. 成都：四川人民出版社, 1988.

孙仕秀, 关影红, 覃滟云. 青少年社会支持与情绪行为问题的关系：心理弹性的中介与调节作用 [J]. 中国临床心理学杂志, 2013, 21 (1)：114-118.

王丽梅.教师课堂非语言行为及其应用策略［J］.教学与管理，2018（26）：13-15.

王现军.小议幼儿园教育活动中的非正式评价［J］.教育导刊·幼儿教育，2005（5）：42-43.

王阳明.传习录［M］.北京：台海出版社，2017.

王中力.激励论［M］.太原：山西人民出版社，1992.

魏琦.巧用激励性评价　优化美术课教学［J］.教育评论，2001（6）：74-75.

武琳.幼儿教师专业实践能力的结构及特点研究［D］.沈阳：沈阳师范大学，2013.

席居哲，桑标，左志宏.心理弹性（Resilience）研究的回顾与展望［J］.心理科学，2008，31（4）：995-998+977.

谢蓉，曾向阳.幼儿教师职业倦怠的缓解与职业幸福感的提升［J］.学前教育研究，2011（6）：67-69.

姚林群.非正式教学评价中的评价偏见及其克服策略［J］.当代教育科学，2007（9）：38-39.

叶丽.重庆幼儿教师专业能力的现状调查研究［D］.重庆：西南大学，2008.

叶平枝.幼儿教师日常教学评价行为的现状及存在的问题［J］.学前教育研究，2010（6）：19-24.

叶平枝.幼儿社会退缩游戏干预的个案研究［J］.学前教育研究，2006（4）：10-15.

叶平枝.照亮当下　照进未来［J］.学前教育，2019（9）：19-21.

尹弘飚.教师专业实践中的情绪劳动［J］.教育发展研究，2009，28（10）：18-22.

尹坚勤，吴巍莹，张权，等.情绪劳动对幼儿园教师的意义：一项定量研究［J］.华东师范大学学报（教育科学版），2019，37（6）：109-122.

曾守锤，李其维.儿童心理弹性发展的研究综述［J］.心理科学，2003，26（6）：1091-1094.

曾守锤.流动儿童的社会适应状况及其风险因素的研究［J］.心理科学，2010，33（2）：456-458.

曾妍，刘钟鸣.支架式教学法在高校外语专业教学中的应用［J］.长春理工大学学报（社会科学版），2011（12）：195-196.

詹志禹.年级、性别角色、人情取向与同理心的关系［D］.台北：台湾政治大学，1987.

郑金洲.案例教学：教师专业发展的新途径［J］.教育理论与实践，2002（7）：36-41.

郑淑杰，陈会昌，陈欣银.儿童社会退缩行为影响因素的追踪研究［J］.心理科学，2005

（4）：833-836.

郑淑杰，张永红．学前儿童社会退缩行为研究综述［J］．学前教育研究，2003（3）：15-17.

郑信军．国外儿童虐待的心理学研究述评［J］．中国特殊教育，2006，（11）：89-95.

周洁．幼儿教师情感投入的价值与必要性［J］．学前教育研究，2009（7）：68-70.

朱永新．滥觞与辉煌：中国古代教育思想史［M］．北京：人民教育出版社，2004.

左志宏，席居哲．幼儿教师职业倦怠与职业承诺特点：新手与熟手的比较［J］．学前教育研究，2008（11）：21-24.

ASENDORPF J B．Beyond social withdrawal：shyness，unsociability，and peer avoidance［J］．Human development，1990（33）：250-259.

BEAUDUCEL A，HERZBERG P Y．On the performance of maximum likelihood versus means and variance adjusted weighted least squares estimation in CFA［J］．Structural equation modeling：a multidisciplinary journal，2006，13（2）：186-203.

BRUMMELMAN E，CROCKER J，BUSHMAN B J．The praise paradox：when and why praise backfires in children with low self-esteem［J］．Child development perspectives，2016，10（2）：111-115.

CIMPIAN A．The impact of generic language about ability on children's achievement motivation［J］．Developmental psychology，2010，46（5）：1333-1340.

COPLAN R J，RUBIN K H，FOX N A，et al．Being alone，playing alone，and acting alone：distinguishing among reticence and passive and active solitude in young children［J］．Child development，1994，65（1）：129-137.

CORPUS J H，LEPPER M R．The effects of person versus performance praise on children's motivation：gender and age as moderating factors［J］．Educational psychology，2007，27（4）：487-508.

CORRIVEAU K H，KINZLER K D，HARRIS P L．Accuracy trumps accent in children's endorsement of object labels［J］．Developmental psychology，2013，49（3）：470-479.

DECI E L，KOESTNER R，RYAN R M．A meta-analytic review of experiments examining the effects of extrinsic rewards on intrinsic motivation［J］．Psychological bulletin，1999，125（6）：627-668.

DWECK C S，CHIU C，HONG Y．Implicit theories：elaboration and extension of the model

［J］. Psychological inquiry, 1995, 6 (4): 322-333.

EVANS T. The tools of encouragement ［J］. Reaching today's youth: the community circle of caring journal, 1997, 1 (2): 10-14.

FEDRA E, SCHMIDT M F H. Older (but not younger) preschoolers reject incorrect knowledge claims ［J］. British journal of developmental psychology, 2019, 37 (1): 130-145.

FINNEY S J, DISTEFANO C. Nonnormal and categorical data in structural equation modeling ［M］//HANCOCK G R, MUELLER R O. Structural equation modeling: a second course. Greenwich, Connecticut: Information Age Publishing, 2006: 269-314.

FLORA D B, CURRAN P J. An empirical evaluation of alternative methods of estimation for confirmatory factor analysis with ordinal data ［J］. Psychological methods, 2004, 9 (4): 466-491.

GUNDERSON E A, DONNELLAN M B, ROBINS R W, et al. The specificity of parenting effects: differential relations of parent praise and criticism to children's theories of intelligence and learning goals ［J］. Journal of experimental child psychology, 2018, 173: 116-135.

HAIMOVITZ K, CORPUS J H. Effects of person versus process praise on student motivation: stability and change in emerging adulthood ［J］. Educational psychology, 2011, 31 (5): 595-609.

HAMRE B K, PIANTA R C. Early teacher-child relationships and the trajectory of children's school outcomes through eighth grade ［J］. Child development, 2001, 72 (2): 625-638.

HAMRE B K, PIANTA R C, MASHBURN, A J, et al. Promoting young children's social competence through the preschool PATHS curriculum and My Teaching Partner professional development resources ［J］. Early education & development, 2012, 23 (6): 809-832.

HANCOCK D R. Influencing graduate students' classroom achievement, homework habits and motivation to learn with verbal praise ［J］. Educational research, 2002, 44 (1): 83-95.

HENDERLONG J, LEPPER M R. The effects of praise on children's intrinsic motivation: a review and synthesis ［J］. Psychological bulletin, 2002, 128 (5): 774-795.

HERBERT J, STIPEK D. The emergence of gender differences in children's perceptions of their academic competence ［J］. Journal of applied developmental psychology, 2005, 26 (3): 276-295.

HOWES C, HAMILTON C E, MATHESON C C. Children's relationships with peers: differential associations with aspects of the teacher-child relationship [J]. Child development, 1994, 65: 253-263.

HU B Y, FAN X T, WU Y, et al. Contributions of teacher-child interaction quality to Chinese children's development in the early childhood years [J]. Early education and development, 2019, 30 (2): 159-177.

HU B Y, FAN X T, WU Z L, et al. Teacher-child interactions and children's cognitive and social skills in Chinese preschool classrooms [J]. Children and youth services review, 2017, 79: 78-86.

KAMINS M L, DWECK C S. Person versus process praise and criticism: implications for contingent self-worth and coping [J]. Developmental psychology, 1999, 35 (3): 835-847.

LAM S, YIM P, NG Y. Is effort praise motivational? the role of beliefs in the effort-ability relationship [J]. Contemporary educational psychology, 2008, 33 (4): 694-710.

LUCYSHYN J M, ALBIN R W, HORNER R H, et al. Family implementation of positive behavior support for a child with autism: longitudinal, single-case, experimental, and descriptive replication and extension [J]. Journal of positive behavior interventions, 2007, 9 (3): 131-150.

MUELLER C M, DWECK C S. Praise for intelligence can undermine children's motivation and performance [J]. Journal of personality and social psychology, 1998, 75 (1): 33-52.

NICHOLLS J G, MILLER A T. Reasoning about the ability of self and others: a developmental study [J]. Child development, 1984, 55 (6): 1990-1999.

NURRA C, PANSU P. The impact of significant others' actual appraisals on children's self-perceptions: what about Cooley's assumption for children? [J]. European journal of psychology of education, 2009, 24 (2): 247-262.

O'CONNOR R D. The relative efficacy of modeling, shaping, and combined procedures for modification of social withdrawal [J]. Journal of abnormal psychology, 1972 (79): 327-334.

RAFTERY A E. Bayesian model selection in social research [J]. Sociological methodology, 1995, 25: 111-163.

RUBIN K H. Nonsocial play in preschoolers: necessarily evil? [J]. Child development, 1982, 53 (3): 651-657.

SCHUNK D H. Ability versus effort attributional feedback: differential effects on self-efficacy and achievement ［J］. Journal of educational psychology, 1983, 75 (6): 848-856.

WEST S G, FINCH J F, CURRAN P J. Structural equation models with nonnormal variables: problems and remedies ［M］//HOYLE R H. Structural equation modeling: concepts, issues & applications. Thousand Oaks, California: Sage Publications, 1995: 56-75.

XING S, GAO X, JIANG Y, et al. Effects of ability and effort praise on children's failure attribution, self-handicapping, and performance ［J］. Frontiers in psychology, 2018, 9: 1883.

YUAN K H, BENTLER P M. Robust mean and covariance structure analysis ［J］. British journal of mathematical & statistical psychology, 1998, 51 (1): 63-88.